冶金工业出版社

普通高等教育“十四五”规划教材

市场营销学

赖玉莲　韩　颖　张　迪　主编

北　京
冶　金　工　业　出　版　社
2021

内 容 简 介

本书从认识市场营销入手，内容涵盖市场营销学导论、市场营销环境分析、消费者市场与购买行为分析、组织市场与购买行为分析、市场调研与预测、市场营销战略、产品策略、定价策略、渠道策略、促销策略、营销管理、数字时代的营销创新等。

本书可作为普通高等院校市场营销及相关专业的教学用书，也可作为市场营销人员在职培训教材或自学参考书。

图书在版编目(CIP)数据

市场营销学/赖玉莲，韩颖，张迪主编. —北京：冶金工业出版社，2021.11

普通高等教育“十四五”规划教材

ISBN 978-7-5024-8954-0

Ⅰ.①市…　Ⅱ.①赖…　②韩…　③张…　Ⅲ.①市场营销学—高等学校—教材　Ⅳ.①F713.50

中国版本图书馆 CIP 数据核字（2021）第 230847 号

市场营销学

出版发行	冶金工业出版社	**电　　话**	(010)64027926
地　　址	北京市东城区嵩祝院北巷 39 号	**邮　　编**	100009
网　　址	www.mip1953.com	**电子信箱**	service@mip1953.com

责任编辑　俞跃春　杜婷婷　美术编辑　彭子赫　版式设计　郑小利

责任校对　窦　唯　责任印制　李玉山

三河市双峰印刷装订有限公司印刷

2021 年 11 月第 1 版，2021 年 11 月第 1 次印刷

787mm×1092mm　1/16；15 印张；364 千字；232 页

定价 48.00 元

投稿电话　(010)64027932　投稿信箱　tougao@cnmip.com.cn

营销中心电话　(010)64044283

冶金工业出版社天猫旗舰店　yjgycbs.tmall.com

（本书如有印装质量问题，本社营销中心负责退换）

前　言

今天的中国既是“世界工厂”，也是“世界市场”。中国已经成为世界第二大经济体、第一大货物贸易国、第一大外汇储备国，对世界经济增长贡献率连续多年超过30%，拥有世界上规模最大的中等收入群体，消费升级正在加速，消费增长潜力巨大。绿色、定制、智慧、差异化和高品质已成为我国消费结构升级的重要特征。所有这些，都为市场营销学的应用和发展提供了千载难逢的机会。

古人云：“君子之学必日新，日新者日进也。不日新者必日退，未有不进而不退者。”当今的营销教育，最忌抱残守缺、故步自封，必须吐故纳新、与时俱进。只有不断创新，才能赢得社会各界对营销教育的认同感，吸引更多优秀学子学习营销专业知识。正是基于上述考虑，我们以习近平新时代中国特色社会主义思想为指导，密切跟踪国内外营销理论与实践的最新进展，编写了本书。

本书的引例、案例都是经过精心挑选，注意理论与实际问题的结合；每一章均设置学习目标、延伸阅读、营销视角、重要概念、思考题、实践训练、推荐阅读等。

本书在编写过程中着力突出以下特点：

(1) 系统性。由浅入深，结构合理，全面系统地介绍市场营销的基本概念、理论和方法。

(2) 前瞻性。紧扣市场脉搏，探索市场营销在数字时代的创新，反映市场营销领域的最新理论成果。

(3) 实践性。力求选择最新营销事件，精选大量本土企业营销管理实践案例，帮助学生更好地理解营销理论的实践价值，提高学以致用的能力。

本书由广州理工学院赖玉莲、大连财经学院韩颖、呼伦贝尔学院张迪担任主编，全书由赖玉莲、韩颖、张迪统编定稿。在编写过程中，参考了相关文献和资料，在此向有关作者表示由衷的感谢！

由于编者水平所限，书中不妥之处，敬请广大读者批评指正。

编　者

2021年6月

目　　录

第一章　市场营销学导论 …… 1

第一节　市场和市场营销 …… 2
第二节　市场营销学的产生与发展 …… 7
第三节　市场营销管理观念的演变 …… 9

第二章　市场营销环境分析 …… 19

第一节　市场营销环境概述 …… 20
第二节　微观营销环境分析 …… 23
第三节　宏观营销环境分析 …… 26

第三章　消费者市场与购买行为分析 …… 36

第一节　消费者市场与购买行为分析 …… 36
第二节　影响消费者购买行为的因素 …… 39
第三节　消费者购买决策过程 …… 47

第四章　组织市场与购买行为分析 …… 55

第一节　组织市场 …… 56
第二节　生产者市场与购买行为分析 …… 59
第三节　中间商市场与购买行为分析 …… 64
第四节　非营利组织市场、政府市场与购买行为分析 …… 66

第五章　市场调研与预测 …… 72

第一节　市场营销信息系统的组成 …… 73
第二节　市场营销调研 …… 75
第三节　调研问卷的设计 …… 83
第四节　市场需求的测量与预测 …… 87

第六章　市场营销战略 …… 93

第一节　市场细分战略 …… 94
第二节　目标市场选择战略 …… 99
第三节　市场定位战略 …… 104

第七章 产品策略 …… 108

第一节 产品整体概念 …… 109
第二节 产品组合策略 …… 111
第三节 产品生命周期 …… 115
第四节 产品品牌与包装策略 …… 119
第五节 新产品开发策略 …… 125
第六节 服务产品与服务营销 …… 130

第八章 定价策略 …… 137

第一节 影响定价的因素 …… 138
第二节 定价方法 …… 140
第三节 定价策略 …… 143
第四节 价格变动与企业对策 …… 150

第九章 渠道策略 …… 156

第一节 分销渠道概述 …… 156
第二节 分销渠道设计与管理 …… 163
第三节 批发商和零售商 …… 168
第四节 物流与供应链管理 …… 171

第十章 促销策略 …… 177

第一节 促销与促销组合 …… 178
第二节 人员推销 …… 181
第三节 广告促销 …… 185
第四节 销售促进 …… 190
第五节 公共关系 …… 193
第六节 整合营销传播 …… 194

第十一章 营销管理 …… 202

第一节 市场营销计划与执行 …… 203
第二节 市场营销组织 …… 205
第三节 市场营销控制 …… 210

第十二章 数字时代的营销创新 …… 217

第一节 数字时代的消费者购买行为 …… 218
第二节 数字时代的营销战略 …… 220
第三节 数字时代的营销沟通 …… 222

参考文献 …… 232

第一章　市场营销学导论

学习目标

（1）正确把握市场营销的核心概念。
（2）了解市场营销学的演进历程。
（3）了解市场营销管理观念及其演变历程。
（4）关注市场营销管理观念的创新与拓展。

引例

首先来分析一下淘宝、支付宝、抖音是怎么发展起来的。互联网普及之后，人们花在网上的时间就多了，网络能聊天，于是很多线下活动自然也可以搬到网上来，比如买东西卖东西，淘宝应运而生，这样，好多事情一台电脑就能搞定，人们就不用东奔西跑了。

最开始尝试网购的都是年轻人，他们口口相传，网购的人越来越多，就涉及资金转账的问题，简单快捷的支付宝随之诞生。起初大部分人不敢使用支付宝，觉得不安全，但是学生和白领们没有那么多顾虑，大胆使用，支付宝逐渐推广开来。

同样，抖音最先在电影院里打广告，瞄准的就是年轻群体。当年长者还怀着鄙夷的心情不屑一顾的时候，抖音已经进入青年人的生活，无处不在了。顺便说一句，QQ 和微信也是这样发展起来的。

新事物的出现，开始都是被怀疑和抗拒的，如果很快就销声匿迹，说明它并不适合在这个世界上生存，如果长时间存在，而且势不可当，就说明它已经成功了。抖音并不是凭空创造出来的，而是移动互联网时代的必然产物。科技的日新月异，智能手机的出现和宽带的普及，加上人类对内容和娱乐的需求，小视频这种短平快的传播方式自然成为最好的选择。抖音以年轻人展示风采的小视频为突破口，所以它成功了。当用户达到一定规模，其传播推广速度就在以几何级数增长，抖音最终被大众接受。

通过以上分析，我们很容易得出结论，淘宝、支付宝和抖音的成功，其关键在于年轻人的关注点在哪里，风口就在哪里。

无论你愿不愿意，科技的发展是不可阻挡的，这是源于人类对未知和美好追求的天然本性。年轻人充满活力，充满好奇心，接受能力也超强，注定是新事物的发现者、最初使用者和传播者。所以，谁抓住了年轻人，谁就赢得了未来。

第一节　市场和市场营销

市场营销学是现代管理学科体系的重要组成部分，是一门建立在经济学、管理学、社会学、心理学、统计学等诸多学科基础之上的综合学科，已成为当代工商企业乃至各类社会组织在市场经济环境中有效竞争与运营的有力思想武器与行动指南。因此，全面系统地学习市场营销学理论并灵活运用现代营销方法为各类组织的营销活动服务，是高校商科专业学生的重要任务。

一、认识市场

（一）市场的概念

现代企业在市场中从事经营活动。市场属于商品经济的范畴，是商品经济的产物。随着社会分工和商品生产、商品交换的产生和发展，就有了与之相适应的市场。也就是说，哪里有商品生产和商品交换存在，哪里就有市场，市场是联系生产和消费的纽带。

但是，市场也是个多义词。随着商品经济和企业经营活动的发展，以及商品使用对象和场合的不同，市场一词的内涵也不断丰富和发展。归纳起来，市场的内涵主要包括下述几个方面。

1. 市场是商品交换的场所

这里的市场是指买卖双方购买和出售商品，进行交易活动的地点。如我们每个人都熟悉的农贸市场、小商品批发市场，还有零售商店。作为商品交换场所的市场，对每个企业来说都很重要，因为每个企业都必须要了解销售自己产品的实体市场或物理市场在哪里。

但是，如果有人说“中国的汽车市场很大”，这显然不是指中国交换汽车的场所很大，而是指中国汽车的市场需求很大，是指买主很多，需求量很大，所以仅有关于场所的市场概念是不够的。

2. 市场是对某种商品或劳务的具有支付能力的需求

这里的市场就是我们常说的汽车市场、电视机市场、粮食市场等。这一定义也可与地理区域结合起来，如北京市场、中国市场、亚洲市场、全球市场等，这些都指的是相应地理区域内有支付能力的或潜在的需求。

3. 市场是对某项商品或劳务具有需求的所有现实和潜在的购买者的集合

这里所说的市场是指消费者或组织，而不是场所；是消费者群及组织购买者，而不是单个的人。

从市场营销学的观点来看，这层含义的市场对销售方来说非常重要，也是市场营销学特别强调的。市场包含3个主要因素：有某种需求的人、满足这种需求的购买能力和购买欲望。所以有营销学家把市场用简单的公式概括如下：

市场=人口+购买力+购买欲望

人口是构成市场的基本因素，哪里有人、有消费者群，哪里就有市场。一个国家或地区的人口多少，是决定市场大小的基本前提。

购买力是指人们支付货币购买商品或劳务的能力。购买力的高低由购买者收入的多少决定。一般来说，人们收入多，购买力高，市场和市场需求就大；反之，市场就小。

购买欲望是指消费者购买商品的动机、愿望和要求。它是消费者把潜在的购买能力变为现实购买行为的重要条件，因而它也是构成市场的基本要素之一。

这 3 个因素相互制约、缺一不可，只有三者结合起来才能构成现实的市场，才能决定市场的规模和容量。

4. 市场是商品交换关系的总和

这里的市场主要是指买卖双方、卖方与卖方、买方与买方、买卖双方各自与中间商、中间商与中间商之间，在流通领域中进行商品交换时发生的关系。这个概念是从商品交换过程中人与人之间经济关系的角度定义的，是一种经济学含义上的定义。

（二）市场的类型

在经济活动中，市场并非一个抽象的概念，而是表现为多种不同的分类市场。图 1-1 所示为最基本的市场分类及其相互关系。

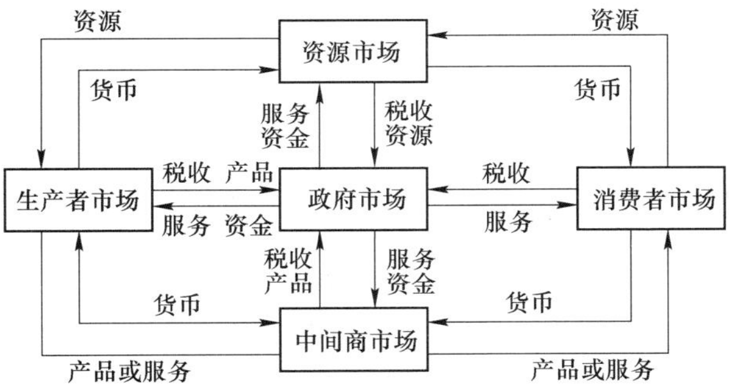

图 1-1　现实经济中的基本市场关系

由图 1-1 可以看出，生产者从资源市场购得各种要素资源，包括原材料、劳动力、资金、能源等，通过生产作业过程将产出的产品或服务出售给中间商以获利；中间商向消费者转售产品或服务，消费者则通过出售劳动力、生产技能、智力等劳动要素换取收入以购买产品或服务。作为特殊的市场主体，政府通过向各经营性市场主体征税来支撑其职能活动，向各类市场提供公共服务；同时，政府也需要采购其开展职能活动所需的各类产品。正是这些市场主体的活动及其相互关系构成了复杂的市场体系。

当然，图 1-1 仅仅描述了经济生活中最基本的市场类型和交换关系。在现实生活中，市场的类型更多样，关系更复杂。从市场营销管理的角度看，对市场的各种分类方式都是值得关注的。

1. 按照购买者主体划分

按照购买者主体划分，市场可以分为消费者市场、生产者市场、中间商市场、非营利组织市场、政府市场等。消费者市场是为生活消费而购买产品和服务的个人和家庭的集合；生产者市场是为生产某种产品并通过出售以获利而购买生产要素的企业和个人的集合；中间商市场是购买产品直接用于转售以获利的企业和个人的集合；政府市场是指为行使政府职能而购买产品和服务的政府部门的集合。

2. 按照市场交换客体划分

按照市场交换客体划分，市场可细分为产品市场、服务市场、技术市场、金融市场、劳动力市场、房地产市场、旅游市场、文化市场等。按照国民经济的产业分类，每一个产业都是一个独立的市场，所有处于竞争性的产业市场中的企业都必须加强市场营销管理。

3. 按照交换双方力量对比划分

按照交换双方力量对比划分，市场可分为卖方市场与买方市场。卖方市场是指商品供给量小于需求量、商品价格趋于上涨、卖方支配交易关系的市场类型；与之相反，买方市场是指商品供给量大于需求量、商品价格趋于下跌、买方支配交易关系的市场类型。处于不同供求关系中的企业，其营销任务不同，营销战略与策略也存在较大差异。一般而言，卖方市场中的企业竞争压力较小，面对的营销管理挑战不大，买方市场中的企业则能感受到市场竞争的激烈程度。

4. 按照企业所处的市场结构划分

按照企业所处的市场结构划分，市场可分为完全垄断市场、寡头垄断市场、垄断竞争市场和完全竞争市场。

（1）完全垄断市场是指一定地理区域内某一行业只有一家企业供应某产品或服务，或者说一种产品只有一个生产经营者而没有替代供应商的市场。在现实生活中，完全垄断表现为政府垄断和私人垄断两种。私人垄断主要通过对生产某一产品的原材料或核心技术的专有性的控制来实现。由于在完全垄断市场上不存在或基本不存在竞争，因此企业的营销活动相对简单，主要任务是保质保量地满足顾客需要。由于缺乏替代产品，以利润最大化为导向的垄断经营者可能会抬高价格。为保护顾客利益，对此类市场中的经营者的政府干预及法规限制通常比其他市场更多。

（2）寡头垄断市场是指由少数几家大企业控制了某一产品绝大部分的产量和销量，众多的中小企业只能分割所剩的小部分市场的市场。比如，在钢铁、石油、汽车、计算机等规模经济显著的产业，技术垄断、资本积聚、资源有限使这类市场的进入壁垒通常较高，控制市场的各大企业之间既相互竞争又相互制约，任一企业营销策略的改变都会影响行业市场格局并引发竞争对手的反应。为此，企业需要以动态竞争的理念设计营销策略，并主要通过非价格竞争的手段（如降低成本、完善服务、提供差异化价值）展开竞争。

（3）垄断竞争市场是指一个行业内有很多企业生产销售同一产品，且每个企业的产量或销量只是需求总量的一小部分，不同企业的产品间存在质量、性能、服务等差异的市场。这类市场在现实生活中比较常见，如食品、服装、化妆品、餐饮等消费类产品市场。在这类市场中，由于同类供应商很多，产品替代性强、竞争激烈，因此差异化营销是吸引顾客关注的有效的竞争手段。

（4）完全竞争市场是指某一行业中有很多企业以相同方式向市场提供相同产品的市场。这类市场大多存在于同质产品（即市场需求相同的产品）中，现实生活中较少见。在这类市场中，由于不同企业的产品相同，顾客无法获取差异化价值，同时由于企业可以自由进出市场，任何企业都不能控制市场，买卖双方都是由供求关系决定的价格的接受者，因此企业竞争的营销手段是降低成本、提供新产品、塑造形象。

二、认识市场营销

（一）市场营销的内涵

“市场营销”一词译自英文“marketing”。简单地说，市场营销就是“满足他人并获得利润”。从 20 世纪初市场营销提出以来，随着企业营销实践的不断丰富，对该概念内涵的理解也在不断调整与完善。迄今为止，学术界和企业界对市场营销的内涵给出了多种阐释，其中有代表性的观点有以下几种。

美国市场营销学会（AMA，American Marketing Association）的定义是：市场营销是一项有组织的活动，它包括创造顾客价值，将价值传递给顾客，维系企业与顾客间的关系，从而使企业及其利益相关者受益的一系列过程。

营销学家菲利普·科特勒从社会和管理的双重角度定义市场营销，他认为：市场营销就是个人和集体通过创造、提供、出售、同别人自由交换产品和服务的方式获得自己所需产品和服务的社会过程。而在狭义的商业背景下，他将市场营销定义为：企业为顾客创造价值并且建立牢固的顾客关系，进而从顾客那里获得价值作为回报的过程。

从上述定义可以看出，作为组织（主要是企业）的一种独立的管理活动，市场营销活动具有以下基本特征：

其一，市场营销活动过程包括营销主体创造价值、传递价值、交换价值等一系列具体商务活动过程。

其二，市场营销活动的根本目的是满足顾客需要，建立和维持顾客关系，并在此基础上实现企业盈利及其他目标。

鉴于此，本书提出：市场营销是各类组织在洞悉顾客需要的基础上，通过创造价值、传递价值、交换价值等一系列业务活动满足顾客需要，建立和维持顾客关系，进而实现组织盈利或其他目标的商务活动过程。

（二）市场营销的核心概念

为深入理解市场营销的内涵，需要进一步认识与市场营销相关的一系列概念。

1. 需要、欲望和需求

需要是对顾客生理、心理上的匮乏状态的描述，即人们感觉到缺少什么从而想获得它们的状态。人类在生存与发展中会产生各种生理和心理需要，比如饥饿时对食物的需要，孤独时对归属感的需要，等等。需要是人类活动的原动力，因而是市场营销活动的出发点和落脚点。人类的需要具有无限性，一种需要被满足后，新的需要又会产生。营销者的任务就是善于洞察顾客需要，并通过自己的营销活动使顾客需要得以满足。

欲望是人类为满足需要而想得到一种具体满足物的愿望，它是将需要与具体满足对象相联结的心理因素，打上了文化与社会环境的烙印。比如，为摆脱饥饿的困扰，人们会为寻找食物而努力，但面对馒头、米饭、面包等具体食品究竟做何选择，并不完全由需要决定，而是取决于欲望，欲望决定人们对具体需要满足物的选择。营销者不仅要了解顾客需要，而且要开发并提供与顾客欲望相一致的产品，或者以创新产品影响顾客欲望，从而创造商机。

需求是具有购买能力的欲望。人类的欲望是无尽的，但可支配的资源是有限的，人们总是在购买能力的约束下选择能够满足欲望的产品或服务——现实的市场需求。营销者不仅要了解有多少顾客需要本企业产品，而且要了解有多少人具有现实的购买能力。

市场营销活动的目标是满足顾客需要。但在现实的营销活动中，企业面对的挑战在于如何有效识别顾客需要和欲望，因为很多顾客对其需要和欲望不能准确地加以表述，或者并未意识到自身的某些需要和欲望。企业面对的更大的挑战还在于，顾客的需要和欲望是动态变化的。因此，满足顾客需要的营销目标意味着，不仅要对比较明晰的顾客需要进行积极的回应和满足，而且要努力响应顾客变化的需要和欲望，识别其尚未明确意识的需要，并通过营销者的努力来激发顾客欲望。

2. 产品、价值、成本与满意

在营销学中，产品是指任何能够满足人类某种需求和欲望的东西，包括有形物品和无形服务。

产品是营销的客体对象，任何产品给顾客带来的利益并不是产品本身，而是产品实体或服务能够产生的价值。价值是顾客对产品满足其需要水平的整体评价。营销者应明晰顾客对一种产品的价值诉求，并在价值创造、营销沟通和价值传递过程中围绕顾客价值来开展营销活动。

顾客最终是否做出购买某一产品的决策，不仅取决于该产品能够为其带来怎样的价值，而且取决于拥有该产品所需付出的各种成本。价值与成本的比较决定了顾客对产品的满意程度，从而决定了顾客的购买对象。简单地讲，顾客感知到的价值（产品价值与成本的比较）决定了顾客是否满意，顾客是否满意决定了顾客是否购买。

3. 交换与交易

交换是市场营销的核心概念。交换是指通过提供某种东西作为回报以从他人处取得所需物品的行为。人们可以通过多种方式获取产品，如自行生产、强行获取、乞讨和交换，只有在交换中才存在营销问题。

交换的发生需要具备 5 个条件：至少有交换双方；每一方都拥有对方所需要的有价值的东西；每一方都能沟通信息、传递产品；每一方都可以自主接受或拒绝对方的产品；每一方都认为与对方交易是值得的。买卖双方进行价值交换的过程即为交易。因此，交换与交易是对同一事件的不同描述，交易是对事件过程的描述，交换则是对事件特性的判断。在市场营销活动中，企业的目标是促成交换行为，为此，营销者必须分析参与交换的各方的价值诉求。

4. 市场营销管理

市场营销管理是营销者为实现其目标，创造、建立并保持与目标市场之间的互利交换关系而进行的分析、计划、执行与控制过程。由于市场营销活动的最终目标是满足顾客需要与欲望，因此市场营销管理的基本任务就是对企业面对的各种不同的需求状况有针对性地采取不同的营销策略，引导、激发顾客的理性需要和欲望，并据此提供有效供给，在满足顾客需求的基础上实现企业目标。这一过程中的主要工作包括以下几方面：

（1）明确企业总体战略与目标。营销部门必须认真解读和领会企业使命与战略目标，了解企业竞争战略的安排。

（2）分析市场营销环境。市场营销环境是存在于企业之外的企业不可控制的因素。

任何企业都不能脱离环境而存在，各种环境因素都可能为营销工作带来机会，也可能带来威胁。因此，企业在营销活动中必须时刻关注环境因素的变化，及时识别和把握环境机会，规避环境威胁。

为有效进行环境分析，企业应建立一套可靠的营销信息系统与营销调研系统，运用成熟的定量分析手段，科学预测市场需求，衡量市场规模，评估各类顾客的需求行为，以便为企业制定营销战略与策略服务。

（3）制定市场营销战略。任何企业都无法满足全社会对某一产品的需求。科学的营销思路应是，在业务活动开始之前明确自己要服务的目标客户群，并根据这一群体的要求来设计自己的营销工作。为此，市场细分、目标市场选择、市场定位就构成了战略性的市场营销工作。

市场细分是指根据不同顾客对某一产品需求的差异性而将整体市场进行细分，并对每个具体的细分市场进行评估的活动。在市场细分的基础上，企业根据总体战略目标要求及环境条件来选择要提供服务的细分市场，这类市场称为目标市场；之后，企业根据选定的目标市场的需求特点有针对性地进行产品设计、生产与营销工作，通过建立产品或服务特色获得竞争优势，这就是市场定位。

（4）制定市场营销组合策略。市场营销组合策略属于战术性营销决策，是指企业针对选定的目标市场，综合运用的一系列可控的市场营销手段。1953 年美国学者尼尔·鲍顿首次提出这一概念，1962 年杰罗姆·麦卡锡（E. Jerome McCarthy）将具体手段界定为产品（product）、定价（price）、渠道（place）、促销（promotion）4 个要素，简称 4P 组合。随着营销理论与实践的不断发展，学术界不断完善营销组合的内容。比如，在国际市场营销领域提出了 6P 概念，即在 4P 的基础上新增了政府力量（power of government）、公共关系（public relation）等要素；在服务市场营销领域提出了 7P 概念，即在 4P 的基础上，根据服务产品自身特点及其经营特性，新增了人员（people）、过程（process）、有形展示（physical evidence）等要素。但 4P 组合仍是适用于各类企业的最基本的营销组合要素。

从管理决策实践的角度看，影响企业营销活动的要素有两类：一类是企业不可控制的要素，主要表现为各类环境要素；另一类是企业可以控制的要素，产品、定价、渠道、促销都是营销活动中企业可控制的要素。

（5）实施与控制市场营销活动。在将既定的市场营销战略与策略付诸实施的过程中，要进行动态控制，及时发现战略和策略方面的问题，找出问题原因并加以改进，或对营销目标和营销策略进行调整，以保证合理的营销目标的实现。

第二节　市场营销学的产生与发展

人类的经营活动自出现市场就已开始，但作为一门独立的学科，市场营销学是 20 世纪初创建于美国，后来才传入其他国家的。从演变的阶段看，市场营销学的发展大致经历了以下几个阶段。

一、萌芽阶段：1900—1920 年

20 世纪初，世界主要资本主义国家先后完成了工业革命，资本积聚程度提高，生产规模扩大，科学管理理论与方法在企业中得到广泛运用，劳动生产率迅速提高。产品生产的发展要求分销领域与之有效配合，使企业开始关心产品销售工作，加上科学管理方法在企业管理中得到运用，生产销售的计划管理有了保证，在客观上为市场营销学的产生提供了保障。

在这一阶段，一些经济学家以传统经济学理论为依据，着手研究工业产品的分销问题。但初步的研究显示，“分销”概念无法涵盖将一种产品送达市场所涉及的所有问题，于是“市场营销”（marketing）这一概念开始出现。自 1905 年克罗西（K. E. Kreusi）在宾夕法尼亚大学首次开设“产品市场营销”课程以来，市场营销学作为一门学科开始受到学界关注。1912 年哈佛大学教授赫杰特齐（J. E. Hegertg）出版了第一本以“市场营销”命名的教材，标志着市场营销学作为一门独立学科的形成。此后，相关课程陆续在美国各大学开设。

在这一时期的市场营销研究中，营销仅被视为商品流通环节的企业活动。但是营销活动从生产活动中分离出来，标志着市场营销职能开始受到关注。

二、形成阶段：1921—1945 年

第一次世界大战后，世界经济出现了短期的繁荣景象，而 1929 年开始的经济危机使企业面临严峻的生存挑战，生产过剩、销售困难的压力直接危及企业生存。企业需要解决的首要问题不是如何扩大生产，而是如何将产品销售出去。为了保证生产的产品能找到市场，企业经营者开始重视对市场需求的研究，同时也积极探索如何有效开展产品销售工作。这一社会现实为理论工作者提供了良好的研究契机，一些营销学者积极开展调研分析，并形成了丰富的研究成果。

1937 年，美国市场营销协会（AMA）成立，该组织后来成为市场营销研究领域中的著名机构，在市场营销理论研究、人才培养、学术交流方面起着非常重要的作用。

在这一时期，研究者围绕市场营销中的分销职能展开分析，得出了明确的结论，这一思想演变历程有助于此后市场营销观念的形成，对企业管理实践也起到具体的指导作用。但由于这一阶段仍将市场营销局限于流通领域，将营销基本等同于销售，因此仍存在局限性。

三、变革阶段：1946—1980 年

这一阶段即现代市场营销学的形成与发展阶段。第二次世界大战后，随着现代科学技术的广泛应用，社会劳动生产率大幅提高，产品极大丰富，企业竞争也随之加剧，西方国家普遍推行的高工资、高福利、高消费政策提高了顾客的消费层次，进一步加大了企业的销售压力，市场营销实践的变革呼唤新的营销理论。在这一时期，市场营销学研究空前活跃，理论体系也日臻成熟。

20 世纪 50～60 年代是市场营销理论快速发展的时期，产生了本学科一些重要的基础理论，其中包括温德尔·史密斯（Wendell R. Smith）的市场细分理论、尼尔·鲍顿（N.

H. Borden）的营销组合理论、乔尔·迪安（Joel Dean）的产品生命周期理论、尤金·麦卡锡（Eugeny McCarthy）的目标市场理论等。

在此期间，创新与发展受到普遍的欢迎，营销思想领域得到了迅速扩展，行为科学、心理学、数学等相关学科的概念、理论陆续应用于营销学教学、研究，对营销思想的发展起到了很大的促进作用。这一时期，营销学的主要特征是：(1) 更加强调营销管理。(2) 广泛吸收其他学科（包括自然科学和社会科学）的概念、原理，使理论体系更加充实，并注重营销决策研究和定量研究。(3) 倡导营销活动必须适应消费者需求的变化，强调目标营销、营销信息和营销系统的重要作用。(4) 从原来的总论性研究转变为区别不同研究对象的具体性研究，分化出许多子学科，譬如服务营销、全球营销及非营利组织营销等。(5) 开始强调企业营销活动所关联的社会责任、社会义务、社会福祉和社会公益，力求让生活更美好，让世界更美好。

四、扩展与创新阶段：20 世纪 80 年代以后

20 世纪 80 年代以来，信息技术应用、知识经济兴起、经济全球化、冷战结束等一系列具有全球性影响的宏观政治经济环境新趋势的出现，深刻影响和改变全球经济结构、产业结构、企业组织结构、战略管理思维，为市场营销学的理论创新与实践探索提供了良好的环境条件，市场营销学领域涌现出一大批新理论、新概念，包括口碑营销、体验营销、大数据营销、社交媒体营销、事件营销等。尽管这些新的营销思想尚未经历长时间的实践检验，有些还处于初步探索阶段，但都已不同程度地应用于企业的营销管理实践，在指导实践的同时，理论自身也不断得以充实和完善。

第三节　市场营销管理观念的演变

作为企业职能管理的重要组成部分，市场营销管理与其他管理活动一样离不开科学的营销观念的指导。即使面对相同的营销环境与机会，企业的营销决策也可能因营销观念不同而不同，最终导致营销绩效不同。市场营销管理观念是指企业开展营销活动的基本指导思想，其核心是如何正确处理企业、顾客和社会三者之间的利益关系。对这三者之间利益关系的不同处理原则体现了企业不同的营销管理思想。纵观西方企业市场营销活动的历程，大致有五种不同的市场营销管理观念。

一、市场营销管理观念

（一）生产观念

生产观念是指导企业市场行为的最古老的观念之一。从工业革命至 20 世纪 20 年代，市场上商品供不应求，选择余地很小，只要价格合理，消费者就会购买。市场营销的重心在于大量生产，解决供不应求的问题，消费者的需求和欲望并不受重视。

生产观念是卖方市场的产物，这种观念认为，顾客总是喜欢那些可以随处购买到的价格低廉的产品。为满足这一需求目标，企业营销活动的重心应是，通过扩大生产规模、提高生产效率、扩大分销网络来获取规模效益，降低成本，实现低价竞争的目标。

生产观念是一种重生产、轻消费的营销思想。企业营销活动从市场需求的共性出发，

忽略了需求的差异化特征，因而当供求关系发生变化，买方市场逐步出现时，这种观念就失去了存在的价值。

（二）产品观念

在生产观念阶段的末期（20 世纪 20 年代前后），供不应求的市场现象在西方社会得到了缓和，产品观念应运而生。

产品观念认为，顾客总是喜欢质量好、功能多和特色鲜明的产品，产品本身是决定顾客购买的关键。为此，企业生产、经营活动的重心应放在生产优质产品或不断改进、优化产品上。奉行产品观念的企业大多关注企业内部特别是自己的产品，而忽视对市场需求的研究；排斥外界意见，迷恋自身产品的优越性，而无视市场是否接受，影响其获得持续的竞争优势。

事实上，以优质产品赢得市场的指导思想并无错误，但企业必须认识到产品优质与否的评价权应交给市场，让顾客来评判，顾客的意见应成为产品研发的重要参考依据，而不能只从企业主观意志出发。

（三）推销观念

推销观念盛行于 20 世纪 30~40 年代。在这一时期，由于技术进步、企业生产效率的提高带来全社会产能的增加，供过于求导致企业竞争激烈。管理者认识到，仅仅把精力放在生产大量产品上是不够的，还需要努力诱导顾客购买。

推销观念认为，顾客经常表现出一种购买惰性或抗衡心理，如果企业不努力推销，顾客往往不会主动购买足量的产品。奉行这一观念的企业相信，产品是被卖出去的而不是被买走的，只要把工作的重心放在积极推销和大力促销上，产品就可以在市场上找到出路。这一观念更多地运用在非渴求品——那些顾客不会主动购买的产品的销售上。

显然，以现代营销思想来评价，这种观念也存在明显缺陷。企业的营销活动仍没有真正从顾客和市场的视角出发。如果产品在生产之初就不是顾客所需的东西，则无论怎么努力，推销也难以达到理想的效果。

以上三种营销管理思想有一个共同点，即企业的生产经营活动均围绕企业自身进行，而没有将市场需求视为营销活动的起点，为此，企业能生产什么就生产什么，进而销售什么。企业以自己为中心进行营销在供不应求或竞争较弱的市场中是有一定生存空间的，但在供过于求、竞争激烈的买方市场环境中，由于忽视了市场和消费者的需要，企业显然难以获得理想的成长。

（四）市场营销观念

市场营销观念出现于 20 世纪 50 年代中期。当时西方企业的营销环境与第二次世界大战前相比有了很大的变化，先进的科学技术被广泛应用到企业生产中，生产效率快速提高，产品更新步伐加快，有效供给增加，这些都加剧了企业竞争。经济发展还带来了社会购买力水平的提高以及市场需求的结构、质量的改变，顾客需求的差异性特征日渐明显，选购性逐步增强。这一外部环境的变化使传统的以企业为中心的营销指导思想逐渐失去价值。企业要想获得理想的营销效果，就必须精心选择目标顾客，了解这一群体的需求特征，生产、提供他们所需的具体产品，并动态关注顾客需求的变化，从而调整、优化营销对策为其服务。也就是说，企业营销活动的逻辑起点由企业变成了顾客。

奉行市场营销观念的企业即市场营销导向型企业，其指导思想是顾客需要什么，我们就生产销售什么。顾客是企业产品的决策者，企业的一切经营活动应围绕顾客需求来进行。哈佛大学西奥多·莱维特教授比较了以推销观念为代表的传统营销思想与市场营销观念之间的区别，如图 1-2 所示。

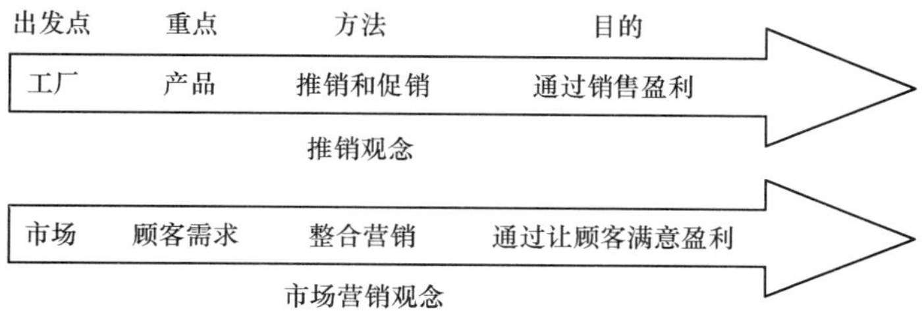

图 1-2　推销观念与市场营销观念的对比

从图 1-2 中可以看出，推销观念采用由内而外的视角。它从工厂出发，侧重企业现有的产品，倡导大力开展推销和促销活动，通过增加销量而获得利润。市场营销观念则采用由外而内的视角，强调企业的营销活动应从目标市场的实际出发，围绕顾客需求这个中心，协调企业所有的营销活动来满足顾客需求，通过实现顾客满意来建立长期顾客关系并获得盈利。

（五）社会营销观念

社会营销观念是基于一些社会环境因素的变化而提出的。20 世纪 70 年代开始，环境恶化、人口膨胀、资源短缺、有害需求增加、企业社会责任缺失等成为全球性难题和挑战，对全社会可持续发展构成极大威胁。与此同时，顾客消费日益理性，维权意识增强，保护消费者权益的呼声高涨，一些政府、非政府组织陆续参与到保护消费者利益、维护社会福利的活动中，在法律、社会舆论方面营造相关氛围。在这样的背景下，营销学者提出了生态营销、人类营销、绿色营销等新概念，统称为社会营销观念。

社会营销观念认为，企业的任务是确定目标市场的需要、欲望和利益，并以保护和提高顾客利益和社会福利的方式，比竞争者更有效、更有利地为目标市场提供所期待的产品。

与市场营销观念相比，社会营销观念最明显的变化是，倡导企业在开展生产经营活动时不仅以满足市场需要和企业盈利为目标，而且考虑社会与道德问题，兼顾顾客和社会的长远利益。也就是说，企业目标的实现不能以牺牲顾客利益和社会福利为代价。事实表明，将顾客长远利益与社会福利纳入决策的影响因素，并不仅仅意味着营销成本的上升，在多数情况下往往会带来顾客的积极响应，取得更好的营销效果。

二、市场营销管理观念创新

从传统的以企业为中心的营销管理观念转向以顾客需求为中心的观念，有利于企业更有针对性地满足顾客需求，更有效地应对竞争。20 世纪 80 年代以来，企业面临更加激烈的竞争环境，市场需求的变化加剧，企业开展营销活动的难度加大，对营销理念与方法的创新需求显得十分迫切。

（一）顾客导向的市场营销观念

市场营销活动的根本目的是满足顾客需要，建立和维持顾客关系，并在此基础上实现企业盈利及其他目标。可以看出，现代市场营销观念的核心是顾客导向，而贯彻顾客导向的具体途径是创造并传递顾客价值，实现顾客满意与顾客忠诚。

1. 顾客价值

顾客价值，即顾客感知价值，它是指顾客在需求满足过程中对感知利得与感知利失之间的比较。形象地讲，顾客感知价值通常表现为顾客购买总价值与购买总成本的差额，如图 1-3 所示。

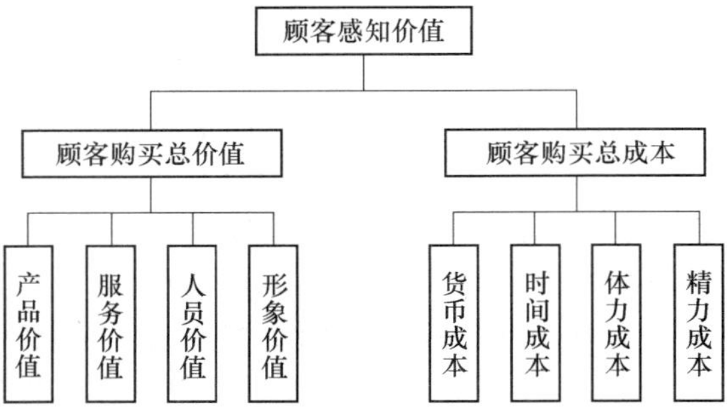

图 1-3　顾客感知价值的构成维度

2. 顾客满意

顾客满意是指顾客将对某一产品可感知的效果与期望值相比较后所形成的愉悦或失望的感觉状态。顾客满意有三种情形，即不满意、满意、高度满意。如果顾客感知的效果低于其预期水平，就会产生失望感，即不满意；如果顾客感知的效果与预期水平相当，就会产生满意感；如果顾客感知的效果超过预期水平，就会产生高度满意感。

顾客期望的形成，取决于顾客以往的购买经验、朋友和同事的影响以及营销者和竞争者的信息与承诺等。

3. 顾客忠诚

对产品满意的顾客中有相当比例的顾客是很容易进行品牌转换的，也就是说，仅仅通过追求顾客满意来保持长久的顾客关系是不够的。在这一背景下，顾客忠诚受到了广泛关注。

顾客忠诚是指顾客在较长一段时间内不受任何外部环境因素和营销因素的影响，持续重复购买所偏好的产品或服务的倾向与行为。

满意的顾客会变得忠诚并向他人正面传播企业，积极推荐企业的品牌。研究表明，不满意的顾客、稍微满意的顾客和完全满意的顾客在忠诚度方面存在很大差别。满意度轻微的下降，会导致忠诚度巨大的下滑。总体而言，顾客忠诚和顾客满意是正相关的关系。不过，在不同行业和不同竞争环境下，顾客满意和顾客忠诚之间的关系也会有差异。在高度竞争市场，一般满意和完全满意的顾客之间忠诚度有巨大差异；而在非竞争市场（如电信、石化等行业），顾客无论满意与否都会保持高度忠诚，如图 1-4 所示。

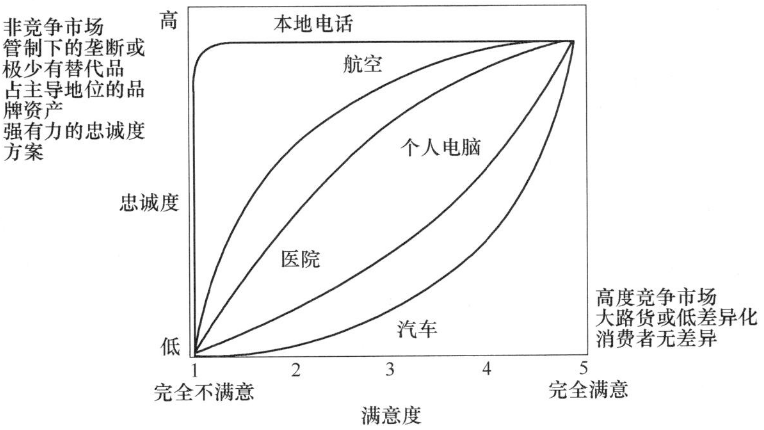

图 1-4　忠诚度与满意度的关系

（二）关系营销

关系营销是指企业着眼于长期利益，通过互利交换及共同履行诺言，建立、保持并加强与顾客及其他利益相关者之间的关系，以实现目标的营销思想及活动。

关系营销理论认为，企业的营销活动在本质上是一个与顾客、供应商、分销商、竞争对手、政府、社会公众互动的过程，正确处理企业与这些关系主体之间的相互关系是企业营销活动的关键。

（三）体验营销

体验营销是进入 21 世纪后产生的新的营销思想，是伴随着体验经济时代顾客对体验的日益重视而形成的。

体验营销是由顾客体验驱动的营销模式。体验营销思想认为，顾客并不是完全理性的，人的消费行为受理性与感性双重支配。顾客在消费前、消费中和消费后全过程中的体验直接影响其消费决策。企业应当从顾客的感官、情感、思考、行动、关联五个方面定义和设计营销方式，开展体验营销。

综上所述，体验营销是指企业通过设计有价值的顾客体验，使顾客直接参与其中以满足其体验需求，进而利用顾客的整体感受和评价来激活其内心的消费欲望并促进其购买的营销方式。

营销视角

农夫山泉的体验营销

自 1999 年宣布不再生产纯净水只生产天然水后，农夫山泉便专注于天然水的生产及产品价值的教育。天然水是瓶装水中的新品类，农夫山泉肩负着教育消费者什么是天然水、天然水的品类价值，以改变消费者购买瓶装水消费行为的任务。然而，对于一款无形、无色、无味，即使品尝也较难感受到价值的瓶装水，实现上述目标并非易事。农夫山泉坚持基于产品属性，从产品体验出发，通过可视化、比着干、构筑权威、身临其境、现身说教的体验手段，将天然水的价值植入消费者认知，推动代表天然水的农夫山泉成为全国瓶装水市场的领先品牌。

1. 可视化

可视化即眼见为实。可视化的价值体验最易使消费者对产品价值形成直观的认知。农夫山泉开创天然水品类之后，为天然水确立“天然弱碱性水”的品类价值。但弱碱性水存在两个问题：一是弱碱性水与天然水一样，无形、无色、无味，消费者无法在喝的瞬间体验弱碱性水的独特口感；二是消费者不知道弱碱性水有什么好处。为此，农夫山泉引入了 pH 试纸。有学识的消费者都明白 pH 试纸会因水的酸碱度不同而呈现不同的颜色。农夫山泉借助 pH 试纸将“天然弱碱性水”从无形变有形，从无色变有色，将产品价值可视化，让消费者用肉眼可以看到弱碱性水与纯净水的不同，将弱碱性水的价值植入消费者心智。当消费者用肉眼看到产品为弱碱性水时，农夫山泉提出“健康的生命，需要天然的弱碱性水”，为已视觉化的天然弱碱性水建立健康价值。

2. 比着干

对比容易突出差异点。如农夫山泉提出天然弱碱性水时，对比天然水和纯净水的 pH 试纸检测结果，发现纯净水呈弱酸性，自己生产的天然水呈弱碱性；再如 2016 年 6 月农夫山泉再次将天然水定义为“含天然矿物元素的水”，在广告宣传片中，通过把两株相同品种相同大小的花卉球茎，分别放在有天然矿物元素和没有天然矿物元素的水中生长的对比性测试，结果发现在含有天然矿物元素的水中球茎生长得更快，说明矿物元素有利于生物细胞的生长。通过比着干的产品宣传策略，消费者可以直接深刻地看到农夫山泉产品的价值特点。

3. 构筑权威

构筑权威是在消费者的意念上进行产品体验，使产品体验更深入人心。消费者在对新产品进行体验时，由于心理缺乏安全感，对新产品往往存在抵触、排斥、怀疑的态度。新产品上市都会面临消费者初认知的挑战。而构筑权威是从消费者的意念上降低消费者对新产品的抵触、排斥、怀疑，促进消费者对产品价值的体验，使消费价值更易被消费者接受。2016 年 6 月农夫山泉为促进“含天然矿物元素的水”的概念被消费者接受，邀请了美国及瑞士著名大学的医学生理学、营养学教授，他们联合推荐大家喝含有矿物元素的水。通过权威教授的证言，让消费者对含有天然矿物元素的水建立信赖感。

4. 身临其境

让消费者置身于产品生产的上游，“眼、耳、鼻、舌、身”多感官同时体验产品。农夫山泉自2006年起发起以“见证农夫山泉水源地”为主题的活动，组织消费者、记者探访水源地，至今已经累计达到3万多人。在水源地，农夫山泉通过工作的介绍，向消费者灌输产品价值，通过可视化pH试纸，现场进行不同水质的对比测试，将天然弱碱性水的价值展示于消费者眼前。之后，请消费者品尝农夫山泉，体验“为何有点甜”，达成味觉体验。亲眼见证以及亲身感受最具权威性。消费者经过这一次身临其境的体验，都将成为农夫山泉最忠诚的消费者。

5. 现身说教

现身说教的体验通常是某一领域的专业人士讲述产品相关内容，为产品塑造专业、专一的体验，以达成专业品牌的价值认知。农夫山泉自2014年起在品牌宣传上采用“真人说真事，专业人做专业事”的传播策略，为品牌塑造匠人精神，为产品塑造专业的体验。如2014年农夫山泉推出以“一个你从来不知道的故事”为主题的品牌宣传片，以农夫山泉水源勘探师方强为主角，向消费者讲述农夫山泉在白雪皑皑的长白山寻找优质水源的故事，将农夫山泉寻找水源地的用心、辛苦、认真的过程展示给消费者。再如2016年农夫山泉以西藏拉萨地区的业务代表为宣传片的主角，讲述其作为农夫山泉的搬运工在“最后一公里”是如何搬运天然水的；为天然水做检测的公司员工讲述其跋山涉水去取水，只为了保障农夫山泉天然水的安全。这些真人真事只为了让消费者体会到农夫山泉作为大自然搬运工的品牌匠人精神，是真正专注天然水产品的专业品牌。

资料来源：刘士晓，林树林．农夫山泉靠这五招将产品体验做到极致．销售与市场（管理版），2016（10）．

（四）绿色营销

绿色营销是指企业以促进可持续发展为目标，在营销活动中力求在满足消费需求、维护环境利益的基础上实现企业盈利目标的营销观念与活动。与传统营销相比，绿色营销强调营销组合中的“绿色”因素，例如注重绿色消费需求的调查与引导，开发和经营符合绿色标准的绿色产品等。

当前我国正处于经济社会快速发展时期，来自资源与环境的制约和压力已充分显现出来，国际贸易中的绿色壁垒越来越多，可持续发展受到前所未有的重视，相关立法不断得到完善，消费者维护自身权益的呼声不断高涨，这些外部环境都迫使企业重视绿色营销。

营销视角

华冠的绿色营销

北京华冠购物中心积极践行“绿色理念”，开展卓有成效的绿色营销。

在设备设施方面，华冠照明全部采用 LED 光源，空调、电梯、冷链设备全部采用节能型设备或进行节能改造。在绿色供应链建设方面，华冠采购并销售节能灯具、节能家电产品，运输时采用国际标准化的物流车。在绿色服务方面，华冠实行无障碍退换货、全部使用电子发票、停车场采用 ETCP 智能技术、不停车缴费等一系列举措。华冠还通过绿色采购、基地直采、农超对接等，实施绿色营销，倡导绿色消费。

资料来源：王晓然，王莹莹．2019 北京商场再添一抹“绿”．北京商报，2019-01-11.

（五）市场营销道德

营销道德贯穿于企业营销活动的整个过程，是指调整企业与各利益相关者之间关系的行为规范的总和。消费者经常以此为标准评价一个组织的营销行为并做出好恶判断。最基本的道德标准已以法律法规的形式出现，这是营销行为的基本尺度；营销道德不仅指现有的相应法规，而且包括尚未纳入法律范畴但被社会特别是消费者用以判断营销行为正确与否的道德标准。企业在营销活动中应遵循这两类营销道德。

20 世纪 80 年代以来，营销道德研究成为营销学界的热点之一。许多大学的商学 院开设商业伦理或企业伦理课程，旨在通过开展营销道德的教学与研究，向学生传递依法经营、守德经营的理念。

重要概念

市场	市场营销	市场营销管理	市场营销管理观念
市场营销观念	社会营销观念	顾客价值	顾客满意
顾客忠诚	关系营销	体验营销	绿色营销
营销道德			

思考题

（1）理解并掌握市场营销的相关概念。

（2）什么是市场营销管理观念？营销观念发展演变的过程是怎样的？每种观念的主要观点是什么？

（3）什么是顾客满意、顾客忠诚？影响顾客满意与顾客忠诚的因素有哪些？企业如何实现顾客忠诚？

（4）如何理解绿色营销？现实中违背绿色营销观的具体表现有哪些？

（5）如何理解营销道德？市场营销活动中的道德缺失行为有哪些？

实践训练

（1）以你熟悉或喜爱的一家企业为例，查阅该企业的营销资料或信息，并依据其营销活动判断该企业奉行什么样的营销观念。你对企业的选择如何评价？

（2）在你的消费经历中找一家你最满意或最不满意的企业，回忆你的消费经历，以本章理论为依据分析你为何感到满意或不满意。你对这家企业有什么建议？

推荐阅读

（1）保罗·R. 蒂姆，客服圣经：如何成功打造顾客忠诚度 . 韦福祥，张晓，等译 . 北京：机械工业出版社，2015.

（2）罗杰·J. 贝斯特，营销管理：提升顾客价值和利润增长的战略 . 权小妍，徐丽娟，译 . 北京：北京大学出版社，2017.

（3）郭国庆 . 营销伦理 . 北京：中国人民大学出版社，2012.

案例分析

七彩人生家具的营销观念

深圳七彩人生家具集团是亚洲最大的青少年儿童家具生产基地，被推荐为2019年中国十大儿童家具品牌。其业务领域涵盖实木家具、板木家具、板式家具、软体家具四大类产品，旗下拥有9条国际先进的彩色家具生产线及亚洲最大的青少年儿童家具研发中心、展示体验中心。七彩人生集团是国内首家达到E1级环保标准，并获得欧洲TUV环保认证的家具企业，率先采用目前最环保的不含香蕉水的水性漆涂装工艺。“英伦小屋”“卡乐屋”“七彩人生·城堡”“七彩人生HOME”“Q-SEVEN”“七彩城堡”“Veg微稚”“北欧木语”也可以说成为家喻户晓的品牌。

进入2019年，多数企业面临着市场竞争加剧、生存困难、品牌意识不够、周转资金困难等问题。七彩人生高管提出，解决这些问题必须注重营销观念创新，切实把企业的营销管理与儿童的幸福生活紧密联系在一起。于是，在儿童家具领域，七彩人生率先提出全屋设计的概念，根据消费者不同的房屋结构、儿童房的大小，结合家装设计的主流元素及相关需求，设计不同的家具、配件和装饰。为了更好地满足消费者需求，还设计出一批适合儿童生活成长的样板房，根据儿童的兴趣爱好、年龄变化、生活需要来置换房间的部分配置，以利于客户制定购买决策。

尼尔森发布的2018年中国消费市场研究显示，39%的消费者愿意进行持续的消费升级，购买品质更好价格相对较贵的产品，15%的消费者愿意购买满足基本功效而价格相对便宜的产品，仅有1%的消费者愿意牺牲产品质量而购买低价产品。七彩人生高管认为，中国的家具企业要创造价值而不是创造价格。创造价格的企业无法保证产品的品质和研发，价值是消费者在使用产品的过程中不断体现出来的。二孩政策的实施带来了更大的市场需求，消费者以往偏重家具材质和风格，现在更看重产品带来的生活氛围。为此，七彩人生在设计中注重体现“一切为了孩子”的设计理念，综合运用人体工程学、结构力学、美学、心理学、生态学等科学知识，产品的尺寸、比例经过严格测算，满足少年儿童成长发育需要。在功能上可以自由组合，根据孩子的喜好任意搭配，可培养孩子动脑动手的习惯，激发孩子的创造力和想象力。七彩人生的家具色彩活泼、明快、自然，而且色彩与款式可以互换，可以给孩子更多的选择，培养他们的审美情趣。

资料来源：2019年将是家居行业高质量发展结构转型期．(2019-01-02)．腾讯网；七彩人生黄锦彬：专注打造更有品质的儿童生活空间．(2018-06-17)．新浪家居；七彩人生黄锦彬：从创造价格到创造价值的制造业．(2017-03-09)．新浪家居．

思考：

七彩人生家具在营销观念创新方面有何特点？

第二章　市场营销环境分析

学习目标

（1）掌握市场营销环境的概念、构成要素。

（2）了解市场营销环境给企业提供的机会和构成的威胁及采取的营销对策。

（3）掌握微观营销环境的各种主体对企业市场营销活动的影响。

（4）理解宏观营销环境对企业市场营销活动的影响。

（5）能够利用本章所学知识对营销环境进行分析。

引例

根据商务部的统计数据，2010 年以来，网上零售额的增速逐年下降，2014~2016 年网上零售额增速分别为 49.7%、38.3%和 26.2%。包括淘宝在内的不少电商平台发现，从 2014 年开始，纯电商的方式已经难以继续调动消费者。2016 年年底，马云提出“新零售”一词。无独有偶，2017 年 6 月 16 日，亚马逊以约 137 亿美元的天价收购了全食超市。全食超市联合创始人、CEO 兼全球食品市场总监约翰·麦基（John Mackey）表示：“这种合作伙伴关系为全食超市的股东提供了有最大价值的机会，同时扩大了我们的使命，为客户带来了最高质量、经验、便利和创新。”在完成对全食超市的收购后，亚马逊宣布全食超市将立刻实施全面降价，并将为亚马逊的在线会员提供在这家“以贵出名”的超市的长期优惠。消息一发布，线下立刻被引爆：全食超市最具特色的有机商品全部大甩卖—— 这家“高大上”的有机食品店的货架被抢空了。亚马逊生鲜配送 Amazon Fresh 在同一时间上架全食超市的有机食品，原本只在线上销售的智能助手 Amazon Echo 占据了数家全食超市的货架，亚马逊完成了线上与线下的革命性整合。当前，从消费者到商家，都意识到新零售时代的真正内涵——消费体验的提升。企业面临的市场环境已经发生了翻天覆地的变化。

资料来源：根据网上相关资料整理。

任何企业都是在特定的环境中开展营销活动的，环境要么给企业带本质的营销机会，要么给企业造成威胁，因而，时刻关注营销环境变化及其对企业产生的影响，根据需要调整营销战略与策略就成为企业营销管理的重要工作。本章对市场管销环境进行分析，主要研究企业市场营销环境的构成要素及其影响，发现环境机会和威胁，在 SWOT 分析的基础上做出最佳的营销决策。

第一节　市场营销环境概述

一、市场营销环境的结构

任何企业都是在不断变化着的社会经济环境中运营的，企业的生存与发展很大程度上取决于它对环境的适应和应变能力。市场营销环境是指影响企业营销活动及其目标实现的各种因素和力量，可分为宏观环境和微观环境。

微观环境是指环境中直接影响企业营销活动的各种行动者，如企业自身、供应商、营销中介、顾客、竞争者和公众；宏观环境是指环境中间接影响企业营销活动的不可控制的较大的社会力量，如人口、经济、自然、技术、政治、法律和文化等。两种环境因素的构成及其相互关系如图 2-1 所示。

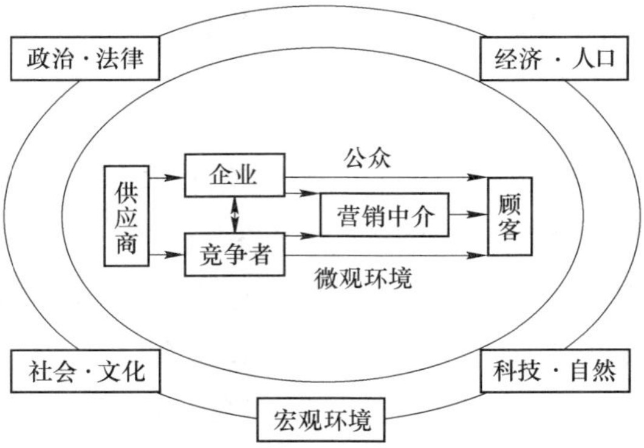

图 2-1　市场营销环境的结构

企业分析市场营销环境的目的就是：（1）把握市场环境变化发展的趋势；（2）发掘新的市场机会，捕捉市场机遇。（3）及时发现营销威胁，为企业采取积极措施避免或减轻风险赢得时间。

二、环境分析方法——机会-威胁矩阵分析法

（一）环境威胁与营销机会

市场营销环境的变化对企业的影响可以分为两个方面：构成威胁及提供机会。因此，市场营销环境分析的内容也就可以分为环境威胁与营销机会两方面。

所谓环境威胁，是指环境中一些不利的发展趋势所形成的挑战，若不采取相应果断的营销行动，这种不利趋势将损害企业的市场地位。营销者应善于识别所面临的威胁，并按其严重性和出现的可能性进行分类，为严重性水平高且可能性大的威胁制定应变计划。

所谓营销机会，是指市场上出现的对企业营销富有吸引力的动向和趋势。这些机会可以按其吸引力以及每一个机会可能获得成功的概率来加以分类。企业在每一特定机会中成功的概率，取决于其业务实力是否与该机会所需要的成功条件相符合。

假设某烟草公司通过其营销信息系统和营销调研了解到以下动向足以影响其业务经营：

(1) 有些国家政府颁布了法令，规定所有的香烟广告包装都必须印上关于吸烟危害健康的警示语。(2) 有些国家的地方政府禁止在公共场所吸烟。(3) 许多发达国家的吸烟人数下降。(4) 本企业的研究实验室发明了电子烟。(5) 发展中国家的吸烟人数迅速增加。

显然，动向（1）、动向（2）和动向（3）给这家烟草公司造成了环境威胁；动向（4）和动向（5）使公司可能享有差别优势的市场机会。

（二）机会-威胁矩阵分析法的步骤

第一步，列出某一环境因素的变化对企业的影响。

第二步，将第一步列出的影响分为两大类：机会与威胁。

第三步，将机会和威胁的程度、发生的概率分为高、低两档，以发生的概率为横坐标，以机会或威胁的程度为纵坐标，分别画出机会和威胁矩阵。

第四步，将各方面的影响在坐标平面上描点，根据各影响的分布判断其对企业的影响。

第五步，将机会和威胁矩阵图合二为一，做出机会-威胁矩阵图，判断企业所处的环境。

（三）机会-威胁矩阵分析法的内容

综上所述，任何企业都面临若干环境威胁和市场机会。然而，并不是所有的环境威胁都一样大，也不是所有的市场机会都有同样的吸引力。企业高层可以用环境威胁矩阵图和市场机会矩阵图来加以分析、评价，如图 2-2 所示。

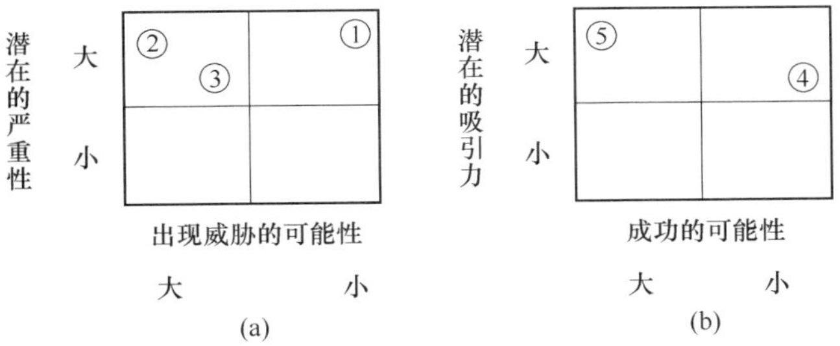

图 2-2 营销环境的分析、评价

（a）环境威胁矩阵图；（b）市场机会矩阵图

环境威胁矩阵图 2-2（a）的横行代表出现威胁的可能性，纵列代表潜在的严重性，表示盈利减少程度。上述烟草公司在环境威胁矩阵图上有 3 个“环境威胁”，即动向①~③。其中威胁②和威胁③潜在严重性大，出现威胁的可能性也大。所以，这 2 个环境威胁都是主要威胁，公司对这 2 个主要威胁应十分重视；威胁①的潜在严重性大，但出现的可能性小，所以这个威胁不是主要威胁。

市场机会矩阵图 2-2（b）的横行代表成功的可能性，纵列代表潜在的吸引力，表示潜在盈利能力。上述烟草公司在市场机会矩阵图上有 2 个“市场机会”，即动向④和⑤。其中最好的市场机会是⑤，其潜在的吸引力和成功的可能性都大；市场机会④的潜在的吸引力虽然大，但其成功的可能性小。

营销环境带给企业的机会和威胁是并存的，威胁中有机会，机会中也有挑战。在一定条件下，两者可相互转化，从而增加了环境分析的复杂性。企业可以运用机会-威胁矩阵加以综合分析和评价，以更清楚地认识企业在环境中的营销状况，如图2-3所示。

威胁水平	高	Ⅱ(冒险业务)	Ⅰ(理想业务)
	低	Ⅲ(困难业务)	Ⅳ(成熟业务)
		威胁水平	
		高	低

图2-3　机会-威胁综合分析矩阵

第Ⅰ象限为理想业务，即高机会和低威胁的业务，说明企业有非常好的发展前景，理想业务对企业最为有利，但这样的情况往往较少。

第Ⅱ象限为冒险业务，及高机会和高威胁的业务，也就是说，在环境中机会与挑战并存，成功与风险同在。冒险业务对企业有较大的吸引力，企业应抓住机会充分利用，同时制定规避风险的对策。

第Ⅲ象限为困难业务，即低机会和高威胁的业务，如果不能减少环境威胁，企业将陷入经营困难的境地。

第Ⅳ象限为成熟业务，即低机会和低威胁的业务，说明企业发展的机会已很少，自身发展潜力也很小。保险营销能够维持企业的正常运营，但企业应研究环境带来的新机会，进一步开拓市场，否则将影响企业的生存。

上例中，烟草公司面临2个主要威胁，即②和③，以及一个最好的机会，即⑤。这就是说，该公司的业务属风险业务。

（四）企业对机会和威胁的反应

适应营销环境是企业成功的必备条件，提高适应能力是每一个企业的营销人员孜孜以求的目标。营销管理者的任务就在于了解、把握营销环境的变化趋势，适应环境的变化，提高应变市场的能力，趋利避害地开展市场营销活动，使企业更好地生存和发展。

企业对面临的主要威胁有三种可能选择的对策：

（1）减轻。通过调整营销策略改善企业对环境的适应性，以减轻威胁，降低风险程度。如烟草公司大力宣传在公共场所开辟单独的吸烟区。

（2）转移。将企业资源转移到风险相对较低的市场领域。如烟草公司面临反对吸烟的环境特征时进入食品和饮料市场，同时减少香烟业务。

（3）反抗。企业通过自身努力扭转环境不利因素的发展。如中国造纸企业在面临外国造纸公司以超低价格抢占市场的威胁下，联合向政府有关部门提出反倾销诉讼，扭转了经营的不利局面。

营销视角

中国的营销环境与市场机会

中国是世界第二大经济体，有14亿多人口的大市场，有960多万平方公里的国土。中国经济是一片大海，而不是一个小池塘。中国大市场让全球艳羡。“买东西手机扫码就可以”“外卖、快递都非常快”“坐上高铁半日千里”，这些网络投票中外国人最想带回自己国家的中国创新，无不依托着巨大的市场成长壮大。这个大市场还在不断裂变：到 2022 年，全球 24.3%的物联网市场在中国；到 2025 年，全球 50%以上的新能源车市场在中国……从供给端看，中国大市场将为新技术、新业态提供海量的数据基础、多样的应用场景、充足的成长机会。促进约 1 亿农业转移人口落户城镇，改造约 1 亿人居住的城镇棚户区和城中村，引导约 1 亿人在中西部地区就近城镇化，新型城镇化扎实推进，着力解决好“三个 1 亿人”问题；超过 4 亿人的中等收入群体规模世界最大，仍在稳步扩容；全国居民恩格尔系数已降至28.4%，通信、教育、旅游、休闲、健身等新兴消费快速发展，多样化、个性化、高端化需求与日俱增……从需求端看，体量和档次也日益“高大上”。大海般广阔的中国大市场，既孕育着供给提升的无限可能，也蕴含着需求释放的无穷潜力。只要我们在供给与需求之间搭好桥梁，以更多更优质的供给回应更大更高端的需求，就能形成更强大的国内市场，在更高层次上实现供需结构再平衡。

资料来源：加快经济结构优化升级：把握我国发展重要战略机遇新内涵述评之一．人民日报，2019-02-18.

第二节 微观营销环境分析

微观营销环境是指对企业服务其顾客的能力构成直接影响的各种力量，包括企业本身、供应商、营销中介、市场、竞争者和公众。这些都会影响企业为其目标市场服务的能力。分析营销微观环境的意义在于，明确企业在整个价值链或营销系统中的位置和角色，促使企业与各微观环境因素紧密配合，协调行动，力求取得 1+1>2 的效果。

一、企业

人事、财务、生产、营销是企业生存与发展必不可少的几大职能部门。实现企业的目标离不开企业最高管理层的决策和各职能部门的配合，因此，企业本身包括最高管理层市场营销管理部门和其他职能部门。营销计划的顺利实施不仅需要营销部门内部人员如市场营销经理、销售经理、广告经理、定价专家等的通力合作，更需要其他部门如最高管理层、采购、研发、生产、财务的配合与支持，所有这些企业的内部组织，形成了企业内部的微观环境。

营销部门在制订营销计划与决策时，要考虑几个方面的因素：一是企业所处的外部环境条件；二是企业最高管理层的管理意图，要结合最高管理层所制定的企业发展目标、决策、任务来制订营销计划，并报批领导层同意；三是企业其他部门的实际情况，使采购、生产、营销、财务等部门密切配合。

二、供应商

供应商是为企业提供生产经营所需资源的企业或个人，为企业提供原材料、零配件、能源、劳务及其他用品。供应商所提供的原材料的数量和质量将直接影响产成品的数量和质量，所提供资源的价格则会直接影响产品成本、价格和利润。在某种资源供应紧张时，供应商更起着决定性的作用。

企业对供应商的影响力要有足够的认识，尽可能与其保持良好的关系，开拓更多的供应渠道，必要时可以采用后向一体化战略，通过兼并或收购供应商以保障所需资源的稳定供给。与供应商良好的合作关系是企业重要的无形资产。企业应保持对关键供应商的动态了解，以保证自身业务活动的稳定性。

三、营销中介

营销中介是指参与并协助产品从企业向最终购买者转移过程中的所有中介单位，包括中间商、实体分销机构、营销服务机构、金融机构。

（1）中间商。中间商是产品从生产者向最终消费者流动的中间环节或渠道，主要包括批发商、零售商和代理商。合适层次与数量的中间商可以节约顾客的时间成本、金钱成本，为营销提供便利条件。

（2）实体分销机构。实体分销机构是帮助企业进行产品保管、储存、运输的专业企业，包括仓储公司、物流公司等，其专业性保证了产品在储存和运输期间的质量和产品转移的速度。

（3）营销服务机构。营销服务机构是为厂商提供各种营销服务的机构，如广告公司、市场调研公司、财务公司、营销咨询公司等，它们提供的各项服务有利于企业营销计划的制订与实施。

（4）金融机构。金融机构是在营销活动中进行资金融通的机构，主要有银行、信贷机构、保险公司、电子钱包、各种网络支付工具等，为营销活动中的资金流动提供快速而便捷的服务。

总的来说，企业营销活动的效率高低与各个营销中介机构的工作效率和质量紧密相连。实现营销活动的最高境界“在合适的时间、合适的地点把合适的产品送到合适的人手中”，离不开营销中介的配合。

四、顾客

顾客是企业产品购买者的总称。顾客是企业服务的对象，也是企业营销活动的出发点与归宿，是企业一切营销活动的中心。了解不同顾客群的特点是进行营销活动的前提条件。

企业的产品市场按照购买动机可以分为五类：（1）消费者市场，即为了个人消费而购买的个人和家庭所构成的市场。（2）生产者市场，即为了生产、取得利润而购买的个人和企业所构成的市场。（3）中间商市场，即为了转卖、取得利润而购买的批发商和零售商所构成的市场。（4）政府市场，即为了履行职责而购买的政府机构所构成的市场。

（5）国际市场，即由国外的消费者、生产者、中间商、政府机构等所构成的市场。具体到某个企业来说，其产品市场由其中的一种或几种类型组成。各类市场的购买目的不同，需求存在差异而且经常变化，如对所需的产品和服务提出新的要求。因此，企业要深入研究目标市场，针对不同顾客的特点提供适合的产品。

五、竞争者

企业要想在市场竞争中获得成功，就必须比竞争者更有效地满足消费者的需要与欲望。因此，企业所要做的不是仅仅迎合目标顾客的需要，而是要通过有效的产品定位，使得企业产品与竞争者产品在顾客心目中形成明显差异，从而取得竞争优势。竞争者包括：

（1）欲望竞争者。欲望竞争者即提供不同产品、满足不同欲望的竞争者，如提供吃喝玩乐各种服务的商家。

（2）类别竞争者。类别竞争者即满足同种需要、提供不同类型但可以互相代替的产品竞争者，如提供中国八大菜系的各大饭店。

（3）产品竞争者。产品竞争者即满足同一欲望的同类产品不同形式的产品竞争者。

（4）品牌竞争者。品牌竞争者即满足同一欲望同种产品的各种品牌。

企业要成功，就要从众多的竞争对手中脱颖而出、与众不同，因此，找准顾客需求点准确定位对企业来说意义重大。

六、公众

公众是指所有实际上或潜在地关注着企业，或与企业存在利益关系并影响企业实现其目标的有关组织和个人。

内部公众是指公司的员工，包括各层次管理者和一般员工。员工是营销活动的具体实践者，如果他们能够理解并接受企业的理念和目标，会使营销活动开展得更加顺利。

外部公众涉及以下六类组织或个人：

（1）融资公众。融资公众是指影响企业融资能力的金融机构，如银行、投资公司、证券公司、保险公司等。

（2）媒介公众。媒介公众是指四大传统大众媒体（报纸、杂志、广播、电视）等机构，以及新兴媒介组织，即数量庞大的各类网站。它们掌握传媒工具，有广泛的社会联系，能直接影响社会舆论对企业的认识和评价。

（3）政府公众。政府公众是指在企业的市场营销活动中与之相联系的各级政府机构及其职能部门，如市场监督管理、税务等部门。

（4）社团公众。社团公众是指社会中存在的各类非营利组织，如消费者保护协会、环境保护组织、行业协会等。企业的营销活动涉及社会各方面的利益，来自这些社团公众的意见和建议往往对企业营销决策有十分重要的影响。

（5）社区公众。社区公众是指企业所在地附近的居民和社区团体。社区是企业的邻居，企业与社区保持良好的关系，为社区的发展做出一定的贡献，会受到社区居民的好评，他们的口碑能帮助企业在社会上树立良好的形象。

（6）一般公众。一般公众是指除上述各类公众以外关注企业的组织和个人。

延伸阅读

新媒体下的公司声誉

在微博、微信等迅速发展的新媒体环境下，任何个人或团体都可以随时随地发布信息，企业必须及时了解客户的诉求和反馈并及时做出反应，以维护企业的良好声誉。公司声誉是企业与公众在社会交往中自然形成的，是企业行为能力和公众认知两方面相互作用的结果。对企业而言，顾客是产品、服务的直接受用者，雇员是公司的形象载体，投资者是公司收益的权益人，政府是职能部门，非政府组织是企业社会责任的监督者。在以互联网为中心的新媒体环境下，企业行动受到以上各利益相关者的时时监督，企业行为稍有差错就可能一石激起千层浪；相反，若企业能够积极主动地及时了解客户和市场需求变动并为己所用，公司的声誉必将得到有效提升。

第三节　宏观营销环境分析

宏观营销环境是指那些给企业造成市场机会和环境威胁，能够影响企业运作和绩效的自然及社会力量的总和，包括人口环境、经济环境、自然环境、技术环境、政治和法律环境以及社会和文化环境，这些主要的自然及社会力量代表企业不可控制的变量。

一、人口环境

人口是构成市场的第一要素。人口的数量、结构等一系列情况对市场需求产生重大的影响，可从以下几个方面分析。

（一）人口规模

人口规模是影响需求（特别是消费需求）的决定性因素。在一国或地区平均购买力水平既定的情况下，人口规模越大，市场容量越大。目前世界人口增长的主要特征是，全球人口迅速增长，但发达国家出生率下降。世界人口 1999 年达到 60 亿人，2011 年 10 月达到 70 亿人，预计到 2050 年有望控制在 90 亿人左右。我国的人口数量总体上呈上升趋势，1990 年中国大陆总人口为 11.34 亿人，2000 年为 12.95 亿人，2019 年末为 14 亿人，比上年末增加 467 万人。人口规模快速增长必然带来较大的消费市场商机，但由于不同国家人口增长情况差别较大，因此各国的市场有很大的不同。

（二）人口结构

一个地域人口总量的大小决定着这个地域市场的潜在规模的大小。但是，要有效把握市场结构，还必须了解人口结构特征。

1. 年龄结构

人口年龄结构是市场需求结构的重要影响因素，不同年龄阶段的消费者在可支配收入水平、消费偏好、支出方向、消费心理、购买行为特征等方面有很大的差别，因而年龄往往是企业细分市场的最主要依据。当前，人口环境中关于年龄结构的主要特征和趋势是，许多国家人口老龄化趋势明显，且在一些人口自然增长率低的发达国家，这一特征更为显著，中国也不例外。国家统计局数据显示，2017 年中国大陆总人口中，60 周岁及以上人口有 2.409 亿人，占总人口的 17.3%。人口年龄结构的变化直接影响消费资料需求结构的变化，比如，市场对养老服务、医疗保健等产品和服务需求的明显增加就是这一趋势的反映。

2. 性别结构

大量研究成果表明，男性和女性在消费心理、消费行为上存在较大差异。比如，即使拥有相同的可任意支配收入，男性和女性消费者的购买力投向也会有明显的不同；对同一种商品，男性消费者比女性消费者更容易做出购买决策。因而，性别也是企业市场细分的主要依据。国家统计局数据显示，截至 2019 年底，中国大陆男性人口为 7.527 亿人，女性人口为 6.678 亿人，总人口性别比为 104.45/100。

3. 社会结构

人口社会结构指标包括民族、职业、受教育程度、收入水平等，它们也是影响消费决策的现实因素。不同民族有不同的需求、生活习惯和购买行为；而人在消费决策时往往会考虑职业因素，比如教师着装一般要求端庄大方，不主张浓妆艳抹、奇装异服；消费者的受教育程度决定了其审美视角和价值判断的不同，因而消费时对信息对称性的要求、对维护自身价值的要求、对消费品位的要求、对流行趋势的把握、对商家促销活动的回应都表现出较大的差异。至于收入水平，则更为直接地影响消费需求。

（三）家庭结构

家庭结构是人口环境的主要构成因素，因为在消费需求市场上，主要的购买行为是以家庭为单位的。在世界人口环境中一个突出的趋势是，家庭规模趋于小型化，这在中国也很突出。中国传统家庭通常是三代同堂甚至四世同堂、人口众多的大家庭，家庭管理及购买决策相对集中。如今，这类传统家庭已经很少，主流家庭结构模式是由一对夫妻及其未成年子女组成的家庭。

按照社会学的分类，家庭结构有以下几种类型：单身或独身家庭（未婚）、同居家庭（未婚）、新婚家庭（未生育）、丁克家庭（长期无子女）、满巢家庭（夫妇，子女）、空巢家庭（夫妇健在，子女离开）、鳏寡家庭（独居老人）。不同的家庭结构模式在消费支出重点、支出规模、决策中心、消费习惯等方面会有很大的差别。企业营销者应该了解自己的产品面向的主要家庭模式以及它们的消费习惯，以便有针对性地制定营销策略。

（四）人口地理分布及流动

不同人口密度地区的市场需求量存在差异，同时，受地理环境、气候特点的影响，不同地区居民的购买习惯和购买行为也存在差异。比如，在天气炎热的南方，人们对空调设备的需求量大；而在寒冷的北方，则需要暖气设备和御寒服装。此外，不同地区的经济发展程度不同，居民的消费偏好也有很大差异。研究人口地理分布特点对企业找准产品销售市场很有意义。

人口的地理分布随时间推移会发生一定变化，这就是人口流动。目前世界许多国家人口流动都具有两个趋势：（1）从农村流向城市；（2）从城市流向郊区。这2个趋势对企业的营销活动产生了很重要的影响，即城市人口增加使城市市场尤其是大城市市场成为各个企业营销战的必争之地；城市人口向郊区流动使得企业销售网络布局向郊区发展。

二、经济环境

市场由具有购买欲望和购买力的人组成，购买力是构成市场和影响市场规模大小的重要因素，而社会的购买力又受消费者收入、价格水平、储蓄与信贷等经济因素的影响。

（一）消费者收入

消费者的收入变化直接影响个人的购买力、消费者支出和支出模式，进而影响社会购买力和市场规模的大小。消费者的收入包括工资、红利、租金、退休金、馈赠等。

消费者并非将所有收入都用于购买商品，消费者购买资金只是其收入的一部分，可将收入分为个人可支配收入和个人可任意支配收入。个人收入-各种税款=个人可支配收入，个人可支配收入是影响消费者购买力和消费支出的决定性因素；个人可支配收入-生活必需品的支出=个人可任意支配收入，这部分收入是消费者用来扩大购买量、提高消费水平的基础，一般用来购买奢侈品、休闲度假等。

消费者的收入水平高低与通货膨胀、通货紧缩有很大关系。在收入不变的前提下，若物价下跌，则消费者实际收入增加，购买力提高；若物价上涨，则消费者实际收入减少，购买力降低。

（二）消费者支出模式

现实的市场需求不仅取决于人们的收入水平，而且受消费者的支出模式和消费结构的影响。

1. 恩格尔定律

德国统计学家恩斯特·恩格尔（Ernst Engel）通过研究发现：一个家庭的收入越少，其总支出中用来购买食物的比例就越大。而随着家庭收入的增加，用于购买食物的支出占总支出的比例会下降，用于教育、卫生、娱乐等方面的支出的比重则会上升。这一结论被称为恩格尔定律，而食品支出占家庭消费支出总额的比率被称为恩格尔系数。

20世纪以来，经济学家一直运用恩格尔系数来分析消费者支出模式和消费结构。恩格尔系数是衡量一个国家、一个地区、一个城市、一个家庭生活水平高低的标准，反映了人们收入增加时支出变化趋势的一般规律，说明消费者收入的变化直接影响消费者支出模式的变化。改革开放以来，中国城乡恩格尔系数呈现不断下降的趋势。国家统计局数据显示，2019年，全国居民恩格尔系数为28.2%，达到联合国划分的富足标准（20%~30%）。恩格尔系数的下降意味着居民可将更多的消费支出投向基本生活消费以外的领域，增加了教育、旅游、文化娱乐等行业企业的市场营销机会。

2. 消费结构

消费结构指消费过程中人们消耗的各种消费资料及劳务的构成，或者说是各种消费支出占总支出的比例关系。进入21世纪以来，我国消费结构的变化呈现以下特点：

（1）食品与服装消费呈现新特点。食品消费由过去注重吃饱吃好转变为追求品种多样化和营养更加全面。衣着消费向时装化、名牌化、个性化发展的倾向日益明显，成衣化成为主流。上述特点表明，我国城镇居民基本消费已由满足吃穿为主的生存型阶段逐步向发展型和享受型阶段过渡。

（2）耐用品消费增长减缓。耐用消费品一向是中国居民家庭消费的支出重点，但改革开放以来，普通耐用消费品在城乡居民家庭中已经普及，目前，城乡居民家庭购买耐用消费品的支出的增长势头逐年减缓，表明耐用品消费已不再是人们消费的重点。但我们还应注意到，在传统电器消费降温的同时，随着人们越来越注重生活质量，一些新兴的耐用消费品正取代传统电器成为现阶段的消费热点。

（3）住房支出比重上升迅猛。生活水平的提高使居民更加关注居住的条件和环境，追求环保舒适的家居生活。我国计划经济体制下延续了几十年的实物性、福利性分房体制彻底取消，住房分配货币化制度全面实施，促进了居民住房条件的改善，也大幅提高了商品房的价格，致使人们的购房支出成为一项重头开支。

（4）医疗、教育及娱乐消费比重上升。医疗制度的改革导致人们用于医疗的支出增加，绝对支出额和支出比重都呈上升趋势。教育投入的增加既表明了家长对子女教育的重视，也反映了整个社会文化生活水平的提高。娱乐消费也是近几年来增长较快的一项开支，娱乐投入的增加丰富了人们的精神生活，也是收入增加的表现。这些都是营销者需要研究的影响市场机会的因素。

（三）消费者储蓄与信贷

储蓄与信贷是影响消费者现实购买力的两大金融因素。储蓄是将当前的购买力推迟到未来某一时刻，信贷则是将未来的购买提至当前，因而这两种因素直接影响当前的市场需求。

1. 储蓄

当收入一定时，储蓄量越大，现实消费就越小，但潜在购买力越强；储蓄量越小，现实购买力就越强，现实消费就越大，给企业提供的市场机会就越多。

影响储蓄的因素有：

（1）收入水平。这是决定储蓄数量的首要因素。随着收入的增加，储蓄额一般会增加。

（2）通货膨胀。若物价上涨水平接近或超过储蓄存款利率，货币的贬值将会刺激消费，抑制储蓄。

（3）市场商品供给状况。当商品短缺或质量不能满足消费者需求时，消费者会把钱存入银行，以待购自己所需的商品，即储蓄待购。

（4）对未来和当前消费的偏好程度。重视未来消费的消费者宁愿在当前过节俭的生活，储蓄倾向强烈；重视当前消费的消费者储蓄倾向较弱，储蓄水平也相对较低。

2. 信贷

信贷是指金融机构向有偿付能力的消费者融通资金，消费者凭信用先取得商品所有权，然后按期归还贷款，以购买商品与服务。实际上就是消费者提前支付未来的收入，提前消费。如我国商业银行提供的住房、汽车等消费信贷。

消费信贷是一个经济杠杆，可以调节积累与消费、供给与需求之间的矛盾。当市场供大于求时，可以发放消费信贷，刺激需求。当市场供不应求时，可以收缩消费信贷，适当抑制、减少需求。消费信贷把资金投向需要发展的产业，刺激这些产业的生产，带动相关行业和产品的发展。企业营销者应密切关注消费信贷的政策走势，以便及时抓住商机。

三、自然环境

自然环境的变化发展也会给企业造成一些环境威胁和市场机会，营销活动受自然环境的影响，也对自然环境的变化负有责任。作为营销人，应该关注自然环境的发展趋势与难题，如环境污染严重、资源短缺、能源成本上升及政府对自然环境的管理和干预日益加强等，并在企业营销战略中实行生态营销、绿色营销等，这是维护整个社会利益和个人利益的必然要求。

自然环境（或物质环境）的发展变化也会给企业带来环境威胁和市场机会，所以，企业还要分机研究其自然环境方面的动向，值得关注的自然环境方面的主要动向如下。

（一）自然资源短缺

地球上三大类自然资源都不同程度地存在短缺或趋于短缺。

（1）取之不尽、用之不竭的资源，如空气、水等。现代化城市用水量增加很快（估计世界用水量每20年增加1倍）；与此同时，世界各地水资源分布不均，而且每年和各个季节的情况各不相同，所以目前世界上许多国家面临缺水的困境。这种情况不仅会影响人民生活，而且对企业是一种环境威胁。

（2）有限但可以更新的资源，如森林、粮食等。

（3）有限但不能更新的资源，如煤、铀、锡、锌和石油等矿物。由于这类资源供不应求或在一段时期内供不应求，造成资源的过度开发。需要这类资源的企业正面临或曾面临威胁，必须寻找替代品。在这种情况下，就需要研究与开发新的资源和原料，这又给某些企业创造了新的市场机会。

（二）环境污染日益严重

随着工业化和城市化的发展，环境污染日益严重，公众对此越来越关心，纷纷指责环境污染的危害性。一方面，这种动向对那些造成污染的行业和企业是一种环境威胁，它们在社会舆论的压力和政府的干预下，不得不采取措施控制污染；另一方面，这种动向也给控制和消除污染的包装行业和企业带来了新的市场机会。

（三）政府对自然资源管理的干预日益加强

我国能源发展和改革的战略导向，主要集中在能源消费总量控制、煤炭清洁高效利用、大力发展清洁能源以及能源体制改革方面，通过加快建设水电、核电项目，推进风能、太阳能、生物质能等可再生能源的转化利用来推进能源结构的优化调整。保障能源安全、提高能源利用效率是“十三五”能源规划的核心内容，而环境资源问题和节能减排压力迫使传统能源产业加快转型升级。

营销视角

云南的绿色产业

云南自然环境多样、气候条件优越、民族文化多元、旅游资源丰富，具有发展绿色康养产业得天独厚的优势。为了使云南的蓝天白云、青山绿水、少数民族特色文化等转化为发展优势、经济优势，各级政府正致力于从养老、养生、养心、避暑、避寒、避霾“三养三避”方面重点推进，积极推动康养+医药、康养+旅游、康养+文化、康养+体育等类型融合发展，延伸产业链，壮大云南“绿色康养”品牌。尤其是云南具有丰富的生物医药资源，素有“植物王国”“动物王国”“微生物王国”“药材之乡”“香料之都”“生物基因宝库”的美誉，是我国生物资源、天然药物和民族医药资源最丰富的省份。基于人类对生命健康的追求，结合生物医药和大健康产业发展方向，云南省不少企业积极开展疾病诊治和护理、大病康复、健康咨询、健康检查、美体美容、生活照护、精神心理服务等医疗康复保健服务，培育集医疗、康复、保健、养生、养老为一体的规模化医药康养产业。

资料来源：季征．云南聚焦产业绿色发展 强化科技创新支撑．云南日报，2019-01-22.

四、技术环境

技术环境涉及国家、地区、行业的科学技术发展速度与水平、科技政策、基础研究、应用研究、技术开发的投入、科技人才、科技发展趋势、技术创新能力、技术贸易、社会与民众的科技意识等要素。在市场营销领域，技术最重要的作用是提升企业产品的市场竞争力。

新技术是一种“创造性的毁灭力量”，每一种新技术都可能给某些企业带来新的市场机会，甚至产生新的行业；也可能给某个行业的企业造成环境威胁，使这个旧行业受冲击或被淘汰。比如，信息技术与传统制造业相结合，能使传统制造业自动化程度大大提高。再如，人工智能在汽车产业中的应用短期内会对汽车营销产生重要影响。汽车厂商或经销商可以通过采集顾客的交通行为数据加以分析，甚至建立顾客全生命周期数据库，以便进行精准营销，提高营销绩效。

企业必须注意技术的变化，促进自身的技术进步，并且鼓励本企业技术人员进行超前研究，引领行业技术的发展，只有这样企业才能在竞争中立于不败之地。

营销视角

移动互联网时代的消费行为

1. 网上购物影响零售商业结构和消费者购物习惯。网上购物已成为消费者日常购物的基本方式，并且一直保持较高的增长速度，同时，网络购物交易额在社会消费品零售额中所占的比重越来越高，对传统的线下业态销售模式构成巨大的冲击。物流系统的不断成熟也让消费者愈加青睐线上交易模式，有的消费者甚至选择先去实体店获取所需产品信息，进行“试穿”或“试用”，再通过网上下单购买选中的产品。

2. 移动支付下的新型消费模式。所谓移动支付，也称手机支付，即消费者使用其移动终端（通常是手机），通过移动通信网络实现对所消费产品或服务支付的一种服务方式。移动支付方式是电子支付技术、移动通信技术、无线射频技术等相互融合的产物，具有移动性、及时性、定制化等特点，消费者可以通过更人性化的手机操作界面，随时定制自己偏好的消费方式和个性化服务，获取所需的产品、服务、信息或娱乐方式。

3. 互联网造就新的基础设施。互联网与大数据、云计算和区块链的结合，引导了第二次信息革命，即DT（数据技术）时代的到来，形成了新的基础设施。在此环境下，信息可以得到及时处理，不受空间限制。

五、政治法律环境

（一）政治环境

政治环境是指企业市场营销活动的外部政治形势。国内安定团结的政治局面有利于经济发展和人民收入的增加，也会影响消费者的心理预期，改变消费需求。国家颁布的政策法规对消费者的消费需求有指导作用。

国际上，政治权利与政治冲突对企业的营销活动影响很大。政治权利的影响，一般表现在政府机构出面采取某种措施来约束外来企业或其产品，比如绿色壁垒、限制进口、外汇控制、劳工限制等。政治冲突主要是国际重大事件与突发事件，对企业的影响或大或小。

（二）法律环境

法律环境涉及国家的立法、司法和执法机构，国家法律、法规、法令等规范和约束；国家主管部门及省（自治区、直辖市）颁布的各项法规、法令和条例等。法律环境影响到所有企业，它是企业营销的限制性环境因素，具有强制性、严肃性。法律法规的变动将直接影响企业的营销机会和营销成本。

六、社会文化环境

社会文化是指一个社会的民族特征、价值观念、生活方式、风俗习惯、伦理道德、教育水平、语言文字、社会结构等的总和。企业的营销人员不论在国内还是国际市场的营销工作中，都必须深入了解目标市场的社会和文化环境，在产品造型设计、颜色、包装及命名、营销方式、宣传方式上适应当地的文化特色，这样才能取得事半功倍的效果。通常，社会文化环境分析的内容包括以下几方面。

（一）教育水平

教育水平是指消费者受教育的程度。一个国家、一个地区的教育水平与经济发展水平往往是一致的。不同的文化修养表现出不同的审美观，购买商品的选择原则和方式也不同。一般来讲，教育水平高的地区，消费者对商品的鉴别力强，容易接受广告宣传和接受新产品，购买的理性程度高。

（二）价值观念

价值观念是人们对社会生活中各种事物的态度、评价和看法。不同的文化背景下，人们的价值观念差别很大，而消费者对商品的需求和购买行为深受其价值观念的影响。

（三）宗教信仰

宗教信仰是一种具有很强行为约束力的价值规范。在营销活动中，必须明晰不同宗教信仰对人们的消费观念、消费行为、习惯禁忌、消费方式等方面的影响，以便有针对性地设计营销策略。

（四）消费习俗

消费习俗是风俗习惯在消费领域的具体体现，表现为人们在衣食住行、婚丧嫁娶、节日、礼仪等活动和规范上的差异，这种差异往往取决于地域、民族差异，对企业的产品研发、渠道选择和促销安排都有直接影响。

重要概念

市场营销环境　环境威胁　营销机会　微观营销环境
宏观营销环境　营销中介

思考题

（1）怎样理解市场营销环境？市场营销环境对企业的重要性体现在什么地方？

（2）面对市场营销环境所带来的机会和威胁，企业可以采取哪些有针对性的策略？

（3）微观营销环境的分析包含的内容有哪些？

（4）影响消费者支出模式的因素有哪些？它们是怎样影响消费支出的？

（5）在移动互联网时代企业将面临哪些机会与挑战？

实践训练

（1）选择一家小企业（如小餐馆、服装店、书店、酒吧等），分析其内部营销环境的有关要素。

（2）选择一个行业来分析四类竞争者：品牌竞争者、品种竞争者、产品竞争者、欲望竞争者。

推荐阅读

（1）菲利普·科特勒，何麻温·卡塔加雅，伊万·塞蒂亚万. 营销革命3.0：从产品到顾客，再到人文精神［M］. 毕崇毅，译. 北京：机械工业出版社，2011.

（2）菲利普·科特勒，凯文·莱恩·凯勒. 营销管理［M］. 15版. 何佳讯，于洪彦，牛永革，等译. 上海：格致出版社，2012.

案例分析

字节跳动公司的营销环境

2019年1月17日，字节跳动公司召开会议，指出越来越多的跨国企业将首席营销官（CMO）的职位改为首席增长官（CGO），说明营销的作用日益体现为增长。可眼下，营销环境的巨大变化让增长变得更难，因此营销需要适应环境变化不断创新。

有鉴于此，会议提出了“激发（trigger）-行动（action）-共鸣（sympathizing）”的TAS营销新模型。(1) 激发。通过数据激发和创意激发，形成营销的最短路径。数据激发主要基于用户的兴趣特征、内容需求、场景需求等的数据，提供高精度、高时效、高融合的洞察与发现。(2) 行动。基于内容消费场景和主动探索场景，促成用户的高效行动，并借助企业蓝V等平台与工具实现更有效的粉丝管理。(3) 共鸣。通过创作联盟、平台自制及合作生态等模式，实现UGC内容、PGC内容以及OGC内容，深度沟通品牌与用户，构建移动营销的全生态闭环。

字节跳动公司有今日头条、抖音短视频、火山小视频、西瓜视频、穿山甲等多个产品线。基于营销环境的发展变化，各产品线负责人展示了各自的2019年营销计划。重点内容如下：

(1) 今日头条将从内容生产到内容分发，全面释放营销新势能。今日头条将通过社会化生产，无缝连接品牌与创作者；以自制内容打造平台级内容生态；携手顶级内容平台，共建生态合作。今日头条将贴合内容消费场景，通过图文内容、短视频、话题、搜索、小程序等多个流量入口，实现用户的规模化覆盖，构建营销闭环。

(2) 抖音将在内容生态建设上投入更多精力，实现明星达人共建、原创音乐扶持、娱乐IP打造及内容深耕。在产品创新上不断衍进，“抖音榜单”如抖音热搜、明星爱DOU榜、DOU听音乐榜助力热门内容持续发酵。在内容生态建设上，抖音将推出更多充满年轻、流行、美好、正能量等元素的IP和计划，打造优质文化内容的发源地。2019年抖音实现营销原点三重助力：感染助力的TV计划、口碑助力的Link计划、承载助力的超级品牌计划，实现抖音营销体系全能布局，营销场景全面贯通。

(3) 火山小视频将聚焦城镇休闲、中坚力量、职业技能三大人群圈层，力求实现规模增长、娱乐为先、乐于互动、圈层影响和消费力强五大目标，为撬动新线市场价值提供全新思路。

资料来源：2019引擎大会：探寻移动营销的增长之道.

思考：

（1）字节跳动公司面临的营销环境有哪些市场机会和威胁？

（2）适应营销环境的发展变化，字节跳动公司制定了哪些营销计划？

第三章　消费者市场与购买行为分析

学习目标

（1）了解消费者市场的含义及特点。

（2）掌握影响消费者购买行为的因素。

（3）掌握消费者行为的一般过程。

引例

对很多“80后”“90后”的消费者而言，班尼路曾是青春时尚的代名词。曾几何时，其店铺几乎开进了大城市的全部核心商圈。现如今，在一、二线城市的主流商圈几乎已经看不到班尼路的身影。无论是在它的起源地香港，还是在北京和上海，门店数量只剩下四五十家，虽然作为大本营的广州店铺数量多一点，但已经很难在购物中心和商场觅其踪迹，而是落入街边小店中。与之相反，Zara、H&M、优衣库等国际快时尚品牌在中国市场做得风生水起，成为当下年轻人的“宠儿”。款式新颖、上新迅速、营销手法丰富、关注宣传及与消费者的沟通，这些都是现在的班尼路所缺乏的。此外，互联网催生出的淘品牌，以其实惠的价格、丰富的品种和便捷的销售渠道进一步挤压了班尼路（以及同类品牌）的生存空间。

资料来源：根据网上相关资料整理。

以消费者为导向是市场经济条件下企业营销最基本的理念，研究消费者行为已成为企业开展营销活动的基础。从一定意义上讲，不了解目标市场消费者的心理与行为特点，就难以制定正确的营销策略，不能取得最佳的营销效果。正由于此，消费者购买行为研究在市场营销理论体系中占有重要的基础性地位，是研究市场细分、目标市场选择、市场定位、营销战略与策略组合的基本出发点。

第一节　消费者市场与购买行为分析

一、消费者市场

（一）消费者市场的含义

在市场营销学中，按照购买者购买目的与购买行为的不同，可以将市场分为两类，即消费者市场和组织市场。消费者市场是为生活消费而购买产品和服务的个人和家庭的集合，又称最终市场或生活资料市场。

对消费者市场进行科学的分析研究，对于企业做好市场营销具有十分重要的作用。通过对消费者市场进行分析，企业可以了解不同类型消费者的需要、爱好和特点，结合自身的资源状况发掘新的市场机会，形成新的富有吸引力且适合自身发展的目标市场，以此为出发点，还能设计出合适的营销战略，为企业迅速取得市场优势地位、提高市场占有率创造条件。

(二) 消费者市场的特点

(1) 从消费主体来看，消费者分布广泛，人数众多。在消费者市场上，购买者不仅人数众多，而且地域分布广。从空间上来看，消费行为覆盖人类生活的每一个角落，从城市到乡村，从国内到国外，消费者市场无处不在；从时间上来看，人类的消费一刻都不能停止。不同国家、不同民族的消费者有不同的消费习惯，与生产者相比，消费者具有明显的地域性、民族性、分散性等特点。由于宗教信仰、所处社会阶层、收入水平、受教育程度以及年龄的差异，同一地区的消费者的消费活动呈现出一定的层次性和差异性。

(2) 从消费对象来看，消费品种类繁多，规格多样。一方面，消费品的种类远远多于生产资料；另一方面，就同一种商品而言，由于消费者的需求千差万别，不同的消费者对衣食住行等商品有不同的消费偏好和消费需求，所需产品的花色、品种、规格、价格等也复杂多样。消费者消费需求的多样性，不仅对生产者提出了挑战，而且是经营者实施差异化营销策略的动力所在。

(3) 从市场特征来看，消费者市场具有较强的替代性和较大的需求弹性。产品替代性是指不同种类、不同规格的两种商品或服务在使用价值上可以互相替代来满足人们的某种需要。一方面，不同种类的商品（例如液态奶与奶粉），因其使用价值相近，很容易相互替代；另一方面，同一种类的商品（例如牙膏），虽然规格、价格、质量或品牌可能存在差异，但其功能大致相同，因而也容易相互替代。除了少数商品外，消费品中的大多数商品都可找到替代品或可以互换使用的商品，因此，消费者市场中的商品有较强的替代性。此外，与工业产品相比，由于消费品具有较强的替代性，因此消费者的需求更易受到价格变化的影响，即需求弹性较大。

(4) 从交易双方的力量对比看，消费者常处于弱势。消费者的弱势地位主要表现在：作为个体，消费者往往势单力薄；与经营者相比，个体消费者没有专门从事商品买卖，因此通常缺乏交易的经验，以及足够的信息和能力；与生产经营者相比，消费者不仅经济实力弱，而且因科技的发展、分工的细化而使自己独立地对所选购商品做出判断的能力降低；各种推销、宣传、广告等手段的采用使消费者实际上处于盲目的被支配状态；市场全球化和产销多层化导致消费者救济更为困难；生产经营者之间的联合与垄断限制了消费者的选择自由；等等。当然，随着信息技术的快速发展以及企业营销理念的革新，消费信息的不对称状态有所改善，消费者在企业营销中的地位也逐渐提升。

二、消费者购买行为

(一) 消费者购买行为模式

消费者购买行为是指与购买商品和服务有关的各种活动的集合。完整的购买行为包括 7 个“W”和 1 个“H”等 8 个要素，对于特定的消费者而言，在进行交易之前，首先要对上述 8 个要素进行决策，如图 3-1 所示。

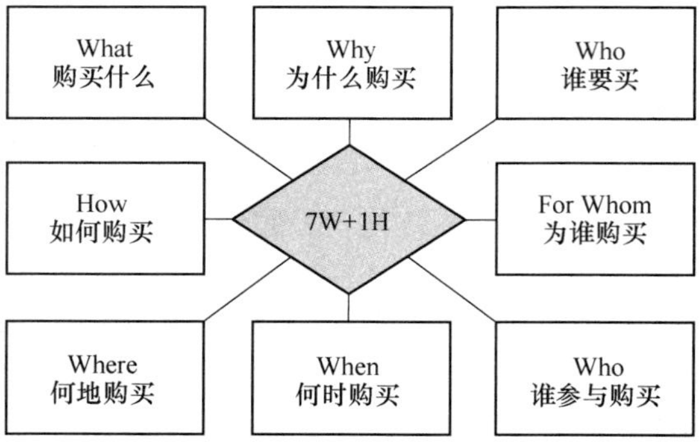

图 3-1 消费者购买行为的构成要素

（二）消费者购买行为的类型

消费者购买决策随其购买行为类型的不同而变化。较为复杂和花钱多的决策往往凝结着购买者的反复权衡和众多人的参与决策。根据参与者的介入程度和品牌间的差异程度，可将消费者购买行为分为 4 种类型，见表 3-1。

表 3-1 消费者购买行为类型

品牌差异	介入程度	
	高度介入	低度介入
品牌差异大	复杂型购买行为	变换型购买行为
品牌差异小	协调型购买行为	习惯型购买行为

注：消费者的介入程度，是指在购买过程中，消费者在搜集信息、进行评估比较及实行购买时所花费的精力和时间的多少。

（1）习惯型购买行为。它是一种对于价格低廉、经常购买、品牌差异小的产品，不需花时间进行选择，也不进行信息收集、产品评价就进行购买的最为简单的购买行为类型。消费者只是被动地接收信息，出于熟悉而购买，也不一定进行购后评价。企业可以用价格优惠、电视广告、独特包装、销售促进等方式鼓励消费者试用、购买和续购其产品。

（2）变换型购买行为。它是一种对于品牌差异明显的产品，不愿花长时间来选择和估价，而是不断变换所购产品品牌的购买行为类型。消费者这样做并不是因为对产品不满意，而是为了寻求更多的尝试、比较和评价。针对这种购买行为类型，企业可采用销售促进和占据有利货架位置等办法，保障供应，鼓励消费者购买。

（3）协调型购买行为。它是一种对于品牌差异小而购买风险大的产品，花费大量时间和精力去选购，购后又出现不满意、不平衡的心理，为寻求平衡而在使用过程中继续收集产品信息的购买行为类型。有些产品品牌差异不大，消费者不经常购买，而购买时又有一定的风险，所以，消费者一般要比较、看货，只要价格公道、购买方便、机会合适，消费者就会决定购买。购买以后，消费者也许会心理不平衡或不够满意，在使用过程中，会了解更多情况，并寻求种种理由来减轻、化解这种失衡感，以证明自己的购买决定是正确的。经过由不协调到协调的过程，消费者会有一系列的心理变化。针对这种购买行为类型，企业应注意运用定价策略和人员推销策略，选择最佳销售地点，并向消费者提供有关产品评价的充分信息，使其在购买后坚信自己做了正确的决定。

（4）复杂型购买行为。它是一种对于品牌差异大的产品，广泛收集相关信息，慎重选择，仔细比较后才购买，以求降低风险的购买行为类型。当消费者购买一件贵重、不常买、有风险且又非常有意义的产品时，由于产品品牌差异大，消费者对产品缺乏了解，因而需要有一个学习过程，以广泛了解产品性能、特点，从而对产品做出某种评价，最后决定购买。对于这种复杂型购买行为，企业应采取有效措施帮助消费者了解产品性能及其相对重要性，并介绍产品优势及其给购买者带来的利益，从而影响其最终选择。

第二节　影响消费者购买行为的因素

影响消费者购买行为的既有外部因素（外界刺激），又有内部因素（个人特征）。外部因素为消费者做出何种购买决策提供条件，内部因素是消费者做出何种反应的根据。所以，影响消费者购买行为的主要是内部因素，即消费者的个人特征。个人特征包括4个因素，即文化因素、社会因素、个人因素和心理因素。

一、文化因素

（一）文化

文化是人类在社会发展过程中所创造的物质财富和精神财富的总和，是植根于一定的物质、社会、历史传统的特定价值观念、信仰、思维方式、宗教、习俗的综合体。作为一种观念，“文化”看不见、摸不着，但人们能感觉到它的存在，如东西方文化的巨大差异，东方文化中的中、日文化之间的差异，等等。作为其有形的一面，文化反映在一国的建筑、城市风貌、文学艺术、衣着，甚至饮食上。

文化是影响人们行为的基本因素，它是人类欲望和行为最基本的决定因素，对消费者的行为具有最广泛和最深远的影响。文化不仅影响人们对特定商品的购买，还作用于消费者的信息收集和价值判断，即文化以多种方式作用于个人购买决策。

（二）亚文化

亚文化是指某一文化群体中的次级群体所拥有的文化。亚文化以特定的认同感和社会影响力将群体成员联系在一起。亚文化现象能够存在和发展，一方面是因为社会文化是不断变化的，总有一些文化在其刚刚产生或逐步衰败时不能成为社会的主流文化；另一方面是因为地区和群体的存在。在不同地区的不同群体中，其成员除了受社会主流文化的影响外，还保持了这一地区或这一群体所特有的信仰、价值观念和行为习惯，这些就属于亚文化。我国是一个多民族的国家，人们在民族背景、宗教信仰、风俗习惯等方面存在诸多差异，因此，我国也存在许多亚文化现象。

亚文化的内涵很广泛，从某种意义上讲，在民族、种族、宗教、地域、年龄、性别等方面可能存在的文化差异现象，都可以视为亚文化现象。对于消费心理与行为，亚文化的影响比文化的影响更大、更深入。亚文化有多种分类方法，其中，美国学者罗伯逊（T. S. Robertson）的分类法最有代表性。典型的亚文化有：

（1）民族亚文化。每个国家和地区都是各民族的融合体，每个民族都有自己的价值观，并以此为核心形成自己的文化体系，因此各民族在信仰、爱好、风俗习惯和生活方式等方面都有独特之处。比如，阿拉伯人在商务谈判中不喜欢规定截止日期，截止日期会让他们感到有威胁，并产生受压抑的感觉；与此相反，美国人却认为明确截止日期有助于推进商业活动。类似的民族文化的差异比比皆是，因此市场营销人员应当对不同民族的风俗习惯、生活方式和禁忌等有比较清楚的了解。在制定营销计划之前，必须先弄清楚不同民族的思维方式、消费习惯与商业规范，避免文化冲突。

（2）宗教亚文化。世界上有多种宗教，不同的宗教有不同的价值观念、行为准则和戒律，影响着人们的交易方式、消费动机与消费行为。从市场营销的角度看，宗教不仅仅是一种信仰，更重要的是，它反映了消费者的理想、愿望和追求。市场营销人员应当针对各种宗教的特点，制定相应的市场营销策略，回避宗教禁忌。比如，我国某公司向伊朗出口皮鞋，因鞋底的花纹图案形似“真主”二字而受到伊斯兰教徒的指责，因为他们不愿把“真主”踩在脚底下，结果销售以失败告终。又如，一位比利时的地毯商由于充分考虑了宗教特点，成功地做成了一笔大买卖。这位地毯商发现阿拉伯的伊斯兰教徒每天向圣城麦加祈祷，便将指南针嵌入地毯内，该指南针指的不是正北方而是麦加方向。新产品推出后深受伊斯兰教徒的欢迎。

（3）地理亚文化。由于自然条件与地理上的差异，不同的地区往往具有不同的文化特色，使人们的消费习惯和消费特点体现出差异。比如，在我国，饮食口味的特点是南甜北咸、东酸西辣，菜系也是按地域分类的，食品生产商就应充分考虑不同地区的饮食习惯。气候特征也是影响消费者行为的因素。适合温带地区的产品未必适合热带和寒带地区，适合高湿度地区的产品可能不适合气候干燥的地区。对于跨地区销售的产品，设计人员与营销人员应注重地理亚文化的差异。

（4）种族亚文化。一个国家可能有不同的种族，不同的种族有不同的文化传统与生活习惯。比如，白种人、黑种人、黄种人的文化差异较大，其购买行为也有较大差异。西方一些大公司常将种族作为细分市场的重要依据，有针对性地开发产品。

（三）社会阶层

由于社会差异的存在和社会地位的不同，社会形成了等级结构，出现了社会阶层。社会阶层是指一个社会中按等级排列的、具有相对同质性和持久性的群体，每一阶层成员具有类似的价值观、兴趣爱好和行为方式。每个消费者都会依据职业、收入、财富、受教育水平和价值观等因素而划入一定的社会阶层，每一阶层的成员具有相似的价值观、兴趣和行为，不同阶层的人的价值观、欲望、目标、行为明显不同，导致他们在消费取向、品牌偏好、产品选择等购买行为上有较大的差别。

不同阶层的人有不同的生活方式和消费习惯，对待促销和广告的态度也具有较大的差别。高层次的消费者注重成熟感和成就感，对具有象征意义的商品和属于精神享受层面的艺术品比较喜爱；中等层次的消费者注重商品的外观；低层次的消费者则存在立刻获得和立刻满足的消费倾向。具体来说，社会阶层对消费行为的影响主要表现在以下方面：

（1）卖场及商品选择。多数消费者习惯于在符合自己身份的卖场购买与身份地位相称的商品。比如，高层次的消费者愿意到专卖店、高档豪华的商店购物，注重商店的华贵与气派；低层次的消费者则喜欢到普通商店购买商品，注重商品的价格与实用性。

（2）消费倾向。社会阶层的高低对消费倾向也会产生一定的影响，导致服装消费、室内装饰、闲暇消遣等方面存在差别。如在美国，高层次的消费者在闲暇时间常常看戏剧表演、欣赏音乐会、玩桥牌等；低层次的消费者则乐于看电视、钓鱼、逛商店等。

(3) 消费信息的传播和接收。社会阶层的不同导致消费者对消费信息的接收方式不尽相同，低层次的消费者习惯于从个人角度具体地描述所观察到的世界，中高层次的消费者则能从不同的角度去描述他们的经验。在接收信息方面，低层次的消费者喜欢看娱乐性刊物、故事性小报，高层次的消费者则喜欢阅读时事性较强的报纸和杂志；在电视节目选择方面，低层次的消费者喜欢看电视连续剧、竞答和喜剧等节目，高层次的消费者则比较喜欢看时事和戏剧节目。消费信息的传播方式因其接收方式的不同而不同。这些特点应该引起营销者的重视，以便更有针对性地在目标顾客熟悉的媒体上传播信息。

二、社会因素

人们在做出购买决定时，一般乐于听取所信赖之人的意见以降低购买决策中的潜在风险，并从他人的想法和行为中获取慰藉。因此，消费者购买行为也受到诸如参照群体、家庭、社会角色等一系列社会因素的影响。

(一) 参照群体

参照群体是指个人在形成其购买或消费决策时用以作为参照、比较的个人或群体。参照群体可分为直接参照群体和间接参照群体。

直接参照群体又称为成员群体，即某人所属的群体或与其有直接关系的群体。成员群体又分为首要群体和次要群体。首要群体是指与某人直接和经常接触的一群人，一般是非正式群体，如家庭成员、亲戚朋友、同事、邻居等；次要群体是不经常影响其成员但一般较为正式的群体，如宗教组织、职业协会等。间接参照群体是指某人的非成员群体，即此人不属于其中的成员，但又受其影响的群体。这种参照群体又分为向往群体和厌恶群体。向往群体是指某人推崇的一些人或希望加入的集团，例如体育明星、影视明星就是其崇拜者的向往群体；厌恶群体是指某人讨厌或反对的一群人。一个人总是不愿意与厌恶群体发生任何联系，在各方面都希望与其保持一定距离，甚至经常反其道而行之。近年来，由于受电视等传媒几乎无处不在的影响，利用名人推介某些品牌的商品，从而形成某种消费时尚已变得司空见惯。年轻人尤其容易受相关群体的影响。

参照群体可以为消费者带来 3 个方面的积极效应：

(1) 获取信息。面对不确定的消费选择时，消费者通常会搜寻信息以降低风险。为了获取更多信息，消费者会积极地从他们认为具备相应知识的人那里搜集相关的消费信息，包括观察和询问。通常，来自参照群体的信息能够增加消费者对特定产品或在特定情境下的消费知识。

(2) 维系关系。消费者总是处在一定的社会关系之中，因此会感受到来自周围群体的压力，可能被迫在消费选择中放弃个体态度、意愿而遵从群体规范。为了与群体成员消费行为一致以赢得参照群体的认可或避免惩罚，消费者在选择产品或品牌时，就会迎合参照群体的偏好、期望或标准，由此缓解不安情绪。

(3) 展现价值。倘若个体对参照群体具有强烈的归属感，或者非常向往某参照群体，消费者就会通过与参照群体成员消费行为保持一致以给别人留下自己属于该群体的印象，或是借此与参照群体建立联系，从而能够通过参照群体的形象来表达自我，体现自我价值，使个体实际的自我概念更加接近其理想中的自我概念见表 3-2。

表 3-2 参照群体的三种影响表现

群体信息	表现
获取信息	1. 个人向专业协会或独立的专家群体寻求关于各种品牌的信息 2. 个人向专业生产或销售产品的人寻求信息 3. 个人向拥有可靠的品牌信息的朋友、邻居、亲戚或同事寻求相关品牌知识和经验（如 A 品牌和 B 品牌哪个更好） 4. 个人观察的独立测试机构的认同与否会影响个人对品牌的选择 5. 个人对专家行为的观察（如维修人员购买的电视机品牌）会影响其对品牌的选择
维系关系	6. 为了迎合同事的希望，个人购买某一特定品牌的决策受到同事偏好的影响 7. 个人购买某一特定品牌的决策受到与其有社会交往的人的影响 8. 个人购买某一特定品牌的决策受到家庭成员偏好的影响 9. 为满足他人对自己的期望，个人的品牌选择会受到影响
展现价值	10. 个人认为购买某一特定品牌会提高他在他人心目中的形象 11. 个人认为购买或使用某一特定品牌的人拥有他所希望拥有的品质 12. 个人有时会觉得像广告中使用某一特定品牌的人那样也不错 13. 个人认为购买某一特定品牌的人会受到他人的羡慕与尊重 14. 个人认为购买某一特定品牌有助于向别人展示他希望成为什么样的人

相对于广告或推销员等商业渠道的推荐，信任的朋友、同事或他人的评价和推荐可能更令人信服，更能影响消费者购买行为，这就是口碑效应。

（二）家庭

家庭是指居住在一起，由拥有血缘、婚姻或者领养关系的两个人或更多人组成的群体。家庭是社会的基本单位，也是社会中最重要的消费者购买组织，它强烈地影响着人们的价值观、人生态度和购买行为。一个人在其一生中一般要经历 2 个家庭。第一个是原生家庭，也即父母的家庭，在父母的养育下逐渐长大成人，然后组建自己的家庭，即第二个家庭。消费者做购买决策时，必然要受到这 2 个家庭的影响，其中，受原生家庭的影响比较间接，受现有家庭的影响比较直接。

家庭购买决策大致可分为三种类型：一人独自做主；全家提意见，一人做主；全家共同决定。这里的“全家”虽然包括子女，但主要还是夫妻二人。夫妻二人各自购买决策权的大小取决于多种因素，如各地的生活习惯、妇女就业状况、双方工资及教育水平、家庭内部的劳动分工以及产品种类等。孩子在家庭购买决策中的影响力也不容忽视，尤其是我国的独生子女在家庭中受重视的程度越来越高。随着孩子的成长、知识的增加和经济上的独立，他们在家庭购买决策中的影响力逐渐加大。

（三）社会角色

社会角色是指个人在群体、组织及社会中的地位和作用。一个人在其一生中会参加许多群体，如家庭、俱乐部及其他各种组织。每个人在各个群体中的位置可用角色和地位来确定，如一位女性，在家庭中是女儿、妻子、母亲的角色，在公司是职员。

社会角色的不同在某种程度上会影响消费者购买行为，主要表现在以下三方面：一是在社会中人们扮演的角色不同，其消费行为自然有一定差别，如经理与普通员工的消费行为会明显不同；二是社会角色能够决定或影响个人的消费态度和消费习惯，如教师可能会把书和书架作为家庭陈设的主要部分；三是不同的社会角色要求同一个人表现出不同的购买行为。在扮演不同的社会角色时，人们会采取与角色相适应的消费行为。比如，一位女性做主妇时和做公司经理时对商品的选择标准会有很大的不同。研究表明，一个人扮演的社会角色越多，其选购商品的标准的差异越大，购买行为也就越复杂。

三、个人因素

（一）年龄和性别

消费者的年龄和性别会对消费者行为产生明显的影响。消费者的年龄通常是决定其需求的重要因素。人从出生到死亡要经历婴儿期、儿童期、青年期、成年期、中年期和老年期6个阶段，处于不同年龄段的消费者有不同的需求心理和行为，而产品和服务通常只吸引某个特定年龄段的人群。譬如医疗和保健品的主要目标顾客为老年人，而摩托车及体育用品的消费者主要是青少年。需要注意的是，现代社会信息的扩散范围与影响力惊人，使不同年龄段的人群在信息获取、心态和行为上趋同，年龄界限逐渐模糊难分。因此，营销人员不仅应注意消费者的生理年龄，更应关注其心理年龄。

男性和女性生理上的先天差别导致了不同的心理和行为，使两性的消费产品及购买决策过程差异显著。男性消费者购物目的明确，决策比较理性，接受稳重可靠的商品，追求快捷、简单的购物过程；而女性消费者购物目的不够明确，通常有更多的计划外购物，喜欢时尚可爱的商品，决策偏于感性，常常乐于货比三家，在商场里流连忘返。不过，随着社会经济的发展，性别间的消费差异正逐步减小，许多企业已经开始研究如何把与性别有关的产品转变为对两性都适用，从而扩大市场容量。

（二）职业与经济状况

不同职业的消费者扮演着不同的社会角色，承担并履行各异的责任和义务，有不同的价值观和行为准则，对商品的需求和兴趣也各不相同。因此，营销人员应认清各行各业的特殊需要，提供适当的产品来满足这些需要。

经济状况的好坏、收入水平的高低对消费者的购买行为有更为直接的影响，人们的消费心理和购买模式往往随着其经济状况的变化而变化。不同的收入水平，决定了不同的购买能力，决定了需求的不同层次和倾向。比如现实社会中存在两种人：一种是众多为了省钱而不惜花费大量时间的人；另一种是少数为了节省时间而不惜花费大量金钱的人。他们的消费需求和购买过程差别很大，因此，营销人员在产品设计和市场定位等方面，应充分考虑不同消费群体的经济状况。

（三）生活方式

生活方式是人们生活、花费时间和金钱的方式的统称，它反映了人们的个人活动、兴趣和态度。不同生活方式显然有不同的购买需求。生活方式对消费者行为的影响日益受到重视，研究者开发了多种有价值的生活方式测量方法，其中广受重视的方法是斯坦福国际研究所开发的VALS生活方式分类系统。VALS系统根据消费者资源（物质资源、心理资源、生理资源）和自我取向（原则取向、身份取向、行动取向）两个维度将美国消费者细分为8个群体，即实现者、完成者、信奉者、成就者、奋争者、体验者、制造者、挣扎者，并对每一个群体的资源状况、自我取向、人口统计特征进行了详细描述，为企业有针对性地开展营销活动提供了重要的研究方法。这种细分有助于企业选择目标顾客，进行营销沟通，明确产品定位策略。

（四）个性与自我观念

个性是一个人表现出来的经常的、稳定的、实质性的心理特征，是一个个体与其他个体区别开来的具体品性、特质、行为方式等，通常可用外向、内向、保守、开拓、固执、随和等性格特征来描述。消费者的个性直接或间接影响购买和消费行为。例如，保守的人不易接受新产品，自信的人的购买决策过程较短，控制欲强的人追求交易中的支配地位，性格外向的人爱穿浅色与时髦的衣服，性格内向的人爱穿深色与庄重的衣服，等等。

自我观念是指人们基于自身特性而进行自我认知的一种方法。它回答：我是谁，我是什么样的人。一般认为，消费者总是选择与其自我观念相一致的产品和服务，放弃与自我观念相抵触的产品。企业营销人员应深入研究目标市场上消费者的个性与自我观念，努力发展那些能实现消费者个性与自我观念的产品和服务，并通过广告宣传使消费者认为企业的产品与服务符合自我形象，以增加企业产品的销售量。

四、心理因素

人类的心理是非常微妙而复杂的。心理因素深刻影响消费者购买行为。一般来说，营销学对心理因素的研究偏重于动机、知觉、经验、信念与态度这几个方面。

（一）动机

动机是一种驱使人满足需要、达到目的的内在动力，是一种升华到足够强度的需要，它能够及时引导人们去探求满足需要的目标。美国心理学家亚伯拉罕·马斯洛认为，人是有欲望的动物，需要什么取决于已经有了什么，只有尚未被满足的需要才影响人的行为，已满足的需要不再是一种动因。人的需要是以层次的形式出现的，按其重要程度的大小，由低级需要逐级向上发展到高级需要，依次为生理需要、安全需要、社会（归属感与爱）需要、尊重需要和自我实现需要，如图 3-2 所示。

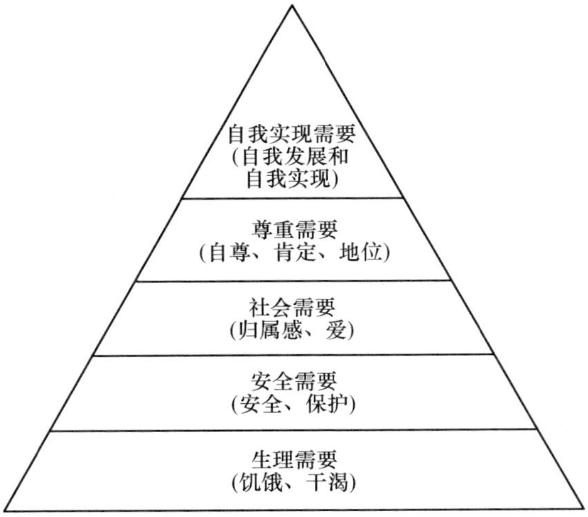

图 3-2　马斯洛需要层次理论

马斯洛的需要层次理论揭示了人类的需要结构与需要变化的一般规律，可以帮助营销人员了解目标市场上消费者的多层次需要及需要发展的客观趋势，从而正确分析消费者的购买动机，制定合理的产品开发与优质服务计划，实现企业的营销目标。

（二）知觉

消费者产生了购买动机后，将会发生什么样的行为，取决于消费者对客观情境的知觉。所谓知觉是将感觉到的外界刺激变成有意义的个人经验的一种过程，简言之，知觉就是理解了的感觉。消费者在购买产品之前要经历一个从感觉到知觉的认识过程。消费者首先通过五种感官形成对某一商品各项属性的反映，这就是感觉；然后将感觉得到的信息，通过大脑的综合分析，以各人自己的方式做出解释，这就是知觉。两个具有相同的购买动机，处于完全相同的客观情境之下的消费者，可能由于各人对情境的知觉不同，发生完全不同的购买行为。心理学家认为，人们对于相同的情境之所以会发生不同的知觉，从而产生不同的行为，是因为知觉具有选择性。感觉到的东西并不一定都形成知觉，知觉的选择性表现在 3 个方面：选择性注意、选择性曲解和选择性记忆。

（1）选择性注意。人们在日常生活中接受众多的刺激，不可能全部加以注意，通常只关注那些自己感兴趣或者对自己有意义的事物和信息。研究表明，人们更多地关注那些与当前需要有关的刺激物、期待的刺激物以及与一般情况相比有较大差别的刺激物。

（2）选择性曲解。它是指人们将接收到的信息加以扭曲，使之合乎自己的认识或意愿的倾向。选择性曲解使顾客对信息的理解不一定符合信息的原貌，营销人员对此往往无能为力。

（3）选择性记忆。它是指人们倾向于保留那些能够支持其态度和信念的信息，而可能忘记所有与自己的信念不一致的信息。

选择性注意、选择性曲解和选择性记忆是影响知觉的 3 项重要因素。营销任务的重点在于有效、正确地把营销信息传达给消费者，其目的在于吸引消费者的注意；避免消费者扭曲本企业的信息，以达到正面宣传的效果；将本企业的产品优点印入消费者的记忆中，使本企业产品成为其选购的对象。

营销视角

超市的知觉营销

在超市里，新鲜的瓜果蔬菜区、现烤现卖的面包熟食区以及超市播放的音乐，在刺激人的视觉、听觉、嗅觉、味觉等感官的同时激发人们的购买欲望。

超市大多把瓜果蔬菜区摆在中心位置，色彩缤纷、满满当当的陈列，从视觉上勾起人对食物的本能兴奋，大大刺激人对食物的占有欲。超市还利用灯光效果以色诱人，用不同的灯光让食品显得更新鲜，比如肉类销售区常用红光，面包类销售区常用黄光，海鲜类销售区常用蓝光，蔬菜类销售区常用绿光；对消费者精挑细选的商品比如衣服首饰，照明度更亮，对消费者不仔细挑选的商品如洗衣液等，照明度更弱。

除了视觉之外，嗅觉、味觉、听觉刺激，也是超市从无意识层面影响人们消费行为的策略。我们常看到超市在卖场里现烤蛋糕、现做熟食，其实是超市利用食物的香味，刺激人体各种消化酶的分泌，即使你不饿也没有购买计划，但闻着香味也会忍不住要多买食物。而超市提供试吃、试喝等体验，也是在味觉上激发你的购买欲望，即便你不买试过的牌子，也会因为良好体验，购买别的商品。此外，超市里经常播放舒缓愉悦的音乐。有研究表明，音乐可以调节人的紧张情绪，让人舒适放松、步伐放慢，愿意停留更长时间，给商品销售带来额外机会。

（三）学习

学习是指由经验引起的行为变化。人类的有些行为是与生俱来的，但大多数行为是从后天经验中习得的。通过学习，消费者获得了丰富的知识与经验，提高了对环境的适应能力；同时，在学习过程中，其行为也在不断调整与改变。

消费者学习过程是通过驱使力、刺激物、诱因、反应与强化的相互影响而产生的如图 3-3 所示。

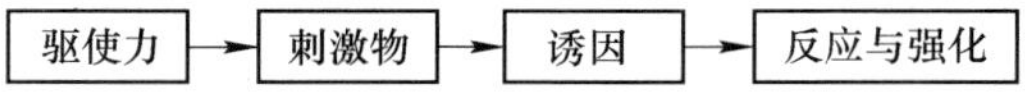

图 3-3　学习的模式

（1）驱使力。驱使力是指人受本能或心理动机作用而产生购买商品的冲动力。

（2）刺激物。刺激物是客观存在的能对人施加影响的事物。

（3）诱因。诱因是加深对刺激物印象的次刺激物，如广告宣传、商品的外观形态陈列展览等。

（4）反应。反应是指购买者对刺激物采取的购买行为。

（5）强化。强化是指对一种行为的肯定或否定的后果（报酬或惩罚），它在一定程度上决定着这种行为在今后是否会重复发生。根据强化的性质和目的，可把强化分为正强化和负强化。正强化就是奖励那些需要的行为，从而加强这种行为；负强化就是惩罚那些不需要的行为，从而削弱这种行为。对消费者而言，优质的产品与服务、正面的宣传与促销、良好的口碑与企业的社会责任等都能够对消费者的购买行为起到正强化的作用；反之，产品质量差、服务水平低、负面的宣传等，都会对消费者的购买行为产生负强化的作用。

（四）信念与态度

人们通过购买行动、后天学习及积累经验，树立起自己的信念和态度，而信念和态度又反过来影响人们的购买行为。

信念是指一个人对某种事物所持的看法，比如，相信 IBM 品牌的计算机有较强的存储功能，海尔电冰箱有较强的制冷功能与省电优势。企业应关注人们头脑中对其产品或服务所持有的信念，即本企业产品和品牌的形象。人们根据自己的信念采取行动，如果一些信念妨碍了购买行为，企业就要运用促销手段去影响或修正这些信念。

态度是指一个人对某些事物或观念长期持有的评价、感受与行动倾向，态度使人置身于对某一事物产生好感或厌恶、亲近或疏远的情境之中。

消费态度是消费者在购买和使用商品的过程中对商品、服务及有关对象持有的评价和行为倾向。消费者一旦对某种产品或品牌形成了良好的态度，以后就很有可能做出重复购买的决策；反之，就不会购买。一个人的态度具有相对稳定的趋势，不容易改变。企业应不断进行营销策划，使自己的产品与消费者的良好态度相一致。当消费者对产品的态度不佳时，不可改变其态度，而应改变产品的营销组合，进行新的营销策划，努力使消费者重新审视产品，形成新的态度。

第三节　消费者购买决策过程

数字革命深刻地影响了消费者行为。消费者从搜索到购买、支付、使用和处理产品的方式都发生了变化。消费者的媒体习惯也发生了巨大改变，这就使得营销人员不得不仔细对待，更有效地与消费者接触和互动。因此，营销者在分析了影响购买者行为的主要因素之后，还需了解消费者如何真正做出购买决策，即了解谁做出购买决策，以及购买决策的过程等。

一、消费者购买决策的参与者

人们在购买决策过程中可能扮演不同的角色，包括：

(1) 发起者，即首先提出或有意向购买某一产品或服务的人。

(2) 影响者，即其看法或建议对最终决策具有一定影响的人。

(3) 决策者，即对是否买、为何买、如何买、何处买等购买决策做出完全或部分最后决定的人。

(4) 购买者，即实际采购人。

(5) 使用者，即实际消费或使用产品或服务的人。

消费者的购买行为按照购物目的的不同可分为个人购物和家庭购物两种模式。个人购物是为了个人消费而购买产品，而家庭购物则是为了家庭成员共同使用而购买产品。当消费者进行个人购物时，可能同时扮演上述 5 种角色，而在进行家庭购物时，往往是由家庭成员承担不同的决策参与角色，随着购买环境和产品的不同，家庭成员在购买决策过程中的角色往往也会发生变化。

二、消费者购买决策过程

消费者的购买决策过程，是指消费者购买行为或购买活动的具体步骤、程序。由于社会因素、个人因素、文化因素、心理因素对不同消费者的影响程度不同，消费者的购买决策过程也有很大差异。有的产品购买过程只需要几分钟，有的购买过程则需要几个月甚至几年。但不管哪种购买决策过程，消费者在为满足需要而采取购买行动之前，必然发生一系列的心理活动。以复杂的购买行为而言，购买决策的全过程可划分为 5 个阶段，即引起需要、搜集信息、评估选择、决定购买、购后行为。

把购买过程分成若干阶段，目的在于使企业的营销人员了解消费者的购买过程早在决定购买以前就已经开始了，而且延长到实施购买行为以后。因此，营销人员应该通过调查研究，了解消费者在各阶段的具体思想和行动，以便采取适当的措施，影响消费者的购买行为，扩大本企业产品的销路。

（一）引起需要

当消费者感觉到有某种需要应予以满足时，购买过程就开始了。人的消费需要是由刺激引起的，刺激是引发购买行为的先决条件。刺激是导致购买的诱因。刺激可分为内在刺激和外在刺激。内在刺激来自人类的基本需要，即人体内部的刺激，如饥思食、渴思饮、冷思暖、困思息等；外在刺激来自人体外部的刺激，又称为触发诱因，如看了介绍某种新产品的广告、产品的包装设计、衣服的式样等，产生兴趣和需求。

营销人员应注意识别引起消费者某种需要和兴趣的环境，并充分注意到两方面的问题：一是了解那些与本企业的产品有实际或潜在关联的驱使力；二是消费者对某种产品的需求强度会随着时间的推移而变动，并且被一些诱因所触发。在此基础上，企业还要善于安排诱因，促使消费者对企业产品产生强烈的需求，并立即采取购买行动。

（二）搜集信息

如果消费者的需求很强烈，可供满足这种需求的产品很确定，而且就在消费者附近，则消费者将立即采取购买行动以满足其强烈的需要。但是大多数情况下，已被引起的需求并不能立即获得满足，消费者需要搜集有关信息，以便做出选择。消费者的信息来源主要有个人来源（家庭、微信群、朋友圈、邻居、熟人）、商业来源（广告、推销员、网红、平台主播、经销商、包装、展览）、公共来源（互联网、报刊、广播、电视、消费者评审组织等）、经验来源（处理、检查和使用产品）等。

每个消费者有其组织及整理信息的方式。通常相关的资料会麇集在记忆中，如电视机牌子是一类，口香糖是一类，书籍是一类等。但是并非所有接触到的信息都会被消费者接受，事实上，消费者只选择接收其感兴趣的信息。从信息的接收一直到最后某种产品被选购，消费者有一套信息的过滤系统，如图 3-4 所示。

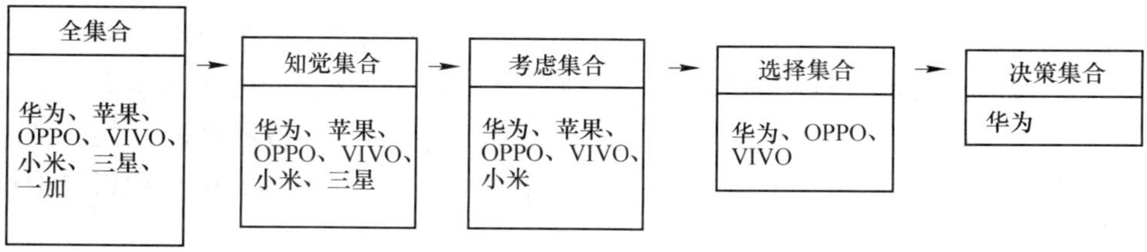

图 3-4　信息过滤系统（以手机为例）

某一项产品或某一类产品，通常在市场上会有多种品牌。全集合包括市场上此类或此项产品的所有品牌。通常一个消费者不太可能知道所有品牌，仅知道一部分或主要的品牌，即知觉集合。消费者在所知道的品牌中，只会考虑某些特定的品牌，即考虑集合。在考虑集合中，通过一些特别的考虑因素，如价格、保修期、品牌知名度等，选出一些最好的品牌，这就是选择集合。消费者再从选择集合中确定某一特定的品牌来形成最后的决策集合。

依据这个信息过滤系统，营销人员在此阶段的任务是使自己的产品在众多品牌中脱颖而出，进入目标消费者心中，进入知觉集合或选择集合。为此，广告、产品包装、颜色、大众媒体、适当的货品陈列策略等都可加以利用。

营销视角

小米的人性化体验

良好的用户体验，不仅体现为产品的人性化，还表现在企业服务的人性化。小米的口碑营销就是走群众路线，贯彻“与用户做朋友”的精神。小米新媒体营销团队始终把改善用户体验作为自己的运营宗旨，创造了颇有建树的“9：100 万”的粉丝管理模式。小米手机的微信公众号后台客服人员只有 9 个人。这 9 名员工每天最主要的任务是回复 100 万粉丝的留言。虽然 100 万粉丝不可能同时上线，但每一位小米后台客服人员实际上要面对的粉丝的确是成千上万的。他们每天早上在电脑上打开小米手机的微信账号后台，浏览各种用户的留言，然后选择有代表性的重要留言进行回复。

不少企业的后台服务是通过开发智能程序来主动抓取关键词进行回复。小米公司虽然有这个技术实力，但还是让微信客服人员尽可能地进行一对一的回复。因为真人回复可以表现出机器人所不具备的个性特点，让用户感到更多的尊重与体贴。小米做活动一般会群发短信，100 万条短信发出去，便是 4 万元的成本。9 名客服与 100 万粉丝做朋友，工作量之大可想而知，但小米的真诚互动成功地提升了“米粉”的品牌忠诚度。

资料来源：口碑营销：用户体验是赢得口碑营销的关键．(2018-09-23)．

（三）评估选择

消费者在获得全面的信息后，就会根据这些信息和一定的评价方法对同类产品的不同品牌加以评价并做出选择。消费者的评价行为一般涉及以下几个方面：

（1）产品属性，即产品能够满足消费者需要的特性。例如手表的走时准确性、款式、耐用性等。但消费者不一定将产品的所有属性都视为同等重要。营销人员应分析本企业产品应具备哪些属性，以及不同类型的消费者分别对哪些属性感兴趣，以便进行市场细分，对不同需求的消费者提供具有不同属性的产品。

（2）属性权重，即消费者对产品有关属性所赋予的不同的重要性权数。消费者被问及如何考虑某一产品属性时立刻想到的属性叫作产品的特色属性。但特色属性不一定是最重要的属性。在特色属性中，有些可能被消费者遗忘，而一旦被提及，消费者就会认识到它的重要性。市场营销人员应更多地关心属性权重，而不是属性特色。

（3）品牌信念，即消费者对某品牌优劣程度的总的看法。由于消费者受个人经验、选择性注意、选择性曲解以及选择性记忆的影响，其品牌信念可能与产品的真实属性并不一致。

（4）效用函数，即描述消费者所期望的产品满足感随产品属性的不同而有所变化的函数关系。它与品牌信念的联系是，品牌信念表明消费者对某品牌的某一属性已达到何种水平的评价，而效用函数则表明消费者要求该属性达到何种水平他才会接受。

（5）评价模型，即消费者对不同品牌进行评价和选择的程序和方法，如加权比较法、淘汰法、打分法等。

（四）决定购买

评价行为会使消费者对可供选择的品牌形成某种偏好，从而形成购买意图。但是，在购买意图和决定购买之间，尚有两种因素会起作用：一是别人的态度；二是意外情况。

消费者修正、推迟或者回避做出某一购买决定，往往是受到了可觉察风险的影响。可觉察风险的大小随着冒这一风险所支付的货币数量、不确定属性的比例以及消费者的自信程度而变化。营销人员必须了解引起消费者有风险感的那些因素，进而采取措施来减少消费者的可觉察风险。

（五）购后行为

消费者对商品是否满意会直接影响其以后的购买行为。如果消费者对产品满意，则下一次购买中可能继续购买该产品，并向他人宣传该产品的优点；如果对产品不满意，不仅会影响其继续购买该企业产品，而且可能会抱怨、阻止其他顾客购买、向第三方投诉等。实践证明，对企业来说，留住一个老顾客比发展一个新顾客要容易得多。因此，企业要想方设法通过完善售后服务体系来减少和消除顾客购后不满意，以热情诚恳的态度来对待消费者的意见和批评，并且要采取切实的措施。例如，经常征求消费者的意见，加强售后服务；改变消费者对产品属性的重要性及权数评价；改变消费者对品牌的信念及印象等。总之，企业要尽可能增加消费者购后的满意感，减少其不满意感。

重要概念

消费者市场	社会阶层	参照群体	社会角色
生活方式	个性	选择性注意	选择性曲解
选择性记忆	信念	态度	

思考题

（1）影响消费者购买行为的因素有哪些？它们是怎样影响消费者的购买行为的？

（2）什么是参照群体？参照群体在消费者的购买行为中的作用是什么？它会带来哪些积极效应？

（3）描述消费者知觉过程的 3 个阶段，并思考知觉的选择性特征对企业营销管理有什么价值。

（4）消费者购买决策包括哪些阶段？在每一个阶段，企业的任务是什么？

实践训练

（1）假定你是一家休闲运动产品公司的营销经理，现在公司开发了一款以在校大学生为主要目标顾客的新产品。请你在给公司老总的营销计划方案中列出以下内容：该群体的消费特征、计划中的产品应具有哪些吸引该群体的特性、该群体的消费心理、该群体的消费习惯的特点、企业的营销策略。

（2）根据你的一次复杂的购买行为，说明购买决策过程及你在每个阶段的消费心理。

（3）根据你的消费经历分析：信念和态度是如何影响消费行为的，企业应如何改变消费者对一种产品的负面态度。

（4）假设你做出了下列消费决策，请列举哪些因素影响了你的决策。

1）购买流行音乐 CD；2）选择一家快餐店，与你新结识的朋友一起用餐；3）利用黄金周假期与同学一起去景点旅游。

推荐阅读

（1）卢泰宏，周懿瑾．消费者行为学：中国消费者透视．2 版．北京：中国人民大学出版社，2015.

（2）冯华魁．为什么消费者一边锱铢必较，一边慷慨豪迈？．销售与市场（管理版），2017（4）．

（3）卢泰宏．消费者行为学 50 年：演化与颠覆．外国经济与管理，2017（6）．

（4）余五洲．不知道这五点，别说你懂“95 后”．销售与市场（管理版），2017（5）．

案例分析

从顾客满意度到顾客优越感

顾客要的到底是什么？

这个营销战略中最基本的问题显然需要重新讨论，因为在迅猛发展的互联网力量的驱动下，顾客的需求特性发生了翻天覆地的变化，而很多企业依然沿袭旧有的策略，没有因消费者需求的变化做出相应的调整。

我们不妨先来看看闹得沸沸扬扬的星巴克“中杯事件”。

星巴克“中杯事件”引发的现象级反应。

杭州的林先生是星巴克的资深顾客，是长达 5 年的金卡会员，但是他每次到星巴克点咖啡时都会遭遇“中杯之问”。在星巴克的杯型体系中，根据容量的不同，分为中杯（Tall）、大杯（Grande）和超大杯（Venti）。也就是说，星巴克的中杯事实上是顾客正常理解中的小杯。这个有悖常理的杯型体系很容易造成顾客的误解。当顾客点中杯时，星巴克的店员就会（根据销售程序）提醒顾客这是小杯，并推荐顾客再加 3 元享受大杯。

在经历了无数次的“中杯之问”后，一贯只点星巴克中杯而不愿升杯的林先生终于生气了。他觉得作为一个忠诚的老顾客，每一次都被当成小白鼠来接受“中杯之问”，让他觉得自己是“无知或愚蠢的”，于是他写了《致星巴克中国 CEO 王静瑛的公开信：什么时候才不觉得中杯顾客无知或愚蠢?》，并在微信公众号上发布。

这篇文章的阅读量在短短一天内迅速突破50万，评论数也超过了3000。其他微信公众号纷纷转发，甚至连《人民日报》的微信公众号都参与其中。

为什么这样一封公开信会引发如此多的关注？这个现象级事件的背后，恰好隐藏着顾客需求变化的重要线索。

林先生在信中特别提及："你们有一流的会员管理系统和移动互联网新媒体，我几天前刚下载，这是我手机上唯一的实体企业App……我已经有轻度心理障碍了，怕你们的店员又怀疑我的杯型选择。但这次，我把金卡和储值卡都装在星巴克App上，他们该当我是个老顾客吧？"

林先生已经表达得很直白了，他只是想星巴克把他当作老顾客，而不是第一次上门的新顾客。这说明了什么？又揭示了什么？

在风起云涌的互联网力量的推动下，顾客的个体意识、身份意识正在觉醒。他们迫切地想要商家知道他们是谁，知道他们的消费偏好、消费习惯，知道他们是活生生的有个性的人，而不再把他们当作标准化的"平均顾客"。

此前我们用顾客满意度来衡量产品或服务的优良程度，但以后我们必须切换到顾客优越感的衡量上来。

"我就是特别的那一个"

所谓顾客优越感，是指顾客通过购买产品或服务所额外获得的个人身份优势的确认及提升。

未来的竞争将不会像以往那样聚焦在产品或服务的本体层面，而是会超越这个层面，转而聚焦到顾客通过产品或服务所能获得的情感溢价上。

奥地利心理学家阿德勒把人的整个生命动机作用完全归结为摆脱自卑感的一种补偿，进而提出：人一生的总目标就是追求优越性，即摆脱自卑感以求获得优越感。

在前互联网时代，权力为企业和商家所掌控，消费者无权置喙。而互联网日渐颠覆了这一传统，赋权给消费者。这就是权力的转移。消费者在摆脱了弱势地位带来的自卑感后，自然要追求优越感，以彰显个性并满足对自我理想身份的塑造。

林先生作为星巴克的资深顾客，是多么渴望在消费时得到与众不同的对待啊！千千万万个像林先生这样的老顾客，又何尝不是这样呢！他们要的其实并不仅仅是越过"中杯之问"，而是想让星巴克明白"我就是特别的那一个"。

但是，星巴克还是没有搞明白顾客要的到底是什么。

27小时之后，星巴克给出了回应。这封回信充满了标准化的客气与客套，显然还是把这位林先生当作了数据意义上"平均顾客"。顾客要的是优越感，但这封回信根本就没有体现出来。最明显的细节就是，林先生对准星巴克中国CEO发话，渴望能够得到CEO本人的回应。这也是对优越感匮乏的一种补偿。

但星巴克回信的署名却是星巴克中国顾客关怀中心的一名员工。显然，CEO 并不觉得这件事需要自己亲自出面回应这一细节透露出来的傲慢对于顾客优越感的挫伤甚至比门店里的“中杯之问”还要严重。

星巴克确实需要好好审视一下自我的服务意识与顾客个性化需求的变化是否步调一致了。要知道，这一封看似有点吹毛求疵的公开信，竟然会引发如此强烈的关注，这本身已经足以说明这件事小不了。

事实上，以星巴克顾客管理系统的功能，完全可以做到个性化识别顾客，并予以区别对待。而如果做得巧妙的话，并不会影响门店店员的升杯推荐。比如，店员可以对林先生这样说：“林先生，您是我们的金卡顾客，我知道您一直喜欢中杯，这次是否要尝试一下大杯?”因为这样的沟通方式已经为林先生塑造出了优越感。

顾客优越感是一种什么样的体验?

塑造顾客优越感其实并没有那么难。即便是在 IT 技术不那么发达的年代，只要经营者用心，依然能够做到这一点。

中国台湾酒店业的“教父”严长寿 20 世纪 70 年代在主持筹建亚都丽致饭店时，实际上是个外行。但他非常努力地揣摩顾客的心理，推出了一系列措施，在激烈的竞争态势下，让地段很差的亚都丽致饭店一炮走红。

在一次演讲中，严先生分享了他当时的做法：“我们配有 6 部奔驰车接送客人，员工送他们上车后马上回电说：第 3 号车来了，左边坐着 Mr. Smith，右边坐着 Mr. Jonson。门房拿着小抄开始背。当车来了车门一打开，门房就会很热情地说：Mr. Smith（Mr. Jonson），Welcome to the Landis（Welcome Back）!你想，客人刚刚下飞机，坐在车上也很累，此时你传递的是‘我在乎你’的信息，客人到酒店来不仅仅是要住和吃，当我们亲切地称呼他们的姓名时，他们会感觉特别好，一下车就有好的印象。我们为每个房间的客人印了信纸，印了名片，上面有他的名字，还送有一篮水果，他可以高兴地将名片揣在怀里，人家问他：你住哪里，他说我就住在这，拿出名片也替你宣传……我们的服务员细心观察客人的习惯，有一个客人很奇怪，老是将摆放好的桌子移到窗边，后来发现他是一个设计师，要比对颜色、布料，要靠窗而坐，然后我们就主动将他房间的桌子移到窗边，并为他设计一个斜板，以方便工作。他很高兴，因为他知道这个酒店不只是对顾客关心，对他个人也体贴入微。”

严先生最后总结道：“无论是做 IT，还是做服务，我想告诉大家的是，懂得留住顾客的心，让他觉得你重视他、在乎他，让他感动。”

这不正是对顾客优越感最通俗也最精准的定义吗?

当你只提供“一视同仁”时，就可能被抛弃

再回到星巴克的问题。

我们从更高的层面来看，星巴克对待顾客“一视同仁”，在某种程度上是为了确保扩张开店时服务不走样。星巴克中国门店数量从 2011 年的 400 多家增至 2016 年的 2300 多家，而星巴克中国已经提出到 2021 年在华门店总数超过 5000 家的目标。星巴克的很多老顾客感觉到，在快速扩张的过程中，星巴克渐渐疏忽了公司创始人的伟大抱负，渐渐远离了所有顾客喜欢星巴克的核心要素。

这可能是致命之伤。很多人愿意成为星巴克的顾客，是因为当他们把自己和星巴克关联起来的时候，会产生一种有品位的精英身份感，这实际上也是顾客优越感的体现。如果星巴克日渐沦为普通的咖啡连锁店，无法再为顾客提供优越感的话，那么，它的店开得越多，距离衰落就越近。

类似的例子还有曾经风靡一时的小米手机。小米手机最初号称“为发烧而生”，这为暂时还买不起 iPhone 的年轻群体提供了充足的顾客优越感，从而使小米手机一跃成为国产手机的领军品牌。但是，当小米大量推出更为廉价的红米手机后，顾客优越感就荡然无存了。最终，小米手机销量跌到了全国第五，令人慨叹不已。

现在，消费者的个体意识已经全面觉醒，他们不再满足于千篇一律的“一视同仁”，他们渴望“分别对待”。与此对应，顾客满意度也必须实现向顾客优越感的跨越。我们必须认识到，对所有顾客提供统一的标准化服务是无法创造顾客优越感的，只有对不同作为个体的某个顾客的优越感凸显出来。

未来的营销，必须将塑造顾客优越感作为重中之重。未来的企业，如果不能在营造顾客优越感上有所作为，就可能被顾客抛弃。

资料来源：李悦妮、从顾客满意度到“顾客优越感”. 销售与市场（管理版）. 2017（1），有删节 .

思考：

（1）你认为星巴克咖啡取得成功的经验是什么？（利用本章所学的知识并结合上述材料中的观点，对林先生的消费心理与行为进行评价。）

（2）找一个你喜欢的企业，结合自己的消费经历谈谈该企业应该如何塑造顾客的优越感，请向该企业市场营销部写一封建议信。

第四章 组织市场与购买行为分析

学习目标

（1）理解组织市场与其购买特征及其对企业营销策略的影响。

（2）了解组织购买决策过程。

（3）了解不同类型组织市场与购买行为分析。

引例

近年来，安利（中国）基于直销业务模式特点，启动“互联网+”战略及体验战略，打造基于线下社群的线上移动电商平台，大幅提升营销人员的销售效率，为直销体系插上移动社交电商的翅膀，完成传统直销模式向“O2O新直销”模式的变革。伴随着安利自有电商平台的快速发展，物流体验在安利体验战略中的价值越发举足轻重，因而安利着力进行供应链整合。

京东物流拥有全国电商行业中最大的物流基础设施和网络，物流配送服务体验备受行业和用户认可。京东物流成为安利（中国）最大的物流供应链服务商，提供覆盖华中、华北、东北、西北四大区域的智能仓配一体化供应链解决方案，助力安利电商平台优化物流体验、提升物流效率、降低物流成本，为安利在中国的业务发展提供强有力的支撑。2017年7月18日，安利（中国）日用品有限公司与京东物流集团签署战略合作协议，宣布自2017年9月1日起，京东物流为安利自有移动社交电商平台“安利云购”提供面向终端消费者的物流配送服务，并为安利提供店铺铺货等其他仓储物流服务，帮助“安利云购”在中国一、二线城市的送达速度提升至24小时内，偏远地区的送货时长缩短至3天内。

安利的ERP订单管理系统与京东智能补货系统对接后，可以实现双方数据共享。一方面，京东物流为安利统一管理B2B、B2C、线上线下多渠道的库存共享和订单集成处理，进行销售额预判，提前完成库存分配，并为安利营销人员提供扩展业务所需的真实、实时数据支持；另一方面，安利门店及直销商、顾客均可实时查询货品配送进度，获得更好的物流体验。安利还将借助京东提供的包装材料优化设计、工单系统支持、库内发票离线打印服务，通过行销资源的灵活应用，打造一体化综合物流服务，提升销售辅助服务，支持安利未来所需的系统研发和物流服务方案改善。

据悉，构建智慧供应链将是双方合作的第一步，未来，双方还将就提升客户消费安利产品的物流体验、定制化服务、跨界合作等方面展开深度合作。

资料来源：改编自强强联合，安利与京东战略合作，开启智慧物流电商新时代。玉林日报微报，2017-07-19.

企业的营销对象不仅包括广大消费者，也包括生产企业、商业企业、政府机构等各类组织，这些组织构成了原材料、零部件、机器设备、供给品和生产性服务的庞大市场。为了提高企业产品的市场占有率，扩大产品销售，满足组织市场的需要，开展 B2B 营销，企业必须了解组织市场的购买行为特征及购买决策过程。

第一节　组织市场

一、组织市场的构成

组织市场是指工商企业为从事生产、销售等业务活动以及非营利组织和政府部门为履行职责而购买产品和服务所构成的市场。简言之，组织市场就是以某种组织为购买和消费主体的市场。

组织市场的购买主体通常有政府、学校、科研机构和其他机构，以及生产企业和中间商。按照购买目的是不是获取利润，组织市场的购买主体可以分为营利性组织和非营利组织，其中，政府、公立学校、科研机构和其他社会机构等属于非营利组织，而生产企业和中间商组织属于营利性组织。组织市场可以分为以下 4 种类型。

（一）生产者市场

生产者市场又称产业市场，是指由购买产品和服务并将之用于生产其他产品或服务，以供销售、出租或供应给他人的个人和组织组成的市场。生产者市场存在于众多行业中，如制造业、农产品加工业、餐饮业、酒店业、旅游业、采矿业、建筑业、金融业、通信业等。

（二）中间商市场

中间商市场是指由以营利为目的而从生产者手中购买产品用于销售或者租赁的组织构成的市场，主要市场主体是批发商和零售商。批发商从生产制造企业大批量购进产品或服务，并把商品转售给零售商；零售商则从批发商或厂家购进产品或服务直接销售给最终消费者并获取利润。

（三）政府市场

政府市场是由为了行政管理职能的正常行使而购买或租赁产品及服务的各级政府机构组成的市场。由于购买主体的特殊性，政府市场是非营利组织市场的特殊组成部分。各国政府通过税收、财政预算等掌握了相当大一部分国民收入，为了开展日常政务，政府机构经常要采购物资和服务，形成了一个很大的市场。政府机构往往是市场活动的最大买主，占有 20%~30%的份额。

（四）非营利组织市场

非营利组织市场是由除政府之外的其他非营利组织构成的市场。非营利组织一般具有稳定的组织形式和固定的成员，这些组织为了发挥特定的社会功能，不以获取利润为目的，但为了正常运行，也需要大量采购相关产品或服务，因而形成了一个较大的市场。市场主体包括公立学校、医院、博物馆、图书馆、教会、协会、社会团体（如环境保护公益组织、社会福利院）等。

营销视角

2019 年组织市场的 PC 采购主渠道：电商

IDC 2019 年初的一份研究报告称，2014~2018 年，5 年间电商渠道的 PC 销售量增长 146.8%。随着电商在消费者市场的销售比例逐步趋稳，未来更多的中小企业客户将会选择通过电商购买电脑。同时，政府电子商务平台逐步落地各个省份。以往协议采购的大量订单将逐步向电商渠道发展。未来3~5 年，中小企业正在进行一次数字化转型的升级过程，更多企业将利用 PC 等终端设备改变其客户体验、业务模式、人力资源等，专业服务业、医疗等行业都会成为行业调整后新的增长点。

资料来源：IDC 发布 2019 年中国 PC 市场十大预测明年销售量约 5060 万台．（2018-12-27）.

二、组织市场的购买特征

（一）购买者数量少但购买量大

由于购买目的是满足组织而非个人的特定需求，因此组织市场的购买者数量相对较少，但单次购买数量较大。单次购买数量大这一特征符合采购的规模经济原理，有利于降低组织的采购成本，加快产品和服务的流通。

（二）购买者的地理位置相对集中

由于资源和区位条件等原因，各种产业在地理位置的分布上都是由相对的集聚性，所以组织市场的购买者往往在地域上也是相对集中的。例如中国的重工产业大多集中在东北地区，石油化工企业云集在东北、华北以及西北的一些油田附近，金融保险业在上海相对集中，而广东、江苏、浙江等沿海地区集聚着大量轻纺和电子产品的加工业。这种地理区域集中有助于降低产品的销售成本，这也使得组织市场在地域上形成了相对的集中。

（三）供需双方关系密切

由于组织市场的购买者数量较少，因此人员推销成为组织市场上的主要营销方式，供需双方通过推销谈判完成交易所付出的人力、财力和时间成本通常较高，使得供需双方的转换成本较高，从而增加了双方的相互依赖性，由此，组织市场的供需双方通常建立起长期的业务关系。此外，组织市场的购买者也会出于自身的个性化需求，介入生产者的产品设计、生产，甚至结成更加紧密的联盟关系，共同参与针对其他企业的竞争。这一切都使得供需双方的关系更加密切。

（四）组织市场需求属于衍生需求

在组织购买中，组织对特定产品或服务的需求是由对最终消费品的需求衍生而来的。例如，彩电企业对液晶面板、包装箱的需求，包装箱生产企业对机器设备、原材料的需求，都源于最终消费者对液晶电视的需求。

（五）需求缺乏弹性

由于组织需求通常属于衍生需求，需求品的需求量由最终消费品的市场需求量决定，因此组织对特定时期组织需求品的价格并不敏感。在多数情况下，需求品的价格波动都可以转移到最终消费品中。因此，组织市场表现为需求缺乏弹性。

（六）行业需求波动大

在短期内，与消费者市场相比，组织市场需求的波动幅度更大。组织购买者对波动的预期，以及生产企业的投资规模呈现不连续变化的特征，都是导致组织需求波动大的重要原因。比如，当消费者市场的需求数量发生微小波动时，生产者市场在波动预期的影响下，往往以更大的比例增加或减少相关设备和原材料的投入；生产企业为了满足顾客需求的小幅增加，可能需要建立成套的生产线和车间并配备人员等，因而以较大的比例增加了投资及相应的需求。上述两种情形都使组织市场的波动比消费者市场的波动。

（七）互惠性购买

另外一种在消费营销过程中不会发生但在组织营销过程中常见的现象是互惠现象。也就是“你买我的产品，那么我也就买你的产品。’’由于生产资料的购买者本身总是某种产品的出售者，因此，当企业在采购时就会考虑为其自身产品的销售创造条件。但这种互惠购买的适用范围是比较狭窄的，一旦出现甲企业需要乙企业的产品，而乙企业并不想购买甲企业的产品时，就无法实现互惠购买了。这样互惠购买会演进为三角互惠、多角互惠。例如，甲企业向乙企业提出，如果乙企业购买丙企业的产品，则甲企业就购买乙企业的产品，因为丙企业以甲企业推销其产品作为购买甲企业的产品的条件。这就是三角互惠。虽然这类现象极为常见，但大多数经营者和代理商却反对互惠原则，并视其为不良习俗。

（八）大型商品多以租赁形式

一些组织购买者乐于租借大型设备，并不愿意全盘购买。租借对于承租方和出租方有诸多好处。对于出租方，当客户不能支付购买其产品的费用时，他们的优惠出租制度为其产品找到了用武之地；对承租方，租借为他们省下了大量资金，又获得了最新型的设备，租期满后可以购买折价的设备。这种方式目前在工业发达的国家有日益扩大的趋势，特别适用于电子计算机、包装设备、重型工程机械、运货卡车、机械工具等价格昂贵、精神磨损迅速或并不经常使用的设备。

（九）专业人员采购

与消费者市场不同，组织市场上产品和服务的使用需要更多更复杂的技术和技能，这就要求组织购买的双方在谈判中从技术的角度进行沟通、达成协议，因此，组织市场的采购都是由受过专门教育和培训、具有较强专业技术和技能的专业人员来完成的。

（十）购买决策复杂

与消费者购买相比，组织购买者的购买决策更加复杂。组织购买常常涉及大量的资金、复杂的技术和经济条件，以及买卖各方不同层次的多个人员的互动。这种购买行为更加繁复，因此，组织购买的决策周期往往历时很长。大规模的组织购买常常要求详细的产品说明、书面的购买单据、细致的供应商筛选和正式的审批。

第二节 生产者市场与购买行为分析

一、生产者购买行为的主要类型

生产者市场的购买类型主要有 3 种。

（一）直接重购

直接重购是指在所购产品及服务、购买数量、供货价格等变化不大的情况下，生产者用户的采购部门按照合同订单的订货目录继续从原来的供应商处购买产品。直接重购的购买过程基本建立在内部供应商与生产者之间良好供应关系的基础上，生产者对原有供应商的产品、服务以及技术支持等方面有很高的满意度，从而使购买过程成为一种程序化的决策。当然也有可能因为供应商的转换成本过高，即使对原有供应商存在不满，考虑到收支平衡原则，企业仍然选择直接重购。但是，前一种情况通常更为普遍，供应商和企业之间已经建立了牢固的关系，形成了共同利益。对于外部供应商而言，要打破这种关系是一项艰巨的任务，除非它能够给企业带来超过原有供应商的价值。采购部门对以往的所有供应商加以评估，选择感到满意的作为直接重购的供应商。有条件的企业会采用自动化再订购系统，以减少再订购所花的时间。直接重购维持了原有的交易关系，避免了更换供应商所导致的接触、沟通、谈判的过程，可使双方节省时间与交易成本。

对于直接重构型生产者，供应商应该与其保持紧密联系，在完全按照企业要求提供产品和服务的同时注重沟通和交流。为了防止采购类型转向修正重构或者新购，供应商应密切监控产品和服务质量，以便及时发现企业的新问题和新需求，并做出反应。

（二）修正重购

修正重购是指生产者用户改变原先所购产品的规格、价格或其他交易条件后再进行购买。修正重购的原因在于购买者对原先所购产品的规格、价格或其他交易条件的要求发生了变化，需要重新修订交易条件；对原有供应商的交易关系不满意；有交易条件更好的供应商出现。这种行为类型较复杂，参与购买决策过程的人较多。这种情况给“门外的供货企业”提供了市场机会，并给“已入门的供货企业”造成了威胁，前者应加大沟通和促销力度，开拓新顾客；后者则要设法巩固其现有顾客，保护其既得市场。

（三）新购

新购是指购买者第一次购买某种产品或服务。新购的成本费用越高、风险越大，那么需要参与购买决策过程的人数和需要掌握的市场信息就越多。这种行为类型最复杂。因此，供货企业要派出精锐的推销人员小组，向顾客提供市场信息，帮助顾客解决疑难问题。

在直接重购情况下，产业购买者要做出的购买决策最少；而在新购情况下，产业购买者要做出的购买决策最多，通常要做出以下具体决策，即决定产品规格、价格幅度、交货条件和时间、服务条件、支付条件、订购数量、可接受的供应商和选定的供应商等。

二、生产者购买决策的参与者

各企业采购组织有所不同。小企业只有几个采购人员，大公司则设有规模较大的采购部门，由一位总经理主管。有些公司的采购经理有权决定采购什么规格的产品、由谁供应；有些采购经理只负责把订货单交给供应商。通常，采购经理只对小型产业用品有决策权，至于主要设备的采购，则是一个由多人参与决策的过程。

在任何企业中，除了专职的采购人员，还会有其他一些人员也参与购买决策过程。所有参与购买决策过程的人员构成采购组织的决策单位，即采购中心。企业采购中心通常包括 7 种成员：

（1）发起者，即提出或要求购买的人。他们可能是企业内部的使用者，也可能是其他

（2）使用者，即生产者用户内部使用这种产品或服务的人员。通常情况下，使用者往往先提出购买建议并协助确定产品的功能、质量、规格与数量。他们在产品的规格与号、数量的确定方面发挥很大作用。

（3）影响者，即企业内部和外部能够直接或间接地影响采购决策的人员，他们协助确定产品规格和购买条件，提供方案评价的情报信息，影响采购的选择。

（4）决策者，即企业中有权决定采购项目的人。在一般的采购项目中，项目负责人通常权决定购买与否，而重大采购项目则要由企业的最高管理者最终决定。

（5）批准者，即最终有权批准采购方案的人员。一般企业的采购部经理或总经理拥有权力。

（6）采购者，即具体执行采购计划的企业人员，在较复杂的采购工作中，采购者还包括参加谈判的公司高层人员。

（7）信息控制者，指在企业外部和内部能控制市场信息流，使其流向使用者、决策者的人员，即有权阻止采购方案顺利进行的人员。比如，技术人员可以拒绝某些供应商所提供的产品与服务的信息，接待员、电话接线员、秘书、门卫等可以阻止产品推销者与企业内部使用者或决策者接触。

当然，并不是任何企业采购任何产品都必须有上述 7 种成员参加购买决策过程。企业采购中心规模的大小和成员的多少会随着欲采购产品的不同而有所不同。一个企业如果采购办公用的文具，可能只有采购者和使用者参与购买决策过程，而且采购者往往就是决策者。在这种情况下，采购中心的成员较少，规模较小。如果采购多媒体网络设备，其技术性较强、单价高、行为类型复杂，参与购买决策过程的人员较多，采购中心成员也就较多，规模较大。

三、影响生产者购买决策的主要因素

影响生产者用户购买决策的主要因素可分为四大类：环境因素、组织因素、人际因素和个人因素（图 4-1）。供应商应了解和运用这些因素，引导买方的购买行为，促进交易。

（一）环境因素

环境因素是影响组织购买的宏观环境因素，主要包括经济环境、技术环境、政治法律环境、自然环境、产业环境等方面的因素，其中最受关注的是需求水平、经济前景、资金

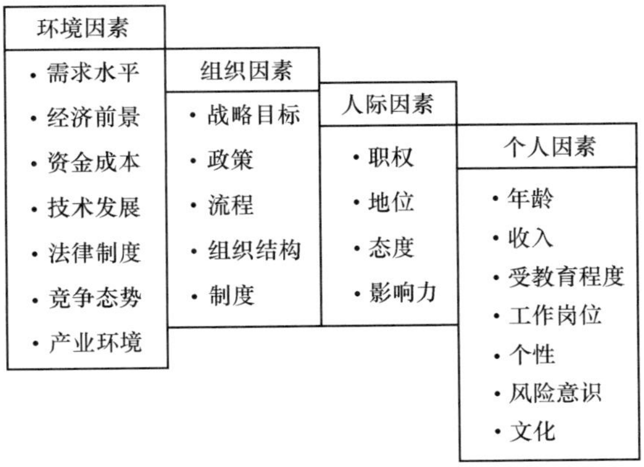

图 4-1　影响生产者市场购买行为的主要因素

成本、技术发展、法律制度等。这些因素影响生产者市场的整体发展和组织购买行为。比如，从经济因素看，如果宏观经济前景看好或国家扶持某一产业的发展，相关企业就会增加投资，进而增加原材料采购和库存。而在经济衰退时期，企业会减少采购，此时，供应商的营销人员将会面临市场开拓困难的局面。又如，全球倡导环境保护与低碳发展的理念，企业对具有节能减排功能的设备需求增加，这类产品的生产企业的市场空间增大。外部环境的复杂性和易变性，要求企业把握各类生产者用户的需求动态，以保证能够及时适应变化的市场需求。

（二）组织因素

组织因素是指生产企业内部的各种因素，主要包括生产企业的战略目标、政策、流程、组织结构和制度等。这些因素将影响其购买决策和购买行为。

以生产企业战略不同对企业采购的影响为例，实施总成本领先战略的企业会对低价产品更感兴趣，实施差异化战略的企业则会对优质高效的产品更感兴趣。营销人员应该关注目标企业客户的内部组织因素，对组织环境进行分析，以制定相应的策略。

（三）人际因素

人际因素表现为组织内部的人际关系。以企业采购中心成员为例，中心成员的角色、地位对于生产企业的购买行为会产生重要影响。由于采购中心的各类成员都不同程度地参与决策，供应商的营销人员应当了解每个人在购买决策中扮演什么角色、相互之间关系如何等，利用这些因素促成交易。

（四）个人因素

个人因素是指生产者用户内部参与购买过程的有关人员的年龄、受教育程度、个性、风险意识等因素对购买行为的影响。与影响消费者购买行为的个人因素相似，企业采购人员的需要和动机、个性与偏好、价值观、专业等也会影响购买决策。比如，专职采购人员可能为了突出本部门或职位的重要性与绩效，希望购买价格高、性能好的机器设备，财务人员则可能为了完成相应的财务目标，希望购买价格低、性能适中的机器设备；有些采购人员是受过良好教育的理智型购买者，在选择供应商之前做了周密的比较；有些采购人员个性强硬，总是同供应商反复较量。这些采购者个人因素常常成为购买决策的直接作用因素。

营销视角

产业购买者的匠心

何为匠心？2019 年 1 月初在 CCTV-1、CCTV-2 以及 CCTV-9 播出的六个核桃品牌纪录片《追着核桃奔跑》给出了最好的答案。片中，养元六个核桃采购部负责人赵庆勋 20 年追寻好核桃的坚持，就是最纯正的匠心精神。

用一生，只做好一件事，用近乎于偏执的坚持，去追求最好的品质，这就是养元人的匠心所在。为了找到最好的核桃，养元人从祖国的西边走到南边再走到东边，20 天 15000 多公里的行程，二十年如一日，功夫不负有心人，养元人终于找到了核桃的三大黄金产地——新疆、云南、太行山。

好的核桃产地并不是随便挑选的，需要经过养元饮品采购专家的仔细考察，光照、土壤以及水分等都要最适合核桃生长，这样才能成为养元饮品六个核桃的原料基地。对于常年与核桃打交道的养元人来说，一定要选择皮薄、仁白的好核桃。除了自身的经验以外，每一颗来自原料基地的核桃还要通过养元饮品的“3. 6. 36”核桃采购标准。“3. 6. 36”是养元饮品自主制定的采购标准，3 是所有核桃都要来自三大黄金产区；6 是水分、色泽、口感、饱满度、粒度、杂质 6 项标准必须全部合格；36 是蛋白质、脂肪、酸价、过氧化值、黄曲霉毒素等 36 项理化指标检测必须全部满足。养元饮品深知只有对自己严格，才能为消费者打造最好的品质。

资料来源：重磅！养元饮品回击：六个核桃到底有没有核桃！坚守匠心 无畏于行 无涩于心 .（2019-02-16）.

四、生产者购买决策的过程

供货企业的最高管理层和营销人员还要了解其顾客购买过程各个阶段的情况，并采取适当措施，满足顾客在各个阶段的需要，只有这样该供货企业才能成为现实的卖主。产业购买者在购买过程中经历的阶段数的多少，取决于产业购买者行为类型的复杂程度。

在直接重购这种最简单的行为类型下，产业购买者购买过程的阶段最少；在修正重购情况下，购买过程的阶段多一些；而在新购这种最复杂的情况下，购买过程的阶段最多，要经过 8 个阶段，见表 4-1。

（一）认识需要

在全新购买和修正重购情况下，购买过程是从企业的某些人员认识到要购买某种产品以满足企业的某种需要开始的。

表 4-1　不同生产者购买行为类型的购买阶段

购买类型		购买行为类型		
		新购	修正重购	直接重购
购买阶段	1. 认识需要	是	可能	否
	2. 确定需要	是	可能	否
	3. 说明需要	是	是	是
	4. 寻找供应商	是	可能	否
	5. 寻求供应建议书	是	可能	否
	6. 选择供应商	是	可能	否
	7. 签订合约	是	可能	否
	8. 绩效评价	是	是	是

认识需要是由两种刺激引起的：（1）内部刺激。诸如企业最高管理层决定推出某种新产品，因而需要采购生产这种新产品的设备和原料；有些机器发生故障或损坏，需要购置零部件或新机器；发现购进的某些原料质量不好，必须更换供应商。（2）外部刺激。如采购人员接触广告或参加展销会等，发现了更物美价廉的产业用品。

（二）确定需要

确定需要是指通过价值分析确定所需项目的特征和数量。标准化产品易于确定，而非标准化产品必须由采购人员和使用者、技术人员乃至高层经营管理人员共同协商确定。卖方营销人员应向买方介绍产品特性，协助买方确定需要。

（三）说明需要

企业的采购组织确定需要以后，要指定专家小组对所需品种进行价值分析，做出详细的技术说明，作为采购人员取舍的标准。

价值分析的目的是，投入最少的资源，取得最大的功效，以提高经营效益。产业购买者在采购工作中要进行价值分析，调查研究本企业要采购的产品是否具备必要的功能。采购单位的专家小组要对所需品种进行价值分析，并写出文字精练的技术说明，作为采购人员评判及取舍的标准。供货企业的市场营销人员也要运用价值分析技术，向顾客说明其产品有良好的功能。未列入买方选择范围的供应商可通过展示新工艺、新产品争取打入市场的机会。

（四）寻找供应商

寻找供应商是指生产企业的采购人员根据产品技术说明书的要求寻找最佳供应商。如果是新产品采购或所需品种复杂，生产企业为此花费的时间就会较长。企业采购部门一般通过以下渠道获取信息：一是内部信息，如以往的采购档案、其他部门信息、推销人员的访问信息；二是外部信息，如供应商的产品质量调查、其他公司的采购信息、广告、产品目录、电话簿、商品展览等。供应商应努力进入“工商企业名录”或行业协会的推荐名录，并制定有吸引力的广告宣传计划和促销策略，积极与采购企业的需求相对接。

（五）寻求供应建议书

寻求供应建议书是指邀请合格的供应商提交供应建议书。对于复杂的、交易量大的项目，买方一般会要求供应商提出详细的书面建议，经选择后，请入围的供应商提出正式的供应建议书。供货企业的营销人员应该具备开展市场调查、撰写报告和提出建议等基本专业素养。

（六）选择供应商

选择供应商是指生产企业对供应建议书加以分析评价，最终确定供应商。评价内容包括供应商的产品质量、性能、产量、技术、价格、信誉、服务、交货能力等指标，这些指标的重要程度因购买类型不同而有所差别。

在做出决定前，生产企业还可能与比较中意的供应商谈判，以争取较低的价格和较好的供应条件。生产企业还会决定使用多少供应商，有时侧重一个大供应商，以保证原材料供应并获得价格让步；有时同时与几个供应商保持联系，以免受制于人，并促使卖方展开竞争。各供应商需要及时了解竞争者的动向，以制定竞争策略。

随着竞合理念的深入，生产企业与供应商之间的关系从完全对抗逐步转向紧密合作，很多生产企业开始实施供应商开发战略，系统建立和发展供应商伙伴网络，确保恰当和可靠的原材料供应。

（七）签订合约

签订合约是指生产企业根据所购产品的技术说明书、需求量、交货时间、退货条件、担保书、付款条件等内容与供应商签订最后的订单。许多生产企业愿意采取签订长期有效合同的形式，而不是定期发出采购订单。买方若能在需要产品时通知供应商随时按照条件供货，就可实现无库存采购，达到降低成本的目的。

（八）绩效评价

绩效评价是指生产企业对各供应商的供货情况与合作关系进行评价，以决定维持、修正或中止供货关系。供应商应关注该采购企业对供应商的绩效评价，了解它对自己的评价及意见，以便完善供应活动，保持长期业务关系。

第三节　中间商市场与购买行为分析

中间商在地理分布上比产业购买者分散，但比消费者集中。产业市场的大部分特征中间商也具备。中间商的购买行为与购买决策同样受到环境因素、组织因素、人际因素和个人因素的影响。然而，相比之下，中间商的购买行为与决策有一些独特之处。

一、中间商购买行为的主要类型

（一）新产品采购

新产品采购是指中间商第一次购买某种从未采购过的新品种。在这类购买中，可根据市场前景的好坏、市场的需求强度、产品获利的可能性，考虑“买”与“不买”，然后考虑“向谁购买”。中间商会对该产品的进价、售价、市场需求和市场风险等因素进行分析，然后做出决定。购买的主要步骤也由认识需要、确定需要、明确产品规格等 8 个阶段构成。

（二）最佳供应商选择

最佳供应商选择是指中间商确定需要购进的产品后，寻找最合适的供应商。选择供应商时一般考虑以下因素：价格水平、供货及时性、付款条件、质量保证、品牌影响力等。如果中间商打算用自创的品牌（即中间商品牌）销售产品，会更愿意选择为自己制造贴牌产品的供应商。

（三）改善交易条件的采购

改善交易条件的采购是指中间商希望现有供应商在原交易条件的基础上再给予某些优惠，使自己得到更多的利益。如果同类产品的供应商提出了更有诱惑力的价格和供货条件，中间商就会要求现有供应商在价格上给予更大的折扣、增加服务等，或在价格及服务不变的情况下给予现金补贴。

（四）直接重购

直接重购指中间商的采购部门按照过去的订货目录和交易条件，继续向原先的供应商购买产品。当商品库存低于规定水平时按照常规续购。管理水平高的企业会建立一套有效的订货管理信息系统自动完成订货，以使直接重购变得简单且程序化。

二、中间商的主要购买决策

中间商在地理分布上比产业购买者分散，但比消费者集中。产业市场的大部分特征中间商也具备。中间商的购买行为与购买决策同样受到环境因素、组织因素、人际因素和个人因素的影响。然而，相比之下，中间商的购买行为与决策有一些独特之处。

中间商的主要购买决策包括配货决策、供应商组合决策和供货条件决策。配货决策是指决定拟经营的品种结构，即中间商的产品组合；供应商组合决策是指决定拟与之从事交换活动的各有关供应商；供货条件决策是指决定具体采购时所要求的价格、交货期、相关服务及其他交易条件。在以上所有决策中，最基本、最重要的购买决策是配货决策，因为中间商经营的产品组合会影响到从哪家供应商进货，即中间商的供应商组合，进而影响到中间商的市场营销组合和顾客组合。中间商的配货战略主要有 4 种：（1）独家配货，即中间商决定只经营某一家制造商的产品。（2）专深配货，即中间商决定经营许多家制造商生产的同类各种型号规格的产品。（3）广泛配货，即中间商决定经营种类繁多、范围广但尚未超出行业界限的产品。（4）杂乱配货，即中间商决定经营范围广且没有关联的多种产品。

三、中间商购买过程的参与者

中间商购买过程参与者的多少与商场的经营规模和类型有关。在小型社区的便利店中，店主亲自进行商品的选择和采购工作；在大卖场里，有专人或专门的部门从事采购工作，重要的项目有更高层次的人员参与，如同生产者市场中的采购中心，会有多种角色参与决策。虽然不同类型的中间商（如大型综合性超市、专业店、专卖店等）的采购方式不同，同类中间商的采购方式也有差别，但是其中也有许多共性。以大型综合超市为例，参与购买过程的组织和人员主要由下述构成。

（一）采购委员会

采购委员会通常由公司总部分管采购的副总裁及部分部门经理组成，负责审查采购部提出的产品采购建议，做出购买决策。它对特别重大的采购事项做出集体决策，以避免人情款与回扣货。而对于一般的事项，由于采购部经理控制信息和提出建议，他事实上已经具有决定作用，采购委员会只是起着平衡各种意见的作用。

（二）采购部经理

如果大型综合超市在每个下属分店都设一个采购部门，采购的运作成本就会很高，如果全公司只有一个采购部门，运作成本就会低得多。采购部经理是大型综合超市总部的专职采购人员，负责完成各类商品的采购任务，搜集不同品牌的信息，选择适当的品种和品牌。有些采购部经理的权力小，只负责审查和甄别，向公司的采购委员会提出建议；有些采购部经理被赋予较大的权力，有权决定是否购进新产品或增加新品牌。

（三）分店经理

分店经理是大型综合超市下属各分店的负责人，掌握分店一级的采购权。他们的采购往往涉及日常生活的生鲜食品，如新鲜蔬菜、水果、水产品等。

第四节　非营利组织市场、政府市场与购买行为分析

一、非营利组织市场购买行为分析

（一）非营利组织的分类

非营利组织是指具有稳定的组织形式和固定的成员，发挥特定的社会功能，不以获取利润为目的的各种社会组织。按照不同的职能，非营利性组织可分为 3 类：

（1）履行国家职能的非营利组织。指服务于国家和社会，以实现社会整体利益为目标的有关组织。

（2）促进群体交流的非营利组织。指促进某群体内成员之间的交流，沟通思想和情感，宣传普及某种知识和观念，推动某项事业的发展，维护群体利益的各种组织。

（3）提供社会服务的非营利组织。指为某些公众的特定需要提供服务的非营利组织。

非营利性组织市场是指各种非营利性组织为履行职责而购买产品和服务所形成的市场。

（二）非营利组织的购买方式

1. 公开招标选购

公开招标选购即非营利组织的采购部门通过传媒发布广告或发出信函，说明拟采购商品的名称、规格、数量和有关的要求，邀请供应商在规定的期限内投标。有意争取这笔业务的企业要在规定时间内填写标书，密封后送交非营利组织的采购部门。招标单位在规定日期开标，选择报价最低且其他方面符合要求的供应商作为中标单位。

公开招标一般要遵循规范的程序，其程序如下：

（1）招标。招标采购是指采购方根据已经确定的采购需求，提出招标采购项目的条件，向潜在的供应商或承包商发出投标邀请的行为。

（2）投标。投标是指投标人接到招标通知后，根据招标通知的要求填写招标文件，并将其送交采购机构的行为。

（3）开标。开标是采购机构在预定的时间和地点将投标人的投标文件正式启封揭晓

的行为。

（4）评标。评标是采购机构根据招标文件的要求，对所有的标书进行审查和评比的行为。

（5）决标。决标是采购机构决定中标人的行为。

（6）授予合同。习惯上也称签订合同，是由招标人将合同授予中标人并由双方签署的行为。

采用公开招标方式时，非营利组织往往处于主动地位，供应商之间会产生激烈的竞争。供应商在投标时应注意以下问题：

（1）自己产品的品种、规格是否符合招标单位的要求。非标准化产品的规格不统一，往往成为投标的障碍。

（2）能否满足招标单位的特殊要求。许多非营利组织在招标中经常附带提出一些特殊要求，比如提供较长时间的维修服务、承担维修费用，等等。

（3）中标欲望的强弱。如果企业的市场机会比较少，迫切地需要得到这笔业务以维持经营，就要降低标价。

2. 议价合约选购

议价合约选购即非营利组织的采购部门同时与若干供应商就某一采购项目的价格和有关交易条件展开谈判，最后与符合要求的供应商签订合同，达成交易。这种方式适用于复杂的工程项目，因为涉及的研发费用和风险较大。

3. 日常性采购

日常性采购即非营利组织为了维持日常办公和组织运行而进行的采购。这类采购金额较小，一般是即期付款、即期交货，如购买办公桌椅、小型办公设备、耗材等，有时直接从零售市场上采购。

二、政府市场购买行为分析

（一）政府采购的目的

政府采购也称公共采购，是政府机关及公共部门为开展业务活动或向社会提供公共物品和公共服务，用国家财政性资金购买商品、工程和服务的行为。政府采购所形成的市场即政府市场。政府采购的具体目的有：加强国防和军事力量，维持政府的正常运转；履行政府调控经济、调节供需、稳定市场、稳定物价的职能，通过财政补贴的方式以合理的价格购买和储存商品，向国外提供商业性、政治性或人道主义的援助。

（二）政府采购的方式

与其他非营利组织一样，政府的采购方式有公开招标选购、议价合约选购和日常性采购三种，其中公开招标选购是最主要的方式。采用公开招标方式，要严格执行程序。

由于政府支出受到公众的关注，为确保采购的公正和公开，政府采购组织会要求供应商准备大量的说明产品质量与性能的书面文件，决策过程可能涉及繁多的规章制度、复杂的决策程序、较长的决策时间。政府机构也会不断地采取改革措施简化采购过程，并把采购系统、采购程序和注意事项提供给各供应商。供应商必须了解这个系统并投入一定的时间、资金和其他资源来制作有竞争力的标书。政府采购比较重视价格，供应商应当尽量通过降低成本来降低价格。有实力的供应商通常会预测政府要求，设计恰当的产品和服务，以争取中标。

（三）影响政府采购行为的主要原因

政府市场与生产者市场及中间商市场一样，也受到环境因素、组织因素、人际因素和个人因素的影响，但在以下方面有所不同。

1. 受到社会公众的监督

虽然各国的政治经济制度不同，但是政府采购工作都要受到广泛的监督。在我国，主要的监督者有：

（1）各级国家权力机关和政协组织。政府的重要预算项目必须提交国家权力机关审议通过，经费使用情况要接受监督。

（2）行政管理和预算办公室。国家发展和改革委员会与财政部是我国成立的专门的行政管理和预算办公室，审核政府的各项支出，努力提高资金的使用效率。

（3）传播媒体。网络、报刊、广播、电视等传媒密切关注政府经费的使用情况，对不合理之处予以披露，起到了有效的舆论监督作用。

（4）公民和社会团体。我国公民和各种社会团体对于自己缴纳的税款是否切实地用之于民也非常关注，通过各种途径表达自己的意见。

2. 受到国际国内政治形势的影响

在国家安全受到威胁或出于某种原因发动对外战争时，用于购买军需品的军备开支就会增大；在和平时期，用于经济建设和社会福利的支出就会增大。

3. 受到国际国内经济形势的影响

在经济疲软时期，政府会缩减支出；在经济高涨时期，则会增加支出。随着国家经济形势的变化，政府用于经济调控的支出也会相应增减。比如，当我国出现“卖粮难”现象时，政府按照最低保护价收购粮食，增加了政府采购支出；面对全球金融危机的影响，我国政府在2008年年底提出了4万亿元的投资计划，有效地刺激了市场需求，遏制了经济衰退。

4. 受到自然因素的影响

各类自然灾害会使政府用于救灾的资金和物资大量增加。如1998年长江抗洪、2003年抗击“非典”、2008年南方抗击冰冻雪灾以及四川汶川大地震，政府都投入了巨大的财力用于购买相应的产品与服务。

重要概念

组织市场　　生产者市场　　中间商市场　　非营利组织市场
政府市场

思考题

（1）什么是组织市场？组织市场的主要类型有哪些？

（2）组织市场购买有哪些特点？

（3）生产者购买一般有哪几种形式？购买决策过程是怎样的？

(4) 中间商购买决策过程的参与者有哪些?

(5) 非营利组织市场的购买特点及其购买方式是什么?

(6) 影响政府购买行为的主要因素是什么?

实践训练

(1) 结合组织市场的概念，在学校所在的城市识别属于组织市场形式的贸易市场。

(2) 了解学校附近的办公用品、原材料、电脑硬件及耗材市场，观察在该市场上进行交易的双方是什么单位、组织或个人。

推荐阅读

(1) 严家明，李生校. 工业品营销［M］. 上海：上海财经大学出版社，2013.

(2) 王昭伟. 工业品创新营销模式：变革环境下基于企业 B2B 业务的营销与竞争之道［M］. 北京：人民邮电出版社，2014.

(3) 张纪雄. 互联网+政府采购：路径在哪里［M］. 北京：中国人民大学出版社，2016.

(4) 张宏. 企业集团集中采购管理研究［M］. 杭州：浙江大学出版社，2015.

(5) 朱晋华. 互联网+电子招标采购实务教程［M］. 北京：电子工业出版社，2016.

案例分析

京东发力企业级市场

伴随经济稳步发展及移动互联网的广泛使用，我国电子商务市场持续高速增长，除了 B2C 电子商务市场规模不断扩大的贡献外，长期占据电商市场主导地位的 B2B 电子商务近年来同样突飞猛进。业界预测，随着政府出台一系列鼓励和扶持政策、企业对电子商务的认知和利用程度的加深，以及电子商务相关配套设施的逐步完善，在未来几年，B2B 电子商务市场将迎来风口。面对市场的广阔“钱”景，越来越多的电商平台将目光瞄准这一领域。2017 年 5 月 10 日，国内电商平台京东就对外发布以 JD-Business 命名的京东企业级市场战略，表示将以采购为主场景，围绕京东一直耕耘的企业采购服务，继续布局技术、商品、履约交付、增值服务四大核心能力，并依托京东云、京东金融、京东物流三大引擎，实现采购服务的全面升级。京东集团 CTO 张晨表示：如果说电商市场前 12 年是 B2C 领域，那么接下来我们看到的是 B2B 市场正一步步发展起来。未来 B2B 市场将会占据整个电商市场 80%以上的份额，将是一个万亿元级的市场。

传统采购模式是痛点

京东集团大客户业务负责人宋春正表示：2013 年京东开始谋划进入企业级市场时，就在思考京东靠什么进入这个市场，这个市场存在的真正痛点是什么。因为互联网做任何产品首先要找到行业痛点。经过仔细分析和调研发现，这一行业的最大痛点并不是买东西，而是采购模式问题。宋春正分析指出：传统的采购模式已经延续了十几年，积攒了很多问题，如透明度不够、采购周期较长、采购效率低下、采购成本居高不下等。

传统的采购程序建立在企业固有的采购体系上，当企业内的部门提出采购需求后，采购部门需要汇总需求、寻找商品和供应商，再经过漫长的招投标程序，才能下单、收货，最终完成采购。在此期间可能由于采购方与供应商之间的信息不对称，导致前述问题出现。因此，解决企业采购存在的痛点是京东进入这一市场最重要的出发点。京东认为找到痛点并解决它的最好办法就是打破传统采购模式，采用互联网、电子商务技术加以改变，把传统采购搬到线上，真正实现采购无缝连接，让采购效率得到极大提升。基于这一主张，京东要做企业采购方案的提供商，致力于让采购变得阳光、高效、低成本的定位更加清晰。

四大核心助力企业购。

实际上，JD-Business 战略并非京东在商用市场的首次发力。2016 年 4 月，京东首次推出商用品牌战略，电商采购被提升至品牌和战略高度；7 月，推出“翼采平台”，实现购物平台与企业 ERP 系统之间的对接；10 月，首发企业采购移动解决方案，完成了企业采购从 PC 端向移动端的过渡；12 月 6 日，京东集团发布“京商计划”，通过建立“京东一商会企业采购专属平台”，为商会会员提供包括企业集团员工福利、集中采购、企业办公用品采购、市场营销礼品采购、渠道奖励采购等不同场景下的采购解决方案。JD-Business 战略以技术、商品、履约交付和增值服务为四大核心能力，将为企业采购服务形成整体联动力，助力京东的行业领先地位。

在技术层面，京东将围绕采购主场景，把企业采购的综合服务嵌入企业内部管理系统，将企业采购与企业经营、生产、业务开展等服务诉求用电商的方式连接起来，做到前置化、移动化、模块化、智能化。具体来看，前置化即京东的系统不仅连接企业的采购平台，而且会和企业的 HR 系统、客户管理系统、生产管理系统、过程管理系统实现直接连接，让企业采购的真正需求人得到最快响应，通过前置化需求让自动配置效率更高；移动化则是从单一场景实现多个场景，每一个实际需求人都可以通过客户端直接配给需要的商品，采购人员会成为管理者和策略的制订者；模块化即京东将会把企业连接的各个平台用模块化方式进行架构设计，根据每一个客户的不同需求配制不同模块，从而提升效率；智能化则包括智能采购、智能服务、智能管理和智能营销。在商品层面，京东企业购将全面涵盖商旅、商用、虚拟、MRO、金融、云、物流等应用场景，物料多元化将为企业用户带来更多的选择。在履约交付和增值服务层面，京东可以有效将采购履约交付与售后需求同互联网应用结合起来，真正实现整个售后服务的过程监控和服务评价。

打造 B2B 物流网

在电子商务领域，无论是 B2C 市场还是 B2B 市场，要提升效率与降低成本，最终都需要强大的物流支撑。京东在升级企业购服务的同时，把物流建设放在一个非常重要的位置。承袭一贯的物流策略，京东将会大规模投资自建 B2B 物流网。

京东物流依托的是 6 张物流网络，一开始提供的就是一个全品类、全供应链、线上线下、B2B 与 B2C 一体化物流整体解决方案。而京东的 B2B 物流网是整体解决方案中非常核心的支撑。京东物流一开始是为了服务 B2C 而存在的，布局 B2B 物流网时京东意识到，B2B 和 B2C 两种不同物流服务形态、不同商业形态在物流服务层面有 4 点不同：一是 B2B 的客户多样化，有政府机关、事业单位、外企、国企，还有很多中小企业，不同客户对物流服务的时效、服务方式的要求都不一样；二是整体订单结构不一样，B2B 订单要大于 B2C 订单，后台仓储、配送、作业流程、工具不一样，服务供应链和背后技术也完全不一样；三是企业级采购对于物流服务的稳定性要求远高于 B2C；四是 B2B 客户对整个信息服务多样化的要求也远高于 B2C 客户。在洞察到两者的不同后，京东决定打造完全面向 B2B 服务的物流网络。

京东的 B2B 物流网会基于京东现有物流网络，这是因为设施、设备的复用可以极大降低新网络的投入成本，这最终也会体现在采购成本中。同时，依靠京东现有的物流网络，B2B 物流网将会在全国快速铺开。B2B 物流网是可配置的、灵活的，可以根据企业产生的需求快速满足。一方面，B2B 物流网将京东原有的 B2C 长物流节点的整体运营环节进行了优化，在每个城市建设配送中心，这一配送中心可以根据客户要求提货，根据不同配送时间分时段送货；另一方面，在整体的企业级服务中，京东将把企业所有的需求定义在系统里，根据企业的标准提供个性化的服务，同时也提供多种模式的物流环节监控。京东在北京率先试点 B2B 物流网，计划在 2017 年完成 30 个城市分拣配送站搭建，未来 3 年拟扩大到近百个城市。京东希望未来的 B2B 物流网能够让企业客户尽量关注最核心的竞争力，不再为采购和物流费心。

资料来源：庞彪．京东发力企业级市场．中国物流与采购，2017（11）．

思考：

（1）京东企业级市场战略“JD-Business”的核心功能是什么？

（2）JD-Business 战略如何保障京东企业购战略目标的实现？

（3）B2C 和 B2B 物流网有何不同？京东 B2B 物流网如何保证企业采购目标的实现？

第五章　市场调研与预测

学习目标

（1）掌握市场营销信息系统的概念和组成。

（2）熟悉市场营销调研的基本内容。

（3）掌握市场营销调研的基本步骤。

（4）理解各种调研方法的特点并能够进行实际调研操作。

引例

日本卡西欧公司，自公司成立起便一直以产品的新、优取胜而闻名世界，其新、优主要得力于市场调查。卡西欧公司的市场调查主要是销售调查卡，其卡只有明信片一般大小，但考虑周密，设计细致，调查栏目中各类内容应有尽有。第一栏是对购买者的调查，其中包括性别、年龄、职业，分类十分细致。第二栏是对使用者的调查，使用者是购买者本人、家庭成员，还是其他人；每一类人员中，又分年龄、性别。第三栏是购买方法的调查，是个人购买、团体购买，还是赠送。第四栏是调查如何知道该产品的，是看见商店橱窗布置、报纸杂志广告、电视台广告，还是朋友告知、看见他人使用等。第五栏是调查为什么选中了该产品，所拟答案有操作方便、音色优美、功能齐全、价格便宜、商店的介绍、朋友的推荐、孩子的要求等。第六栏是调查使用后的感受，是非常满意、一般满意、普通，还是不满意，另外几栏还分别对机器的性能、购买者所拥有的乐器、学习乐器的方法和时间、所喜爱的音乐、希望有哪些功能等方面做了详尽的设计。为企业提高产品质量、改进经营策略开拓新的市场提供了可靠依据。

营销的目的是通过比竞争者更好地满足市场需求，赢得竞争优势，进而取得合理的利润收入。要做到这一点，就必须从研究市场出发，了解市场需求及竞争者的最新动态，开展营销调研，广泛收集营销信息，据此制定营销战略决策。需求测量与预测就是从量的角度将定性分析准确地转换成以产品、区域、顾客等分类来表示的特定需求的定量估计，这是制定营销决策的重要依据，对于正确地进行市场机会分析、营销资源配置、营销控制具有特殊的重要意义。

第一节　市场营销信息系统的组成

一、市场营销信息

（一）市场营销信息的含义

市场营销信息属于经济范畴，是与企业市场营销活动有关的各种内外环境的变动、特征及发展变化的各种消息、情报、数据、资料的总称，是对市场各种经济关系和营销活动的客观描述与真实反映。

准确的市场营销信息，对企业做出正确的营销决策乃至对企业的未来发展都具有重要作用。在市场营销实践中，市场营销信息是企业开展活动的前提条件、制订营销策略的基础，也是对其营销策略和营销计划控制、调整的依据，有目的、有计划地搜集和利用市场营销信息是提高企业核心竞争能力的重要保障。

（二）市场营销信息的构成

企业市场营销信息丰富多彩且瞬息万变，与企业营销活动关系最为密切的市场营销信息主要由以下几个方面构成：

（1）商品供求及其变化的信息。商品供求信息是市场的一种先导性预测信息，包括商品供应信息和商品需求信息。商品供应信息主要由商品供应机构信息、供应地点和供应单位方面的信息、供应方式方面的信息、供应量方面的信息等构成；商品需求信息主要由总需求量方面的信息、市场上商品需求的情况、消费者与消费商品有关的信息等构成。

（2）商品价格及其变化的信息。商品价格直接影响到商品销售量和企业获利的大小。商品价格及其变化的信息主要由价格水平高低情况、影响价格变化因素、竞争对手的价格水平和定价策略、替代品结构及发展趋势、国际市场上同类产品的价格信息等构成。

（3）市场竞争情况及其发展趋势的信息。企业开展市场营销活动，必须掌握市场竞争的情况及其发展趋势的信息，主要由竞争企业的信息、竞争产品的信息、当前市场总的形势信息等构成。

（4）科学技术进步和新产品开发的信息。企业了解和掌握技术进步的信息主要由市场上新科学技术的发展动向和趋势、企业内部的科学技术成果、可用于企业生产的科技成果情况、企业准备进行的科技研究项目的进展情况、国内外已达到的科技水平情况等构成，这些都决定了企业生产经营的方向及规模。

（5）国际市场及其变化信息。全球经济一体化趋势伴随着科技更新步伐的加快，任何一个国家和企业的经济，都会受到国际市场的影响。

（6）与市场营销有关的其他信息。与营销有关的其他市场营销信息主要由政治环境及其变化情况、国民经济发展情况、人口发展情况、企业生产经营要素、成果和财务管理情况等构成。

二、市场营销信息系统

营销信息系统是指由人、机器和程序组成的，为营销决策者收集、挑选、分析、评估及时准确、有价值的信息的系统。营销人员为了分析、计划、实施和控制营销工作，需要各种有价值的信息，而提供信息的任务由营销信息系统完成。

如图 5-1 所示，市场营销信息系统由内部报告系统、营销情报系统、营销调研系统和营销决策支持系统 4 个子系统组成。它处于营销环境和营销管理人员（也就是信息使用者）之间，各种营销数据由环境流向企业市场营销信息系统，经过加工、处理和转换成为有用的营销信息，通过市场营销信息流程传递给营销管理人员，作为制定营销方案的依据，营销方案中产生的各种数据信息又经过市场营销沟通流程回到营销环境中。

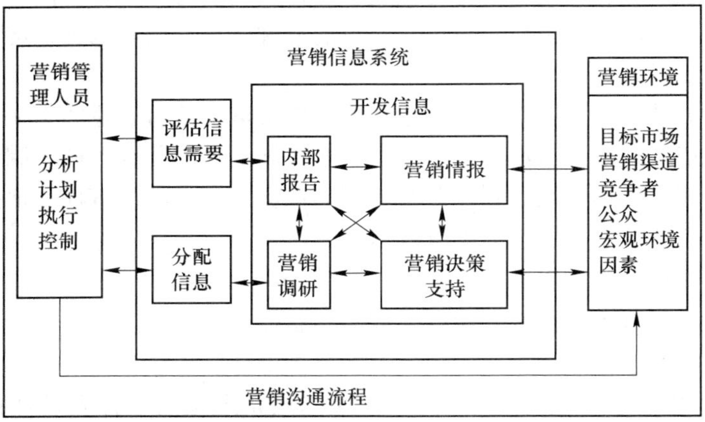

图 5-1 市场营销信息系统

（一）内部报告系统

企业内部报告系统是使用最频繁的信息系统。该系统的主要作用是向管理人员提供有关销售、成本、存货、应收账款等各种反映企业经营状况的信息。通过分析这些信息，管理人员能正确认识营销活动的现状，发现重要的机会和问题。

（二）营销情报系统

内部报告系统为管理人员提供历史数据，而营销情报系统则提供正在发生的数据。营销情报系统是反映营销环境发展状况的各种信息来源和程序。管理人员获取情报信息的途径有：（1）公开出版物中提供的信息；（2）销售部门和人员提供的信息；（3）批发商、零售商提供的信息；（4）专门的信息咨询公司提供的信息。

（三）营销调研系统

营销调研系统是设计、收集、分析和提供与特定的营销问题相关的数据资料的信息系统。它的主要任务是收集、评估、加工、传递信息，供管理人员制定决策使用。市场需求调查、销售研究、广告评估等活动都属于营销调研系统的范畴。

（四）营销决策支持系统

越来越多的企业为帮助营销管理人员正确决策，设立了营销决策支持系统。营销决策支持系统是以计算机为基础来完成信息收集、信息整理、信息处理、信息提供的人机交互系统。它由统计分析模型和其他决策模型组成，其主要任务是对市场营销情报系统和市场营销研究系统收集的数据资料用数学方法进行分析和归纳，从中得出有意义的结果。营销决策支持系统使用大量的程序和统计预测方法，以保证信息的科学性。

第二节　市场营销调研

一、市场营销调研的含义与内容

（一）市场营销调研的含义

市场营销调研又称市场调研、市场调查或市场研究，就是运用科学的方法，有目的、有计划地搜集、整理、分析和研究有关市场营销方面的信息，获得合乎客观事物发展规律的见解，提出解决问题的建议，供营销管理人员了解营销环境，发现市场机会与问题，并将其作为市场预测和营销决策的依据。

市场营销调研是企业营销活动的出发点，对企业而言具有至关重要的作用，有利于企业制订科学的营销规划，优化营销组合，为企业开拓新的市场做好准备。

（二）市场营销调研的内容

市场营销调研的内容涉及企业营销决策的方方面面，不同的决策需要对该决策所涉及的问题进行调研，从企业营销管理的过程来看，涉及以下内容。

（1）目标市场与顾客需求调研。主要包括市场机会与威胁分析、市场需求分析、顾客需求特点、消费心理、消费行为特征分析及目标市场分析等。

（2）市场营销策略调研。主要是针对4P策略涉及的内容，包括产品调研、价格调研、渠道结构调研、促销调研、媒介调研等。

（3）营销方案实施过程与实施效果调研。主要调研营销计划实施过程中的各种问题与实施的效果，如销售效果、促销效果、顾客满意度效果。

二、市场营销调研的步骤

市场营销调研是一项系统工程，必须遵循一定的程序。一般来说，市场营销调研可以分为确定调研问题、设计调研方案、实施调研、分析数据、撰写报告和反馈信息6个步骤。

（一）确定调研问题

市场营销调研的第一步就是确定调研的问题，这是市场营销调研能否取得预期效果的先决条件。在这一步骤中，要明确调研的目的和要达到的目标，掌握达到目标所需的信息，了解这些信息将会满足什么决策需求，确定通过市场营销调研所获得的信息是否具有可测性。良好的开端是成功的一半，对调研问题的正确界定可以为整个调研过程提供保证、找准方向。

在这一阶段，调研人员通常也需要进行一些探索性的研究，如搜集第二手资料，对相关领域的专家进行初步的访谈，与典型消费者沟通，对市场进行充分的了解，以利于开展调研工作。

（二）设计调研方案

在明确定义调研问题并充分了解市场之后，市场营销调研人员需要制定详细周密的调研方案，保证调研工作顺利进行。调研方案是对调研工作各个方面和全部过程的通盘考虑，包括整个调研工作的全部内容。调研方案是否科学可行，也是整个调研工作成败的关键。市场营销调研方案的内容主要包括调研目的与内容、调研对象与范围、调研方法、抽样设计、调研时间安排、调研经费预算以及调研报告的提交方式。

1. 调研目的与内容

调研的目的是通过调研解决问题。实际上，在第一个步骤中已经确定了调研目的，在此基础上，需要进一步确定调研的具体内容，即为了解决上述问题需要搜集哪些信息资料，取得这些资料有什么用途等。调研内容是对调研目的的进一步分解和细化。为了避免遗漏调研项目，调研项目组可以采取头脑风暴法，详细列出所有可能想到的内容，然后对其重要性进行排序，删除不必要的项目。

2. 调研对象与范围

明确了调研目的与内容后，就要确定调研的对象与范围，即明确调查谁以取得信息资料，在什么范围内获取信息资料。调研对象与范围直接影响调研资料的代表性及调研与抽样方法的选择，也影响调研时间和经费预算。在这一阶段往往需要对调研对象的具体条件进行甄别，以排除不符合条件的对象，提高调研的准确性与针对性。

3. 调研方法

确定了调研对象与范围后，就可以选择具体的调研方法来搜集资料。根据信息资料的来源，调研方法总体上可以分为文案调研法和实地调研法。文案调研法是通过对别人完成的数据、报告、文章进行分析以获取信息资料的一种方法；实地调研法则是为了特定的研究目的，由调研人员按照调研方案直接向受访者搜集第一手信息资料的方法。实地调研法又可以具体分为调查法、观察法和实验法。

调查法（survey）是调研人员利用事先拟定的调查提纲，直接向受访者询问的一种调研方法。由于调查法能够搜集广泛的信息资料，因此在市场营销调研中运用得最普遍。调查法又可分为面访调研法、深度访谈法、小组访谈法和投射法等。观察法是调研人员在现场对受访者的情况直接进行观察、记录，以取得市场信息资料的一种调研方法，其中常用的两种具体方法是神秘购物法和垃圾分解法。实验法则是研究人员通过设计一定的实验条件，将调研项目置于实验环境中搜集信息的一种方法，主要用于因果关系研究。

由于搜集第一手资料耗资较大，因此调研通常从搜集二手资料开始，．只在必要时才采用各种实地调研的方法搜集第一手资料。

4. 抽样设计

调研对象的代表性直接影响调研资料的准确性，当调研对象多、调研范围广而人力、财力、时间又不够时，会依照概率原则，在调研对象的总体中选取一部分作为样本，根据样本的调研结果来推断总体的情况，这一过程就是抽样。

抽样的方法可以分为两大类，即随机抽样和非随机抽样。随机抽样又称概率抽样，是指按照概率原则，从总体中抽取一定数目的单位作为样本进行调研，总体中每一个个体被抽中的机会都是相同的；非随机抽样又称非概率抽样，从便于操作的角度出发或根据研究者的主观判断来抽取样本，这种方法比较简单，但误差较大。

5. 调研时间安排

调研时间安排涉及从调研方案设计到提交报告的整个工作进度，包括各个阶段的起始时间，其目的是使整个调研工作及时展开、按时完成。

一个调研项目的进度安排通常要考虑多个方面的内容：调研方案的设计，抽样方案的设计，问卷的设计与试调查，问卷的修正与印刷，调研人员的挑选与培训，调研的实施，数据的整理、录入与分析，调研报告的撰写与提交。一般情况下，完成一个调研项目大约需要 30 个工作日。

6. 调研经费预算

市场调研所需的费用总额通常与调研的范围及难易程度密切相关。通常，在一项市场营销调研中，前期的计划准备阶段的费用安排占总预算的 20%，实施调研阶段的费用安排占总预算的 40%，后期分析报告阶段的费用安排也占到总预算的 40%。因此，必须全面考虑各阶段的费用支出，以免出现问题而影响调研的实施。预算经费一般包括以下方面的开支：调研方案的策划与设计，问卷设计与抽样设计，问卷印刷，调研实施，数据的编码、录入和处理，调研报告的撰写。

7. 调研报告的提交方式

提交调研报告时，除了考虑报告书的形式与份数外，还要考虑报告书的基本内容、原始数据、分析数据、演示文稿和原始问卷等。在许多情况下，调研人员除了向客户提供书面报告外，还有必要向客户做口头汇报。大多数客户都希望听到调研人员的口头汇报，双方进行必要的讨论与交流。如果要进行口头汇报，研究人员必须提前准备好演示文稿。

（三）实施调研

这阶段的关键是数据资料的搜集，这是市场营销调研的中心环节，也是费用最高、最容易出问题的阶段。而调研实施的关键又在于实施过程中严格的组织管理和质量控制，要严格按照进度表的安排分阶段执行。在这一过程中应重点做好以下工作：

1. 甄选和培训调研人员

为了保证信息搜集活动的顺利开展，需要对调研人员进行严格的甄选和培训，以免因未按照要求搜集资料而使整个调研活动失去应有的价值。经济管理类专业的大学生往往是最好的调研人员人选。针对调研人员的培训主要包括调研基础知识和项目操作方式两部分内容。

2. 对调研工作进行质量监控

对调研人员的管理与监控是保证调研顺利进行和资料质量的重要环节。在调研开始阶段，研究督导可以陪同新的调研人员进行调研，在调研实施过程中可以设置查账者（隐蔽的调研监督人员）对工作进度与质量进行检查，在问卷设计上也可以采取撒胡椒面法。

3. 检查和评价调研人员的工作

调研结束后，一般会抽取 10%~30%的问卷进行复核，以检查调研人员的工作态度和数据质量。可以采取电话复核或实地复核方式，也可以采取三者相结合的方式。检查时一般会询问受访者是否收到礼物、对调研人员的印象如何、访问的时间和地点，同时还会重复提出一些事实型的问题（如受访者个人基本信息），以确定是否与问卷中标记的答案一致。有时会在调研结束后召集调研人员举行一次座谈，了解他们在调研过程中发现的问题以及对调研实施环节的建议，以便后期撰写调研报告，并为今后的调研积累宝贵的经验。

（四）分析数据

完成数据搜集后，就要对数据进行处理和分析，从而解释所搜集的大量数据并得出结论。负责处理调研数据的人员最初可能只做简单的描述性统计分析，根据需要再在此基础上做交叉分析、相关与回归分析、因子分析与聚类分析等。相关的工作主要包括以下几个方面：

1. 查收和校对资料

由于回收的问卷可能存在一些遗漏，甚至矛盾和错误，因此需要在分析问卷之前对其进行检查、校对。要检查问卷资料是否准确完整，问题有无遗漏，答案是否存在逻辑错误。对于有少量问题的问卷，可以通过回访补充完整，或在分析中做缺失值处理，而对于回答多处不完整、存在明显矛盾的问卷，就可能要作废卷处理。

2. 事后编码

问卷编码是对应于问卷中每个问题的答案的代码，便于进行数据的分析处理。结构型问卷在设计问卷时已赋予每个答案相应的代码，这就是事前编码。对于开放性问题或封闭性问题的“其他”选项，则需要事后编码。一般的做法是：将几十份问卷的答案分别记录下来并进行归类，对归类的答案分别给予相应的代码制成编码表，根据编码表对原始问卷的相应问题进行编码。

3. 录入数据，建立原始数据库

对于已检查校对并进行事后编码的问卷，由数据录入人员录入数据库。一般采用SPSS、Excel 数据处理软件或 TXT 文本文件录入数据，有些公司开发了专门的数据录入软件（如 Epidata 软件）。

4. 数据查错和净化，处理缺失数据

在数据录入过程中往往会出现一些错误，数据资料即使经过校对也可能仍然存在问题，这就需要进行数据的查错和净化。一般可以抽取 10%左右的数据与原始问卷信息进行比较，以检查数据录入质量。数据的净化一般采用统计软件进行，如 SPSS 等软件可以很便捷地找出超出范围、有极端值或逻辑不一致的数据，然后根据问卷编号和原始问卷进行校对，进行必要的修改。

5. 数据处理、制表绘图和统计分析

这是资料整理的最后一步，主要是根据调研的要求对资料进行分析，通常借助 SPSS 等数据处理软件完成。常见的统计处理方法是描述性统计分析，即求出调研项目的频率，这是最基本的资料分析方法。此外，在资料分析中还应尽可能多地应用先进的统计技术和决策模型，以便从调研资料中获取更多有用的信息。一图胜千字，数据统计结果一般还需要通过饼形图、条形图以及折线图等形式直观地表现出来，供决策者阅读参考。

（五）撰写报告

调研报告是整个调研项目至关重要的部分，因为它是调研工作的最终产品，是调研人员辛勤劳动的结晶。调研报告有书面报告和口头报告等形式。

书面报告能够将枯燥乏味的数字变成鲜活的内容，便于管理者和决策者阅读和理解；口头报告能够帮助管理者理解报告的内容并接纳报告，还能够加强双方的交流。书面报告一般包括以下几个部分：（1）报告的摘要，包括主要发现、主要结论；（2）报告的详细目录，包括正文与附录的每一部分的标题与页码；（3）报告的正文，包括调研的基本情况、主要发现、结论与建议；（4）报告的附录，包括问卷、地图、技术说明等。

（六）反馈信息

在花费了大量的精力和资金开展市场调研并准备报告后，最重要的工作是付诸实施。调研报告提交后，通常还要进行信息反馈，以便了解报告使用者在使用过程中遇到的问题，并及时做出解答。至此，一项完整的市场营销调研工作才算结束。这个环节很容易被调研人员忽视，尤其是当公司自己开展调研活动时。如果调研的信息不能被很好地利用，则会影响市场营销调研的作用的发挥，还会影响公司对调研问题的全面认识，不利于公司做出科学的决策。因此，这一过程不容忽视。

三、市场营销调研的方法

市场营销调研的本质就是通过科学的方法，以客观的态度系统、高效地搜集与企业营销活动有关的信息，为企业的营销决策提供依据。所选的调研方法是否恰当，既决定着调研结果是否科学合理，也影响着调研资源能否被有效利用。

（一）文案调研法

文案调研法又称案头调研法或二手资料分析法，是市场研究人员对现成的数据、报告、文章等信息资料进行搜集、分析、研究和利用的一种市场营销调研方法，在探索性的研究阶段经常采用。文案调研法的优点是获取资料速度快、花费少，操作灵活且不受时空限制；缺点是针对性、准确性和客观性较差，需要采用适当的方法来验证这类资料。

采用文案调研法搜集的信息资料包括企业内部资料和外部资料两种。企业的内部资料主要包括企业内部的各种报表、订货和发货记录以及销售人员和顾客的反馈信息等；企业的外部资料主要包括各级政府、非营利机构、贸易组织和行业协会以及各种商业出版物所提供的信息资料。

采用文案调研法时一般应遵循“先易后难，由近至远”和“先内部后外部”的原则。“先易后难，由近至远”是指在进行文案调研时，先搜集那些比较容易得到的历史资料和公开发表的现成的信息资料，而对那些内部保密资料或原始资料，只是在现成资料不足时才进一步搜集。另外，应按由近期到远期的时间顺序查阅。“先内部后外部”是指在进行文案调研时，先从本企业、本行业内部着手，然后到有关的企业与行业搜集现成的信息资料。内部现成的信息资料是指内部的各种有关记录、报表、账册、总结、用户来函、订货单、合同、协议、客户名录、商品介绍、宣传资料等。外部现成的信息资料的内容与内部资料基本相同，一般根据需要及可得性去搜集。

（二）观察法

观察法是调研人员在现场对调研对象的情况直接进行观察、记录，以取得市场信息资料的一种调研方法，其中常用的两种具体方法是神秘购物法和垃圾分解法。神秘购物法是由经过专门训练的调研人员伪装成神秘顾客购物，详细记录在购物或接受服务时所发生的一切情况，以发现商家在经营管理中存在的缺陷的一种调研方法，常用于零售业，如肯德基就经常采用神秘购物法开展调研。垃圾分解法是调研人员通过对调研对象的生活垃圾进行分解、研究，获取必要的信息的一种调研方法。垃圾分解法尽管听起来荒唐，却是一种获取信息的十分有效的方法，因为垃圾绝不会说谎和弄虚作假，什么样的人就丢什么样的垃圾。美国金宝汤公司曾通过运用这种调研方法有效地调整了产品的目标顾客。

采用观察法可以比较客观地搜集第一手资料，直接记录调研的事实和调研对象在现场的行为，调研结果更接近实际，特别便于对无法、无须或难以进行语言交流的市场现象进行调研。但观察法也有一些缺点，如只能反映客观事实的发生经过，不能说明发生的原因和动机，对调研人员的技术水平要求相对较高等。

（三）小组访谈法

小组访谈法又称焦点访谈法，是一组（通常 8~12 人）具有代表性的消费者或客户在一个装有单面镜和录音录像设备的房间内，在一个受过专门训练、有经验的主持人的组织下就某个问题进行无结构的、深入的讨论，从而获得对该问题的深入了解的一种调研方法。它是一种典型的定性的研究方法，几乎是定性调研的代名词。

小组访谈法将调研与讨论相结合，具有资料搜集快、效率高、结构灵活的特点，获取的资料较全面详细，因此在许多国家得到广泛运用。这种方法对主持人的要求较高，由于受访者的回答是开放式的，因此后期的资料整理，工作难度较大，而且容易造成判断错误。

（四）深层访谈法

深层访谈法又称深度访谈法或专家访谈法，由具有访谈经验并掌握一定访谈技巧的调研人员对受访者进行面对面的深入的访谈，以揭示对某一问题的潜在动机、态度、信念和情感。它是一种无结构的、直接的、一对一的访问，主要用于探索性调研。

与小组访谈法相比，深层访谈法能更深入地了解受访者内心深处的想法和态度，而且能更自由地交换信息，因此信息的挖掘更充分。运用深层访谈法调查一个样本需要 30min 到 1h。这种方法的不足是：对调研人员的要求相对较高，要求调研人员能够根据受访者的回答有效地追问；对访谈结果难以进行统计分析。

（五）面访调研法

面访调研法是应用最广泛的一种定量调研方法，由调研人员与受访者进行面对面交流，通过结构性调研问卷从受访者处搜集信息。根据操作方式的不同，面访调研法可分为入户面访调研法和街头拦截式面访调研法等。

入户面访调研法是指调研人员按照抽样方案的要求，到抽中的家庭或单位中，按事先规定的方法选取合适的受访者，再依照问卷或调研提纲进行面对面的直接访问的一种调研方法。运用这种方法可以获得较高质量的样本，便于对复杂的问题进行深入访问，其缺点主要是拒访率比较高，费用也比较高，而且访问质量难以控制。

街头拦截式面访调研法是由经过培训的调研人员在事先选定的地点（通常是人口密集的商业区），按照一定的程序和要求选取调研对象，在征得其同意后按照问卷进行现场的简洁访问的一种调研方法。这种方法操作简便、费用较低，但样本的代表性相对较差。

（六）电话调研法

电话调研法是调研人员通过电话对受访者进行访问以获得信息的方法，可以分为传统电话调研法和计算机辅助电话调研法。

传统电话调研法是指调研人员按照调研方案所规定的随机拨号方法拨打电话，筛选受访对象，对受访者进行问卷调查的一种调研方法。如果未联系上抽中的访问对象，应换时间再打电话，连续拨打 3~5 次电话仍无人应答时才能放弃。这种方法抽样简单（利用电话号码簿），费用较低，适合小样本调研；但其效率较低，实施中难以进行质量控制，而且难以处理复杂的问卷（如跳问较多）。

计算机辅助电话调研法是指调研人员通过装有计算机辅助电话调研软件的自动拨号系统随机拨号，并在电话接通后将数据即时录入电脑的一种调研方法。使用这种系统进行调研，屏幕上每次只出现一个问题，计算机会根据答案自动跳到下一个相关问题，省去了数据编码和录入的过程，而且计算机主机可以随时提供整个调研的进展情况及阶段性调研结果。

采用电话调研法，不仅编制受访者名单比较容易，而且可能访问到不易接触的调研对象。但是，这种方法也存在不足：受电话普及率的影响，抽样总体与目标总体可能不一致；调研时间不宜过长，调研内容难以深入；调研中无法观察受访者的表情、姿态等肢体语言。

（七）网上调研法

随着网络技术的发展，传统的市场调研方法似乎受到挑战。营销专家越来越重视网上调研。

网上调研是信息搜集者通过网络向受访者提供调研问卷，搜集并处理信息的一项活动。网上调研因其信息搜集、处理便于标准化的特点而多用于定量调研。网上调研可以分为 E-mail 问卷调研、网页上直接填答问卷和下载问卷等形式。其中最常见的是网页上直接填答的形式，受访者填完电子问卷后，点击“提交”按钮，信息就直接传回研究者那里。问卷星、调查派、EnableQ 及 SurveyMonkey 等许多网上调研平台都深受研究者喜爱，它们一般都提供免费使用版。许多市场调研公司经常发布各种基于网上调研的免费报告，为相关企业营销决策提供了重要的二手资料来源。

与传统调研方式相比，网上调研方便且节省费用，具有较强的交互性、随机性和逻辑性，可以避免传统调研中访问员的误导。尽管具有以上优点，但网络本身的特点使其也存在些局限性，比如样本能否代表母体的特征值得探究，问卷过长会导致应答率低，网上调研人性化不足等。随着信息技术的发展和网络的普及，网上调研将逐渐发展和完善，成为一种重要的调研方式。

（八）实验调研法

实验调研法是指从影响调研对象的若干因素中选择一个或几个作为实验因素（即自变量），在控制其他因素均不发生变化的条件下，观察实验因素的变化对调研对象（即因变量）的影响程度，从而为企业的营销决策提供参考依据。

实验调研法借助自然科学的实验，寻找变量之间的因果关系，但其控制自变量因素的难度要比自然科学实验大。由于采用这种方法获得的资料排除了人为主观估计带来的偏差，实验中能有效控制环境，因此调研结果更精确。其缺点主要是：因市场因素变化大、难以控制而影响实验结果，而且实验中的市场条件与真实的市场条件不可能完全相同，实验中获得成功的市场策略不一定适合真实的市场。

市场营销调研方法的优劣直接影响调研的质量与效果。由于每一种调研方法都有自身的优势与局限性，因此在选择方法时要考虑以下几个方面：

（1）调研性质。在选择市场营销调研的方法时，首先要考虑的因素是调研的性质。探索性调研多选取文案调研法、深层访谈法等定性调研方法；描述性调研多采用面访调研法、电话调研法和网上调研法等定量调研方法；因果关系调研则适合选择实验调研法。

（2）调研目的与内容。市场营销调研的方法要为调研的目的与内容服务。如果要测试产品的概念、广告文案等，最好选用小组访谈法；如果要进行收视率的调研，则最好选用电话调研法和入户面访调研法。

（3）调研时间。时效性是市场调研中对信息资料最基本的要求，过时的信息对营销决策毫无用处。电话调研法、街头拦截式面访调研法和网上调研法等便捷省时；入户面访调研法、深层访谈法需要的时间相对较长。

（4）调研经费。企业往往希望调研人员花费较少的费用就把所有的问题都搞清楚，所以调研的时间和经费是调研人员面临的两大难题。一般而言，网上调研法、电话调研法、街头拦截式面访调研法的费用较低，入户面访调研法、小组访谈法的费用则相对较高。

一种调研方法的优劣并不是绝对的。在实际的调研过程中，一般以一种方法为主，同时辅以其他方法，以便扬长避短，取得更好的效果。搜集信息资料的一般原则是"先二手后一手"，即先利用文案调研法搜集能够获得的二手资料，必要时再设计研究方案实施第一手调研。

相关链接

如何提高网络调查的可信度

随着互联网的普及，网络调查为越来越多的市场调查公司所采用。对于大型市场调查公司而言，网络调查在技术上已经不成问题，但其可信度多遭质疑。某市场研究公司通过对网络调查和传统调查所收集的数据进行对比分析，发现两种方法获得的数据具有相当高的相关性和可比性，两种样本均值不存在显著性差异，标准差也相近。该公司从而提出，在不需要向受访者出示实物产品、不需要进行长期历史数据对比、发生率不会太低及问卷长度在30min以内等情况下，可以优先考虑使用网络调查的方式。

为了减少网络调查中的误差，可以采取适当的项目设计进行系统预防。相应的策略主要包括正确界定网络调查的适用范围，通过必要的技术手段进行抽样控制，建立合适的网络调查样本框，科学设计调查方案与问卷以减少无回答误差和计量误差，通过模型调整等手段对网络调查结果进行校正。在市场快速发展的情况下，将会有越来越多的项目采用网络调查的形式。

资料来源：改编自黄光，符力思. 市场调查公司提高网络调查可信性的策略. 统计与决策，2014（21）.

第三节　调研问卷的设计

调研问卷也称调查表，是一种以书面形式了解各种事实、行为、观念和态度等，并以此获得资料和信息的载体。调研问卷的设计是整个市场营销调研过程中一个重要的环节，问卷设计的优劣很大程度上决定问卷调查质量的好坏、回收率和有效率的高低，乃至整个调研的成败。

一、调研问卷的类型

从不同的角度可以将调研问卷分为不同的类型，每一种类型的调研问卷都有各自的特点，因此，在调研设计中需要根据调研的目的及所采用的调研方法选择相应类型的问卷。

（一）按照调研问卷的填写方式（对象）分类

按照调研问卷的填写方式（对象），调研问卷可以分为访问式问卷和自填式问卷。访问式问卷是指在调研实施过程中由调研人员向受访者提出问题并现场记录答案的问卷，主要用于面访调研和电话调研；自填式问卷则是由受访者自己按照问卷的填写要求和提示阅读题目并自行填写答案的问卷，主要适用于网上调研。访问式问卷由接受过培训的调研人员提问并填写，必要时会给予受访者适当的解释，因此可减少对问卷的理解和记录方面的误差；自填式问卷由受访者自己完成，因此在问卷设计上应考虑受访者的理解能力，详细说明问卷填写要求，并给出范例，这种问卷可以减少调研中调研人员对受访者的误导，但会增大受访者错误地理解问题或记录答案的风险。

（二）按照调研问卷的结构分类

按照调研问卷结构的严谨性，调研问卷可以分为结构型问卷和非结构型问卷。结构型问卷中的问题已经提供了一组答案供受访者从中做出选择，并且这些问题是按照一定的逻辑顺序排列的，在调研过程中调研人员需要严格按照问卷的指导语和问题顺序提问，不能随意改变问题和字句，更不能增加或省略，这种类型的问卷一般用于大规模的定量调研；非结构型问卷的问题没有备选的答案，需要受访者自己做出回答，并且在组织结构中未对提问顺序予以严格设计与安排，在调研过程中调研人员可以根据受访者的回答情况相机调整提问顺序并进行适当的追问，此类问卷般适用于较小规模的定性调研。结构型问卷提供了答案并进行了事前编码，便于对后期数据资料进行整理和分析，但由于提供的答案往往受研究者的知识范围和经验所限，选项可能不全面或不正确，从而导致受访者无法做出选择，甚至给出错误答案；非结构型问卷可以使受访者更好地表达自己的观点和态度，有利于获得更深入的信息，甚至可能带给研究者一些意外的惊喜，但是其后期的整理比较困难，事后编码代价高昂且费时费力，而且可能导致对问题的理解出现误差。

（三）按照调研问卷的作用分类

按照问卷在调研中的作用，调研问卷可以分为甄别问卷、主体（正式）问卷和复核问卷。甄别问卷用于调研抽样时筛选合适的受访者，以排除不在调研范围内或不适当的群体（如在广告公司、市场调研公司、军队、公安部门及相关部门工作的人，以及近期作为调研对象的人）；主体（正式）问卷是达到调研目的、获取必要信息的重要载体；复核问卷主要用于调研结束后研究督导检查调研人员的工作质量，一般用来询问受访者是否在相应的时间和地点接受过调查、是否收到礼物、调研人员的态度如何等问题，以及有关受访者的背景信息和关键信息的问题，以检查回答是否与原始问卷一致。

二、调研问卷的结构

一份完整的调研问卷一般包括问卷标题、问卷说明、作业证明、问卷主体和背景资料五个部分。

（一）问卷标题

问卷标题主要说明研究的主题，以使受访者对调研的问题有一个大致的了解。问卷标题要简明扼要，易于引起受访者回答问题的兴趣。例如，“中国茶饮料市场调研问卷”“威海居民保险意识调研问卷”“男性化妆品市场调研问卷”等。问卷标题也不宜过于简单，如采用“调研问卷”这样的标题可能会使受访者产生不必要的怀疑而拒绝接受调研。

（二）问卷说明

问卷说明通常以简洁的语言向受访者说明研究的背景与目的，以征得受访者的同意。在自填式问卷中一般还要说明问卷的填写方式，并举例说明。问卷说明一般放在问卷首页标题下方，便于受访者了解调研目的、消除顾虑，并按一定的要求填写问卷。

（三）作业证明

作业证明主要用于登记调研工作的执行和完成情况，以便于审核及对有问题的问卷进行追踪调研，并有利于控制调研质量。其主要内容包括受访者姓名、住址、联系方式等有关受访者的个人信息，调研人员的姓名、编号，调研的时间、地点及附近标志物。需要注意的是，在调研过程中，如果受访者不同意记录其个人信息，应尊重其要求，因为保护受访者的个人信息是市场营销调研的一项基本准则。

（四）问卷主体

问卷主体是研究者所要了解的基本内容，也是调研问卷中最重要的部分，主要由一系列调研问题、供选择的答案及编码构成。这部分内容的设计是否合理、能否满足获取信息的要求，将直接影响整个调研的价值。调研问题的设计应清晰易懂，答案应尽可能全面合理。编码是问题的答案的代码，一般使用阿拉伯数字，便于后期的数据录入与处理。

（五）背景资料

背景资料主要包括受访者的人口统计信息，如性别、年龄、职业、受教育程度、婚姻状况及收入等，便于后期对调研资料进行统计分类和分析，特别是用于交叉分析，以发现特殊的细分市场。在实际的调研设计中，具体列入多少项目以及列入哪些项目，应根据调研目的和资料分析要求来确定，并非多多益善。

三、常见的问题形式

（一）单项选择题

提出的问题仅有 2 种答案可以选择，只能在其中选择一个，这 2 个答案是相互对立、相互排斥的，非此即彼，因此也称二分法。这种方法容易理解且可以迅速得到明确的答案，便于统计处理，也比较容易进行分析，适用于相互排斥的二选一问题。但这种问题只有相互对立的两个答案，难以调查出受访者的态度或意见的区别。例如：

您是否拥有笔记本电脑？

（1）有　　　　（2）没有

（二）多项选择题

提出的问题有2个以上的答案，受访者可在其中选择一个或几个。为了避免结果过于分散，便于后期处理并使结果更有说服力，答案一般应控制在10项以内并限定最多选择多少项（如3项）。这种题一般还要在最后设置一个“其他”选项，以便受访者充分表达自己的意见。这种方法的优点是答案有多个，使受访者有更大的选择余地，而且后期的统计处理也比较方便。但采用这种方法时，答案的排列顺序可能会影响受访者的选择，答案较多时，排在前面的答案被选择的可能性更大。另外，在设计答案时要尽量列举所有可能出现的结果，避免出现重复和遗漏。例如：

请问您选择电脑时注重的因素有哪些？（最多选3项）

（1）质量　　　（2）品牌　　　（3）外观

（4）价格　　　（5）售后服务　（6）其他________

（三）顺位题

顺位题也称排序题，是研究者给出几个选项，由受访者根据重要性进行排序。这种问题便于受访者对调研项目（答案）进行衡量和比较，客观地表达自己对调研项目（答案）重要性的态度和感受，也便于对调研结果加以统计。但调研项目（答案）不宜过多，否则容易导致结果分散，同时调研项目（答案）的排列顺序对受访者也有一定的暗示作用。例如：

综合考虑各种因素，请对您可能会选择购买的下列电脑品牌进行排序：

（1）联想　　　（2）华为　　　（3）戴尔

（4）华硕　　　（5）Acer　　　（6）惠普

（四）回忆题

这类问题通过受访者的回忆来了解其对品牌的印象、记忆的程度及对该行业的认知情况。可根据受访者回忆起品牌时的先后次序、快慢以及频率进行对比分析。为了避免有些问题对受访者给予提示，可以把这类问题放在问卷中靠前的位置，并且在问卷标题中不出现相应品牌的名称。例如：

在提到笔记本电脑时，您首先想到的品牌是________，其次是________，再次是________。

（五）量表题

这种问题主要用来对受访者回答的强度进行测量，常用于对受访者的态度、意见、感觉等进行判断。量表的种类较多，每一种都有独特的设计和分析技术。在实际调研中，常用的态度量表有李克特量表、语义差别量表和瑟斯顿量表等。李克特量表是调研中应用十分广泛、设计比较方便的一种量表，这种量表由一系列描述性语句构成，受访者根据对这些语句的赞同程度做出判断，其答案范围往往从非常同意到非常不同意分为若干项（多为奇数项），且每项被赋予不同的分值（以5分制或7分制居多），中间分值代表中性态度，分析量表时可以将态度转化成分数，从而把定性问题定量化，还可以计算总分，因此也称加总量表。例如：

下面是关于零售商场的一些描述语句，没有好坏对错之分。请根据你的实际情况对每句话的同意程度评分，在认可的数字上画“○”。评分标准如下：非常同意打 5 分，比较同意打 4 分，一般打 3 分，不太同意打 2 分，很不同意打 1 分。

（1）这家商场的整体品牌形象很好	5	4	3	2	1
（2）商场的标识（符号）给我留下深刻印象，我一眼就能认出来	5	4	3	2	1
（3）商场的门头装饰非常显眼，很远就能看到	5	4	3	2	1
（4）商场的名字寓意深刻，容易记忆	5	4	3	2	1

语义差别量表由一组成对的反义形容词构成，主要用来研究概念对于不同的人所具有的不同含义，受访者根据对词或概念的感受、理解，在量表上选定相应的位置，分析量表时同样可以对受访者的态度赋予分值，计算总分及平均值。

瑟斯顿量表也是由系列研究态度的陈述或项目组成，由受访者选出同意的表述。这种量表制作复杂，费时费力，较少使用。

四、问卷设计中应注意的问题

有人说：“问卷设计是需要经验和智慧的技术，但缺乏理论，因为没有什么科学的原理可以用来设计出一份最佳的或理想的问卷，与其说问卷设计是一门科学，不如说是一门艺术。”尽管如此，问卷设计仍然有规则可以遵循，以避免一些错误。

（一）确定调研问题的必要性

问卷中的每个问题都要对所需的信息有所贡献，或服务于某些特定的目的，如果一个问题无法得到令人满意的使用数据，就应该舍弃。要结合市场营销调研的目的选择问题，问题的难易程度要适中，如果问题设计得过于简单，可能无法满足市场营销调研的需要；如果问题设计得过于烦琐，则可能造成人力、物力、财力和时间的浪费，还会直接影响问卷的回收率和有效率。

（二）确定调研问题的充分性

调研必须获得充分的信息，以达到有助于营销决策的目的。有时，为了明确地获取所需的某一方面的信息，往往要有针对性地设计相关问题。

（三）答案要穷尽

要尽可能把问题的所有答案都罗列出来，使每个受访者都有答案可选，不会因找不到合适的可选答案而给出错误答案甚至放弃回答。为了防止答案不全，可在答案中设计“其他”选项供受访者补充填写。如果在问卷的预测试中发现选择“其他”选项的人很多，就说明选项可能设计得不合理。

（四）答案要互斥

要避免 2 个答案之间出现交叉和包容的现象，以使受访者做出正确的回答。这是初学问卷设计的人经常忽视的问题。一般地，答案应属于同一层次，如果出现交叉或包容，可以将相关的问题分解为 2 个或多个。

（五）敏感问题的设计

对于涉及个人隐私的敏感性问题（如背景资料），往往放到问卷的后半部分；对于收入等方面的问题，可以将答案进行定距化处理，以消除受访者的顾虑。

在问题的排列顺序上，一般把容易的问题、能引起受访者兴趣的问题放在前面，把开放性的问题放在后面。此外，要注意问题之间的逻辑顺序。在问卷设计中还要根据采用的调研方法及问卷难易程度等确定问卷长度，避免问卷过长导致受访者中途终止作答。

第四节　市场需求的测量与预测

一、市场需求的有关概念

（一）市场需求

市场需求是指在一定的地理区域、一定的时间、一定的营销环境和一定的营销方案下，特定的顾客群体可能购买某种产品的总量。市场需求量的大小受很多因素影响，如产品、顾客、地理区域、时间、营销环境、营销努力等，其中，营销努力为可控因素，而营销努力最重要的体现便是所投入的营销费用的高低。

即使没有任何需求刺激，不投入任何费用，市场对某种产品的需求仍会存在，在这种情形下的销售额称为市场最小量。随着营销费用的增加，开始时市场需求量增加较快，在营销费用超过一定数量后，即使营销费用进一步增加，市场需求却不再随之增加，有一个上限，这个上限称为市场潜量。

根据市场需求量随营销费用变动的幅度大小，可将市场分为可扩张市场与不可扩张市场。可扩张市场，如服装市场、家用电器市场等，其需求规模受营销费用水平的影响很大，不可扩张市场，如食盐市场等，几乎不受营销费用水平的影响，其需求不会因营销费用增长而大幅度增长。

（二）市场预测与市场潜量

企业做市场需求预测，首先要确定的是所能投入的营销费用，同计划的营销费用相对应的市场需求量就称为市场预测量。

市场预测是估计的市场需求，但它不是最大的市场需求。最大的市场需求是指对应于最高营销费用的市场需求，这时，进一步增加营销力度，不会刺激产生更大的市场需求；市场潜量是指在一定的营销环境条件下，当行业营销费用逐渐增高时，市场需求所能达到的极限值。

（三）企业需求、企业预测与企业潜力

企业需求表示不同水平的企业营销力量刺激产生的企业的估计销售额，营销力量的强弱决定了销售额的大小。与计划水平的营销力量相对应的一定水平的销售额，称为企业预测。

企业潜力是当企业的营销力量相对于竞争者不断增加时，企业需求所能达到的极限。如果企业的市场占有率为100%，即企业成为市场独占者时，企业潜力就等于市场潜力，但这是一种极端状况。在大多数情况下，企业潜力小于市场潜力。

二、市场需求预测的方法

市场需求预测的主要方法可以分为定性预测法和定量预测法两大类。

（一）定性预测法

1. 购买者意向调查法

购买者意向调查法是指通过一定的调查方式选择一部分潜在购买者，直接向他们征询未来某一时期购买商品的意向，并以此为基础对市场需求做出预测的方法。市场总是由潜在购买者构成的，预测就是预估在给定条件下潜在购买者的可能行为，即要调查购买者。这种调查的结果比较准确可靠，因为只有购买者自己才知道将来会购买什么和购买多少。

在满足以下 3 个条件的情况下，购买者意向调查法比较有效：（1）购买者的购买意向是明确清晰的。（2）这种意向会转化为实际购买行动。（3）购买者愿意把其意向告诉调查者。

2. 销售人员综合意见法

销售人员综合意见法是指将具有丰富的销售经验的人员组织起来，先由预测者向其介绍预测目标、内容和预期的市场形势等背景情况，要求其利用平时掌握的信息再结合提供的背景，对市场需求前景提出自己的预测意见，最后由预测者进行综合分析，得出预测结论的方法。在不能直接与顾客见面时，企业可以通过听取销售人员的意见估计市场需求。销售人员综合意见法的主要优点是：（1）销售人员经常接近购买者，对购买者意向有较为全面深刻的了解，比其他人有更充分的知识和更敏锐的洞察力，尤其是对受技术发展变化影响较大的高科技产品。（2）由于销售人员参与企业预测，因而他们对上级下达的销售任务有较大的信心完成。（3）通过这种方法，也可以获得按产品、区域、顾客或销售人员划分的各种销售预测。

一般情况下，销售人员所做的需求预测必须经过进一步修正才能利用。这是因为：（1）销售人员的判断总会有某些偏差，受近期销售业绩的影响，其判断可能会过于乐观或过于悲观，即常常走极端。（2）销售人员可能对经济发展形势或企业的营销总体规划不了解。（3）为使其下一年度的销售大大超过任务指标，以获得升迁或奖励的机会，销售人员可能故意压低其预测数字。（4）销售人员也可能对这种预测没有足够的知识、能力或兴趣。

3. 专家意见法

专家意见法是指集合有关领域的专家意见、经验、知识和判断能力进行市场预测的一种方法。企业也可以利用诸如分销商、供应商及其他一些专家的意见进行预测。由于这种方法是以专家为索取信息的对象，用这种方法进行预测的准确性，主要取决于专家的专业知识和与此相关的科学知识基础，以及专家对市场变化情况的洞悉程度，因此依靠的专家必须具备较高的专业水平。

现在应用较普遍的方法是德尔菲法。其基本过程是：先由各个专家针对所预测事物的未来发展趋势独立提出自己的估计和假设，经调查主持者审查、修改，提出意见，再发回到各位专家手中，这时专家们根据综合的预测结果，参考他人意见修改自己的预测，即开始下一轮估计。如此往复，直到各专家对未来的预测基本一致为止。

专家意见法的主要优点是：（1）预测过程迅速，成本较低。（2）在预测过程中，各种不同的观点都可以表达并加以调和。（3）如果缺乏基本的数据，可以运用这种方法弥补。

专家意见法的主要缺点是：（1）专家意见未必能反映客观现实。（2）责任较为分散，估计值的权数相同。（3）一般仅适用于总额的预测，而用于区域、顾客群、产品大类等的预测时，可靠性较差。

（二）定量预测法

定量预测法是根据历史统计资料，应用数学方法对有关市场需求指标的变化趋势和未来结果进行预测的方法。常用的有以下几种方法。

1. 简单平均法

简单平均法是用预测对象过去时期的算术平均值来预测未来变化趋势的一种方法。计算公式为：

$$\overline{X}=\frac{x_1+x_2+\cdots+x_n}{N}=\frac{\sum x_i}{N}$$

式中，$\overline{X}$ 为算术平均数；x_i 为观测期内的观测值 $i=1, 2, \cdots, n$；N 为观测期。

简单平均法将时间数列的过去数据一个不漏地全部加以平均，算法简单方便，适用于销售量变化不大的较稳定状态，如果实际情况变化起伏很大，此种方法的误差就会很大。

2. 移动平均法

移动平均法是在简单平均法基础上发展起来的一种方法，即对历史数据顺序逐点分段移动平均，以反映预测对象的变化趋势。这种方法克服了简单平均法对所有历史数据一次平均，从而看不出预测对象的长期趋势的缺陷。此法不考虑远期数据，并在加权移动平均法中给予近期资料更大的权重。计算公式为：

$$\hat{y}_{t+1}=M_t=\frac{x_t+x_{t-1}+x_{t-2}+\cdots+x_{t-n+1}}{n}$$

式中，$\hat{y}_{t+1}$ 为第 $t+1$ 期的预测值；M_t 为第 t 期的移动平均值；n 为跨越期；x_t 为第 t 期的实际发生值。

3. 直线趋势法

直线趋势法是运用最小平方法进行预测，用直线斜率来表示增长趋势的一种外推预测方法。其预测模型为：

$$y=a+bx$$

式中，a 为直线在 y 轴上的截距；b 为直线斜率，代表年平均增长率；y 为销售预测的趋势值；x 为时间。

根据最小平方法原理，先计算 $y=a+bx$ 的总和，即

$$\sum y=na+b\sum x$$

然后计算 $\sum xy$ 的总和，即

$$\sum xy=a\sum x+b\sum x^2$$

上述 2 个公式的共同因子是 $\sum x$。为简化计算，可将 $\sum x$ 取 0，其方法是：若 n 为奇数，则取 x 的间隔为 1，将 $x=0$ 置于资料期的中间一期；若 n 为偶数，则取 x 的间隔为 2，将 $x=-1$ 与 $x=1$ 置于资料期的中间上下两期。

当 $\sum x = 0$ 时，上述 2 个公式分别变为：

$$\sum y = na$$
$$\sum xy = b\sum x^2$$

式中，n 为年份的数目。

由此可计算出 a，b 的值分别为：

$$a = \frac{\sum y}{n}, \qquad b = \frac{\sum xy}{\sum x^2}$$

所以

$$y = \frac{\sum y}{n} + \frac{\sum xy}{\sum x^2}x$$

相关链接

直线趋势法的计算示例

假设某企业 2016~2020 年的销售额分别为 480 万元、530 万元、570 万元、540 万元、580 万元，现需运用直线趋势法预测 2021 年的销售额。由于 $n = 5$ 为奇数，且 x 的间隔为 1，故可将 $x = 0$ 置于资料期的中央一期（即 2018 年），x 的取值依次为 −2，−1，0，1，2；xy 依次为 −960，−530，0，540，1160；x^2 依次为 4，1，0，1，4，所以

$$\sum y = 2700, \qquad \sum xy = 210, \qquad \sum x^2 = 10$$

将有关数据代入计算公式，则得

$$y = \frac{2700}{5} + \frac{210}{10} \cdot x = 540 + 21x$$

由于需预测 2019 年的销售额，所以 $x = 3$，代入上式，得

$$y = 540 + 21 \times 3 = 603 \text{ 万元}$$

即 2019 年的销售额将为 603 万元。

重要概念

市场营销信息系统　内部报告系统　营销情报系统　营销调研系统
营销决策支持系统　市场营销调研　文案调研法　小组访谈法
深层访谈法　市场需求　市场潜量

思考题

（1）市场营销调研的过程包括哪几个步骤？

（2）市场营销调研的基本方法有哪些？选择调研方法的基本准则是什么？

（3）通过调研得出的结论一定是可靠的吗？你如何理解市场信息研究对企业营销活动的作用？

实践训练

（1）以3~5人为一个小组，找一家现实中的企业，与企业进行沟通，为其提供一次市场营销调研服务，将研究结果在班级中交流。

（2）找一家你喜欢的调研公司，查阅公司网站，了解该公司的主要服务领域，在公司的业务中找一个成功的例子在班级中交流，谈谈你从中学到了什么。

推荐阅读

（1）“我国民间统计调查业发展情况研究”课题组，樊相宇．我国咨询和调查业发展问题研究［J］．调研世界，2016（3）．

（2）李靖，张云．避免“希拉里式”错误，你必须这样面对市场调研［J］．中外管理，2016（12）．

（3）吴雨，刘强．2017年，哪款手机最让消费者期待？［J］．销售与市场（管理版），2017（5）．

案例分析

麦当劳奶昔的营销调研

2019年的麦当劳，一上来就给客户送了年度“第一桶金”。名字里有“金”的都可以去麦当劳免费领取“一桶金”。从这“第一桶金”开始，麦当劳就开始走上了金光闪闪的道路。

两年前，麦当劳曾推出一款巧克力三叶草双层奶昔。为了让消费者同时品尝到巧克力和薄荷两种口味，公司请谷歌团队设计了一种吸管，能同时喝到最底下的咖啡、中间层的奶油薄荷以及最上层的奶昔。这根吸管形似秸秆，在弯曲的部分打了3个孔，借助流体力学原理，确保消费者第一口就可以吸到50%巧克力与50%薄荷完美配比的奶昔，而不用等上下两层慢慢融化。

为了增加店内奶昔的销量，麦当劳曾请哈佛商学院教授克莱顿·克里斯坦森（Clayton Christensen）及其团队协助开展营销调研。经过一系列的现场观察、问卷调查和深度访谈，克莱顿团队发现了一个有趣的现象：大约有50%的奶昔是早上卖掉的，而买奶昔的几乎是同一批客户，他们只买奶昔，并且所有购买者基本上是开车打包带走的。

调研团队又开展了更深入的访谈、观察和分析，结果发现，原来这些买奶昔的顾客每天一大早都有同样的事情要做：要开很久的车去上班，路上很无聊，开车时就需要做些事情让路程变得有趣一点；想买东西吃的时候并不是真的饿，但是大约2小时后，也就是大致上午和中午的中间时段他们就会饥肠辘辘了。他们通常会怎样解决这些问题呢？有人试过吃香蕉，但发现香蕉消化得太快，很快又饿了；也有人试过吃面包圈，但面包圈太脆会掉屑，边吃边开车，弄得到处都是；还有人吃过士力架巧克力，但是早餐吃巧克力总觉得对健康不利，而奶昔无疑是最合适不过的。用细细的吸管吸厚厚的奶昔要花很长时间，并且基本上能抵挡住阵阵来袭的饥饿感。有位受访者说："这些奶昔真够稠的！我一般要花20分钟才能用那根细细的吸管吸干净。谁会在意它的营养成分呢！我就不在乎。我就知道整个上午都饱了，而且奶昔杯刚好能与我的茶杯座配套。"

在掌握以上需求信息之后，麦当劳对如何改进奶昔感觉轻而易举。如何才能帮顾客更好地打发无聊的开车时间呢？那就是，让奶昔再稠一些，让顾客食用时间更长一点。为此，可以考虑加上一点果肉，虽然不一定让每个消费者都觉得健康，却能给顾客无聊的旅程增添小小的惊喜。还可以把制作奶昔的机器搬到柜台前，让消费者不用排队，刷卡自助取用等。这些创意付诸实施之后，极大提高了奶昔的销量。

资料来源：麦当劳为了这杯奶昔，竟发明了全新的吸管，根能喝到多种口味.（2018-09 -21）. 麦当劳2019年首支广告，解决人们新年第一个痛点.(2019-01-04). 我居然在麦当劳赚到了2019第一桶金！.（2018- 12-26）. 为了卖新品奶昔，麦当劳把他们家吸管搞成了苹果风.(2017-02-17). 细分市场怎么找？麦当劳有话说.(2016-10-27).

思考：

（1）麦当劳是如何开展奶昔需求的营销调研的？

（2）假如你是该调研项目的负责人，你还将采取哪些措施来进一步提升营销调研的准确性？

第六章　市场营销战略

学习目标

（1）能够运用市场细分原理对消费者市场和产业市场进行细分。
（2）能够根据有关影响因素选择适宜的目标市场战略。
（3）掌握市场定位的步骤及市场定位策略。

引例

名创优品（MINISO）是国际著名的休闲百货品牌，是连锁经营的企业，总部位于日本东京。它由设计师三宅顺也创办，是全球“时尚休闲生活优品消费”领域的开创者。名创优品奉行“简约、自然、富质感”的生活哲学和“回归自然，还原产品本质”的设计主张，秉承“尊重消费者”的品牌精神，致力于为全球消费者提供真正“优质、创意、低价”的产品，在欧美、日韩等时尚消费前沿的市场中先后刮起“生活优品消费”之风，每年到店的消费者达2000万人次以上。2013年开始，中国企业家叶国富加入名创优品，与三宅顺也合作正式把名创优品引入中国市场。截至2020年12月，名创优品已在全球开店4500余家，2020年第四季度，名创优品营业收入突破22亿元。

名创优品的产品具有自然简约的特点，走低价新锐路线，品质优良且紧跟全球时尚潮流。大部分产品价格在10~29元，最高不超过100元，深受18~35岁的小资、白领等主流消费人群的喜爱。清晰的市场定位使名创优品在中国迅速打开市场，平均每月保持50~100家的新店开业速度。

资料来源：根据网上相关资料整理。

一种产品的市场是由众多消费者组成的，而不同的消费者由于年龄、职业、兴趣、爱好、收入水平等方面存在差别，对同一产品有差异化的需求，这就是产品的异质需求。由于营销者资源的有限性，任何企业都无法满足市场顾客的所有需求。营销者只有把整体市场划分成若干不同群体，从中找出自己服务的目标市场，并制定有针对性的营销战略与策略，才能取得理想的营销绩效。这个管理过程就是目标市场营销战略（STP战略）制定过程，它由3个部分组成：一是市场细分战略，即选择细分变量，将一个整体市场划分成若干不同的购买群体，并描述它们的轮廓特征；二是目标市场选择战略，企业在市场细分的基础上选择适合自己经营的细分市场，即选择目标市场；三是市场定位战略，企业为了做到与顾客心目中的某一地位相符而设计自己的产品和营销组合。与此同时，企业要在竞争激烈的市场上被消费者有效识别，还必须创建一个成功的品牌，进行明确的品牌定位，并通过科学的品牌战略累积品牌资产，以期实现企业的营销目标。

第一节　市场细分战略

一、市场细分的内涵

市场细分是企业根据自身条件和营销意图，以消费需求的某些特征或变量为依据，区分具有不同需求的顾客群体的过程。经过市场细分所形成的具有相同需求的顾客群体称为细分市场或分市场、子市场。在同类产品市场上，同一细分市场的顾客需求具有较多的共性，不同细分市场之间的需求具有明显的差异性，企业应明确有多少细分市场及各细分市场的主要特征。例如服装市场，可按顾客的性别因素，细分为男装市场、女装市场；按年龄因素细分为老年市场、中年市场、青年市场、儿童市场；也可按地理因素细分为国外市场和国内市场，或城市市场和乡村市场，或南方市场和北方市场等。

在将某一产品的整体市场划分成不同的细分市场的过程中，市场细分是营销者认识消费者异质需求的一种十分重要的工具。面对消费者的异质需求，营销者只有将整体市场划分成若干不同群体，并对每个群体的需求状况进行详细分析，挖掘各子市场的个性特征，才能真正了解不同的消费者群体想要从该产品中得到什么利益。

二、市场细分的作用

市场细分理论之所以被企业广泛采纳和接受，是因为它具有实践意义。实践证明，市场细分理论对提高企业的整体营销能力、实现企业的营销目标具有重要的现实意义。市场细分的作用主要表现在以下几方面。

（一）有利于企业发现市场机会

企业经过市场调查和市场细分后，对各细分市场的需求特征、需求的满足程度和竞争情况将了如指掌，并能从中发现那些需求尚未得到满足或需求尚未充分满足的细分市场，这些市场为企业提供一个新的、极好的市场开拓机会。

（二）有利于掌握目标市场的特点

如果企业不进行市场细分，就会把充满差异的市场看作相同的市场，无法感知不同消费者的需求，也就无法满足消费者的需求。通过市场细分，企业可以准确知道每个细分市场目标客户群的特征，随时关注目标客户需求的变化，及时把握目标市场的特点，并有针对性地制定市场营销策略。

（三）有利于制定市场营销组合策略

通过市场细分，企业能够了解每一具体市场的需求情况；选定目标市场后，企业能够针对目标市场的需求特点，确定设计何种具体的产品、制定何种水平的价格、选择何种恰当的渠道、使用何种合适的促销手段，以使整个营销组合策略具有针对性。

（四）有利于增强企业的竞争能力

市场细分过程不仅是区分消费者需求的过程，而且是一个辨别竞争对手、寻求竞争优势的过程。企业一旦了解到哪个子市场竞争激烈，哪个子市场还有较大的市场空间，就可以根据自身的资源、能力合理地选择目标市场和竞争策略。特别是对于中小企业，市场细分可以帮助它们避开强大的竞争对手，找到适合自己的空间，发挥自己的优势，最终获得成功。

三、市场细分的依据

（一）消费者市场细分的依据

1. 地理细分

所谓地理细分，就是企业按照消费者所处的地理位置以及其他地理变量（包括城市或者农村、城市规模、地形气候、交通运输条件、人口密度等）来细分消费者市场。消费者居住的地区和地理条件不同，其需求和欲望也不同。如居住在我国南方沿海经济比较发达的城市和居住在北方内地农村的消费者，对家具的材质、款式、价格等的需求就可能不一样。

地理因素是一个静态因素，往往容易辨别，对于分析研究不同地区消费者的需求特点、需求总量及其发展变化趋势有一定意义，有助于企业开拓区域市场。但是，即使居住在同一国家、地区、城市的消费者，其需求与爱好也并不相同，差别很大。因此还要进一步按其他标准细分市场。

2. 人口细分

所谓人口细分，就是企业按照人口统计变量（包括年龄、性别、收入、职业、教育水平、家庭规模、家庭生命周期阶段、种族、国籍等）来细分消费者市场。不同国籍或民族、不同年龄和性别、不同职业和收入的消费者，其需求和爱好是大不相同的。故人口统计变量与消费者对商品的需求爱好和消费行为有密切关系，而且人口统计变量资料比较容易获得和容易进行衡量。因此，人口统计变量一直是细分消费者市场的重要变量。

3. 心理细分

所谓心理细分，就是按照消费者的生活方式、个性等心理变量来细分消费者市场。同样性别、年龄，相同收入的消费者，由于其性格或追求的生活方式不同，往往表现出不同的心理特性，对同一种产品会有不同的需求和购买动机。心理因素对消费者的爱好、购买动机、购买行为有很大影响。企业从心理因素进一步深入分析消费者的需求和爱好，更有利于发现新的市场机会和目标市场。

（1）生活方式细分。生活方式是用以描述人们如何生活、如何度过闲暇时间和如何消费多余金钱的指标。它由人们的个性、以往的经历、当前的情境所决定，影响消费行为的所有方面。生活方式不同的消费者对商品有不同的需要，一个消费者的生活方式一旦发生变化，就会产生新的需要。因此，生活方式是影响消费者欲望和需要的一个重要因素。

在现代市场营销实践中，越来越多的企业按照生活方式来细分消费者市场，并按照不同的消费群体来设计不同的产品和安排市场营销组合。比如，服装制造商为“朴素女性”“时尚女性”分别设计和生产服装，并在价格、销售渠道、宣传方式等方面加以区别。要进行生活方式细分，企业可以用以下 3 个尺度来观察和测量消费者的生活方式：

1）活动（A）：消费者的工作、业余消遣、休假、购物、体育运动、款待客人等活动。

2）兴趣（I）：消费者对家庭、流行趋势、食品、娱乐等的兴趣。

3）意见（O）：消费者对社会、政治、经济、文化、教育、环境保护等问题的意见。

这就是 AIO 测量法。企业可派出调查人员去访问一些消费者，详细了解他们的各种活动、兴趣、意见，然后分析处理这些信息，从而发现生活方式不同的消费群体。

（2）个性细分。企业可以按照消费者的不同个性来细分市场，因为消费者的个性影响其消费心理和消费行为，使其在消费时总是不自觉地选择那些能够与自己的个性相一致的产品。比如，个性内敛的女性消费者的着装一般朴素、庄重甚至古板，个性张扬的女性则通常喜欢有特色、时尚、流行甚至非主流的服装，以此表现自己的个性特征。

4. 行为细分

所谓行为细分，就是企业按照消费者购买或使用某种产品的时机、消费者所追求的利益、使用者情况、消费者对某种产品的使用率、消费者对品牌的忠诚度、消费者待购阶段和消费者对产品的态度等行为变量来细分消费者市场。

（1）时机细分。时机细分是指根据消费者产生购买意向、发生购买行为或使用已购物品的时间进行市场细分。在营销实践中，许多企业往往通过时机细分扩大消费者使用本企业的产品的范围。

营销视角

时机细分：2019 年元旦的消费行为

虽然元旦假期只有 3 天，但不妨碍大家用最嗨的方式辞旧迎新——无论是买，还是出去耍，跨年假期的消费都自带了一种开门红的仪式感。元旦假期全国各地购买力爆棚，从消费到旅行到服务，都体现着与气温不一样的热度。

2019 年元旦假期，京东平台订单量同比增长近 35%，京东用户消费能力大幅高于平日，客单价同比增长 49%。从地域上看，销售额最高的省份是江苏、广东、浙江、山东和北京。销售额同比增长最快的省份是云南，其次是江苏、江西、宁夏和安徽。订单量最高的省份是广东、北京、江苏、山东、四川。

资料来源：元旦假期消费大数据：云南销售额同比增长最快.（2019-01-03）.

（2）利益细分。消费者往往因为各有不同的购买动机、追求不同的利益而购买不同的产品和品牌。以购买牙膏为例，有些消费者购买防蛀牙膏，主要是为了防治龋齿；有些消费者购买草本牙膏，主要是为了防治口腔溃疡、牙周炎。正因为这样，企业还要按照消费者购买商品时所追求的不同利益来细分消费者市场。

（3）使用者细分。许多商品的市场都可以按照使用者情况，如非使用者、曾经使用者、潜在使用者、初次使用者和经常使用者等来细分。资金雄厚、市场占有率高的大公司，一般都对潜在使用者这类消费者群产生兴趣，它们着重吸引潜在使用者，以扩大市场阵地；中小企业资金薄弱，往往更注重吸引经常使用者。当然，企业对潜在使用者和经常使用者要酌情运用不同营销组合，采取不同的营销措施。

（4）使用率细分。许多商品的市场还可以按照消费者对某种产品的使用率如少量使用者、中量使用者、大量使用者来细分。这种细分又叫作数量细分。大量使用者往往在实际和潜在购买者总数中所占比重不大，但他们所消费的商品数量在商品消费总量中所占比重却很大。某种产品的大量使用者往往有某些共同的人格、心理特征和广告媒体习惯。企业掌握了相关市场信息，就可据以合理定价、撰写适当的广告词和选择适当的广告媒体。

（5）忠诚度细分。企业还可以按照消费者对品牌的忠诚度来细分消费者市场。所谓品牌忠诚，是指价格、质量等诸多因素使消费者对某一品牌的产品情有独钟并长期购买这一品牌产品的行为。品牌忠诚度的高低，可用顾客重复购买次数、购买挑选时间和对价格的敏感程度等标准进行衡量。提高品牌忠诚度对于企业提高市场占有率极其重要。

（6）待购阶段细分。在任何时候，人们都处于购买某种产品的不同阶段。在某种产品的潜在市场上，有的消费者根本不知道这种产品，有的刚知道这种产品，有的已经得到较多的信息，有的开始感兴趣，有的正在考虑购买，有的已经决定购买。企业可以按照消费者待购阶段来细分消费者市场，对处于不同待购阶段的消费者，运用相应的市场营销组合，采取适当的市场营销措施，就能促进销售，提高经营效益。

（7）态度细分。企业还要按照消费者对产品的态度来细分消费者市场。消费者对某种产品的态度有五种：热爱、肯定、不感兴趣、否定和敌对。企业对持不同态度的消费者群，应分别采取不同的营销对策。例如，对那些不感兴趣的消费者，企业要找出他们不感兴趣的原因，并通过适当的营销策略使他们转变为感兴趣的消费者。

（二）产业市场细分的依据

1. 最终用户

在产业市场上，不同的最终用户对同一种产业用品的营销组合往往有不同的要求。例如，电脑制造商采购产品时最重视的是产品质量、性能和服务，价格并不是考虑的最主要因素；飞机轮胎必须达到的安全标准比农用拖拉机轮胎必须达到的安全标准高得多；等等。因此，企业对不同的最终用户要相应地运用不同的营销组合，采取不同的市场营销手段，以投其所好，促进销售。

2. 顾客规模

顾客规模也是细分产业市场的一个重要变量。许多公司建立适当的制度来分别与大顾客和小顾客打交道。例如，一家办公用品制造商按照顾客规模将其顾客细分为两类顾客群：一类是大客户，由该公司的全国客户经理负责联系；另一类是小客户，由推销人员负责联系。

3. 顾客地理位置

除国界、地区、气候、地形、交通运输等条件外，生产力布局、自然环境、资源等也是很重要的细分变量。

顾客所处的地理位置不同，其需求有很大不同。例如，中国香港地价昂贵，故香港企业希望购买精致小巧的机械设备。自然环境、资源、生产力布局等因素，决定了某些行业集中于某些地区，如我国东北地区，钢铁、机械、煤炭、森林工业比较集中；山西省则集中着煤炭、煤化工和能源工业。按顾客地理位置细分市场，有助于企业将目标市场选择在顾客集中地区，有利于提高销售量、节省推销费用、节约运输成本。

4. 采购方式

客户采用的不同采购方式，也为市场细分提供了依据。例如，可以将企业客户细分为想要租赁产品的企业和想要购买产品的企业；有积极采购行为政策的企业和受价格因素支配的企业；想要单一供应源的企业和想要双重供应源的企业；必须招标采购的公共部门或类似组织和倾向于通过谈判确定价格的组织；比其他企业更积极地努力缩减供应商的企业和其他企业。事实上，在以谋求供应商与客户之间建立伙伴关系为特点的组织营销实践中，将采购方式作为市场细分的基础是一种非常必要和有效的选择。

5. 其他变量

许多企业实际上不是用一个变量，而是用几个变量，甚至是一系列变量来细分产业市场。

延伸阅读

多变量细分产业市场

某铝制品公司首先进行宏观细分，包括3个步骤：第一步，公司按照最终用户这个变量把铝制品市场细分为汽车制造业、住宅建筑业和饮料容器制造业3个子市场，然后决定选择其中一个本公司能服务得最好的子市场为目标市场。假设这家公司选择住宅建筑业为目标市场。第二步，按照产品应用这个变量将住宅建筑业市场进一步细分为半制原料、建筑部件和铝制活动房屋3个子市场，然后选择其中一个为目标市场。假设这家公司选择建筑部件市场为目标市场。第三步，按顾客规模这个变量把建筑部件市场进一步细分为大顾客、中顾客和小顾客3个子市场。假设这家公司选择大顾客为目标市场（图6-1）。

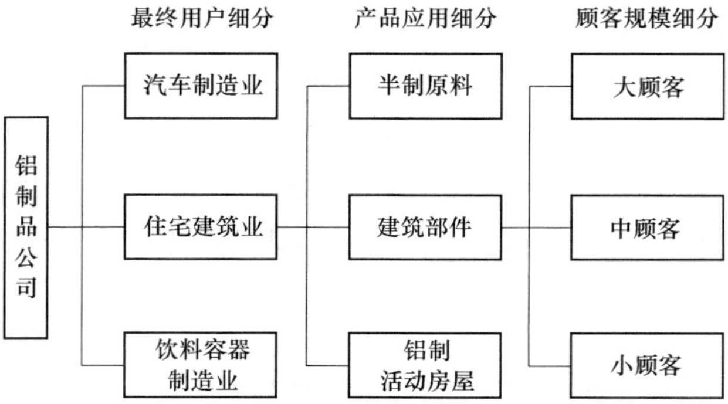

图6-1　多变量细分产业市场

其次，这家铝制品公司还要在大顾客建筑部件市场的范围内进行微观细分，进一步按照大顾客的不同要求（如产品质量、价格、服务等）来细分市场。假设这家公司决定重视产品质量的子市场，那么用一系列变量来逐步细分铝制品市场后，这家公司的目标市场就很具体了。

四、市场细分的原则

（一）可衡量性

可衡量性是指反映每一细分市场特征的有关数据资料必须能够加以衡量和推算，否则，将不能作为制定营销方案的依据。比如在我国电冰箱市场上，在重视产品质量的情况下，有多少人更注重价格，有多少人更重视耗电量，有多少人更注重外观，或兼顾几个方面。

（二）可实现性

可实现性是指企业所选择的目标市场是容易进入的，根据企业目前的人、财、物和技术等资源条件是能够通过适当的市场营销组合策略来占领的。

（三）可盈利性

可盈利性是指企业所选择的细分市场有足够的需求量，且有一定的发展潜力，能够使企业长期盈利。比如美国的李维斯牌牛仔裤，在 20 世纪六七十年代仅仅定位于年轻人，80 年代后期开始扩展到中青年，使企业扩大了市场范围。

（四）可区分性

可区分性是指不同的细分市场的特征可清楚地加以区分。比如在洗发水市场上，有去屑型、营养型、柔顺型、乌发型等不同产品。

第二节 目标市场选择战略

市场细分揭示了企业找到子市场的机会，借助市场细分，能够描绘各个细分市场的轮廓，展示企业面临的各种环境机会。接下来，还要分析和评估细分市场，看它是否适合自己，能否成为企业的机会。只有既能发挥企业相对优势，又能提供足够的获利机会的市场，才值得进入。这一过程就是企业选择目标市场的过程。目标市场选择战略的步骤是：评估细分市场、选择目标市场和制定目标市场营销战略。

一、评估细分市场

评估细分市场的依据主要有 3 个方面：一是细分市场的规模和发展潜力；二是细分市场的吸引力，这是外在条件；三是企业的目标和资源能力，即内在条件。

（一）评估细分市场的规模和发展潜力

适当的规模是相对于企业的实力而言，企业要选择与自身实力相当的细分市场。大企业选择销售量大的细分市场有利于充分发挥其生产能力，中小企业就只能选择销售量较小的细分市场。否则，一方面，企业生产能力、管理水平无法满足细分市场的要求；另一方面，中小企业面对大企业的激烈竞争也难以占据优势。选择那些市场销量不大，同行的大企业不予关注的细分市场，是中小企业的明智之举。

发展潜力是指企业所选择的细分市场尚有未被充分满足的需求，因而具有良好的扩大销售量、增加花色品种和规格以满足需求、提高利润的潜在可能性。

（二）评估细分市场的吸引力

判断一个细分市场好坏的标准不仅是有无适当的规模和良好的发展潜力，还要看对企业而言盈利空间如何。因此，这里的吸引力指的是盈利吸引力。企业在评价细分市场吸引力时通常考虑以下指标：市场规模、市场增长率、市场的稳定性和可测性、市场竞争状况、消费者购买力、消费者对产品的满意度等。

（1）细分市场内竞争对手的数量，竞争对手越多盈利性就越小。

（2）细分市场潜在竞争者及替代品的数量，二者越多盈利性就越小。

（3）购买者和供应商讨价还价能力提高，直接影响企业的成本与收益。

（三）考虑企业的目标和资源能力

能够选为目标市场的细分市场，除了要满足以上 2 个条件以外，还必须与企业的目标与资源能力相适应，这样企业才能依据自身资源制订合理的营销策略进入目标市场并取得良好的效果。有些目标市场虽然前两项条件优越，但如果不符合企业长远的发展目标，也不能选定为目标市场。

企业进入市场的最终目的是培育核心竞争力，只有这样，才能在竞争中取胜。那些既符合外在条件又与企业能力相匹配的细分市场应该成为企业的最终选择。

二、选择目标市场

选择目标市场主要考虑 2 个方面的问题：一是考虑要进入的业务领域，如顶新集团最初在大陆市场选择进入食用油业务领域，后来才选择生产方便面；二是选择要进入的地理区域，如顶新集团在中国台湾地区营销方便面失败后才转到中国大陆生产方便面，并且选择北方消费者作为目标市场。

一般来说，企业选择目标市场时可考虑图 6-2 所示 5 种市场覆盖模式。

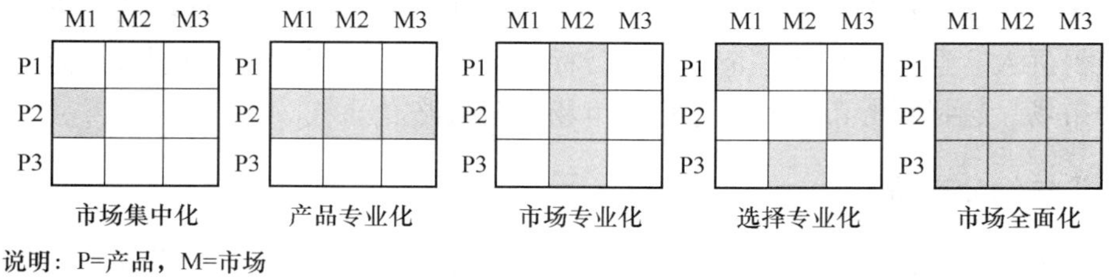

图 6-2　目标市场覆盖模式

（一）市场集中化

这是最简单的目标市场覆盖模式，即企业只选取一个细分市场，只生产一类产品，供应某个单一的顾客群，进行集中营销。这种方法的优势是消费者单一和产品单一。消费者单一可以使企业更深入地了解消费需求与消费习惯，利于树立良好信誉和巩固市场地位。产品单一有利于企业集中力量搞产品开发，提高产品质量，充分发挥生产能力，提高经济效益。但这种方法的风险非常大，一旦市场上出现强力竞争对手或消费者需求突变，企业的处境将变得非常危险。因此，这种方法一般适用于企业创业初期，集中营销取得明显成效后，便要在多个细分市场同时开展业务，以分散风险。

选择这种模式应考虑的因素有：（1）企业具备在该细分市场从事专业化经营或取胜的优势条件；（2）限于资金能力，只能经营一个细分市场；（3）该细分市场无竞争对手；（4）准备以此为出发点，取得成功后向更多的细分市场扩展。

（二）选择专业化

选择专业化是指企业选取若干具有良好盈利潜力和结构吸引力，且符合企业目标和资源要求的细分市场作为目标市场，其中每个细分市场与其他细分市场之间的关联性小。

这种目标市场覆盖模式的优点是，可以有效地分散经营风险，即使某一细分市场经营不佳，其他市场仍可能盈利。其局限性也很明显：由于进入的细分市场较多，对企业的整体实力和营销能力有较高的要求。

（三）产品专业化

产品专业化是企业集中生产一种产品，并向各类顾客销售这种产品。这种目标市场覆盖模式的优点是：企业专注于一种或一类产品的生产，有利于形成和发展生产和技术上的优势，在该领域树立品牌形象。其局限性是：当该领域被一种全新的技术与产品代替时，企业将面临销售量大幅下滑、市场份额减少的风险。

（四）市场专业化

市场专业化是指企业专门经营满足某一顾客群体需要的各种产品。比如，娃哈哈集团专门生产面向儿童市场的各种产品。

这种目标市场覆盖模式的优点是：针对一类顾客的多种需要，提供系列产品予以满足，容易得到市场认同，企业抗风险的能力强。其局限性表现在：如果企业不能动态跟踪和满足目标顾客的需要，市场份额就会减少。

（五）市场全面化

市场全面化是指企业生产多种产品满足各类顾客的需求。只有实力非常强的企业（如丰田汽车、松下电器等）才可能采用这种模式。

这种目标市场覆盖模式的优点是：可以占领全部市场，最大限度地实现规模效益和品牌效益，帮助企业赢得更大的市场占有率。其局限性也很突出：一是要求企业具有足够强大的实力和丰富的经营资源；二是可能会出现定位模糊、品牌概念不清、个别产品相对于专业化经营企业的同类产品缺乏竞争力等问题。

三、制定目标市场营销战略

目标市场的选择，一般有以下 3 种基本战略。

（一）无差异营销战略

无差异营销战略，是指企业不进行市场细分，把整体市场作为目标市场（图 6-3）。它强调市场需求的共性，而忽视其差异性。企业为整个市场设计生产单一产品，实行单一的市场营销方案和策略，来迎合绝大多数的顾客。例如，早期美国可口可乐公司就是采用这种无差异营销战略。我国第一汽车制造厂在经济体制改革以前，也是采用这种策略，生产单一的解放牌卡车，满足整体市场的需要。

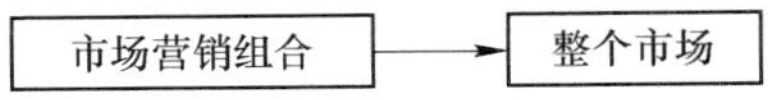

图 6-3　无差异营销战略

无差异营销战略的优点是：产品品种少，适合大批量生产，能够发挥规模经济的优势；可以降低产、存货和运输成本；缩减广告、推销、市场调研和细分市场的费用，进而以低成本策略在市场上赢得竞争优势。其缺点是应变能力差，一旦市场需求发生变化，难以及时调整企业的生产和市场营销战略，而且对该目标市场的依赖性强，风险较大。

无差异营销战略适宜于企业资源雄厚，通用性、适应性较强，差异性小，以及市场类似性较高且具有广泛需要的产品，如通用设备、通用的量具刃具、标准件，以及不受季节、生活习惯影响的日用消费品。

(二) 差异化营销战略

差异化营销战略，是指企业将整体市场细分后，选择2个或2个以上甚至所有的细分市场作为目标市场，并根据不同的细分市场的需求特点，分别设计生产不同的产品，采取不同的营销组合手段，制定不同的营销组合策略，有针对性地满足不同细分市场顾客的需求（图6-4）。

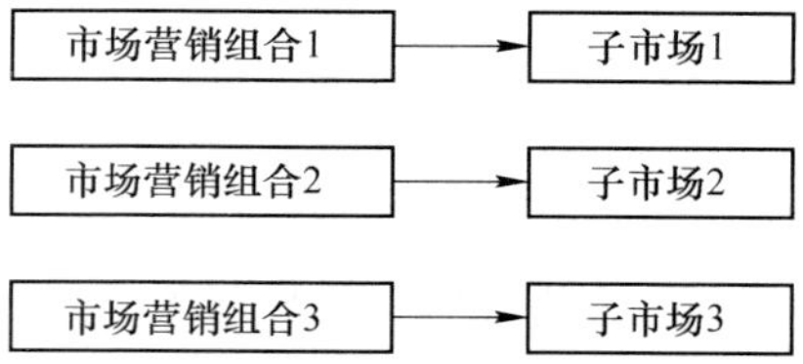

图6-4　差异化营销战略

差异化营销战略的优点是：企业面向广阔市场，满足不同顾客的需要，可以扩大销售量，提高消费者对企业的信任感，有助于树立良好的企业形象，增强竞争力；企业适应性强，富有周旋余地，不依赖一个市场、一种产品，能够做到“东方不亮西方亮”。其缺点是：由于小批量多品种生产，要求企业具有较高的经营管理水平；由于品种、价格、销售渠道、广告、推销的多样化，使生产成本、产品改良成本、存货成本、销售费用、市场调研费用相应增加，降低了经济效益。所以在选择差异化营销战略时要慎重，应比较运用此策略所能获得的经济效益是否能够抵消或超过成本的提高。

差异化营销战略一般适宜于生产、经营差异性较大的产品的企业以及多品种生产企业。

(三) 集中化营销战略

集中化营销战略是指企业在整体市场细分后，由于受到资源等的限制，选取一个或少数几个细分市场作为企业的目标市场，将某种市场营销组合集中实施于该目标市场如图6-5所示。

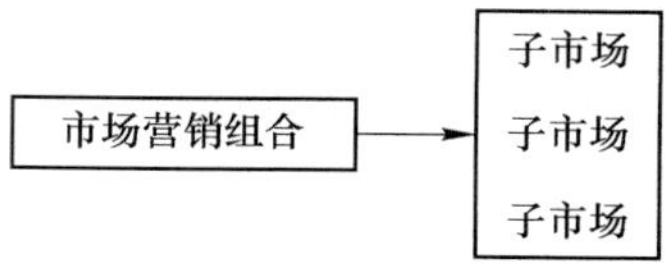

图6-5　集中化营销战略

采用这种集中化营销战略的企业，追求的不是在较大市场上取得较低的市场占有率，而是在一个或几个小市场上拥有较高的市场占有率。

这种战略适宜于资源有限的中小企业，有利于企业对市场的深入了解，集中使用有限的资源，实行专业化的生产和销售，提供良好的服务，节省营销费用，提高产品和企业的知名度，有助于企业在局部市场的竞争环境中处于有利地位。必要时，企业还可等待时机，迅速扩大市场，得以进一步向纵深发展。因此，集中性市场策略往往成为新企业战胜老企业或小企业战胜大企业的有效策略。

这种战略的缺点是对比较单一和窄小的目标市场依赖性太大，一旦目标市场情况发生突然变化，企业周旋余地小、风险大，可能陷入严重困境，甚至倒闭。

营销视角

2019 年乘用车的差异营销

2019 年元旦假期后一周，一汽奥迪、雷克萨斯、沃尔沃、南北大众、南北丰田、本田系、东风日产、上海通用凯迪拉克、别克、雪佛兰、吉利、长城、比亚迪、荣威、MG 相继公布销量，从数据上看全面飘红，除了东风本田、别克、长城外，基本实现同比上涨。

2019 年，乘用车市场消费两极现象将进一步加剧。其中，消费升级更多是受置换需求推动。中国现有机动车约 3.25 亿辆，从中汽协近年数据推算 10 年以上车型约为 8000 万辆，其中乘用车占比约为 50%，这意味着有 4000 万辆乘用车已经进入置换周期。和首次购车用户相比，置换用户对于产品的要求更为理性，对于品质、品牌、实用性的要求更高，因此豪华车市场虽然增长趋势不变，但具体到各大品牌，在充分竞争中保证销量和利润平衡并不容易。普通车型的竞争将更惨烈，跌至谷底的法系、韩系，必然全面反扑中国品牌。

从历史发展分析，做好差异营销也是中国品牌崛起的关键，2010 年处于领先的奇瑞、吉利、比亚迪从 2011 年开始都陷入低谷，吉利和比亚迪后来分别凭借 SUV 和新能源车重新崛起，但奇瑞却因没有找到合适的发展方向，错失高速发展机遇。

2019 年，中国品牌在 SUV 红利和新能源车先发优势减弱后，实施差异营销，完善用户体验，将是避免重蹈覆辙的关键。细分到品牌，领克和 WEY 将是中国品牌差异营销的探路者，WEY 对长城比领克对吉利更重要。

资料来源：群芳. 车市寒冬中如何逆势倍增? [N]. 经济观察报，2019-01-16.

四、选择目标市场营销战略的考虑因素

上述 3 种目标市场营销战略各有利弊，企业在选择时需考虑以下 5 个方面的因素。

（一）企业资源

企业资源是指企业在生产、技术、销售、管理和资金等方面力量的总和。如果企业实力雄厚，且市场营销管理能力较强，即可选择差异化营销战略或无差异营销战略。如果企业能力有限，就不能把整个市场作为目标市场，而采取集中化营销战略更能奏效。

（二）产品同质性

产品的同质性用来衡量产品在性能、特点等方面的差异性大小。对于同质性产品或需

求上有较大共性的产品，如家具、服装、食品等，一般适宜采用无差异营销战略；对于异质性产品，如家具、服装、食品等，则应采取差异化营销战略或集中化营销战略。

（三）市场同质性

市场同质性是指各子市场间的需求与偏好的相似程度。如果顾客需求与偏好较为接近、一个时期的购买数量相近、对营销刺激的反应差异不大，企业可采用无差异营销战略；反之，应采用差异化营销战略或集中化营销战略。

（四）产品所处的生命周期阶段

对于处于导入期和成长期的产品，市场营销的重点是建立和巩固消费者的偏好，最好实施无差异营销战略或针对某一特定子市场实施集中化营销战略。当产品进入成熟期后，由于市场竞争更加激烈，消费者需求日益多样化，因此可以改用差异化营销战略，以开拓新市场，满足新需求，延长产品生命周期。

（五）竞争对手的营销战略

一般说来，企业的营销战略应与竞争者有所区别，反其道而行之。如果强大的竞争对手实行的是无差异营销，则企业应实行集中营销或更深一层的差异营销；如果企业面临的是较弱的竞争者，必要时可采取与之相同的战略，凭借实力击败竞争对手。

必须指出的是，以上几方面的因素不应单独考虑，而应结合起来综合考虑。

第三节 市场定位战略

企业选择目标市场之后会发现，在同一市场上有许多同种产品出现。为了使自己生产或销售的产品获得稳定的销路，企业需要从各方面赋予产品一定的特色，树立产品鲜明的市场形象，以求让顾客形成稳定的认知和特殊的偏爱，这就是市场定位。

一、市场定位的含义

市场定位也称产品定位或竞争性定位，是指企业针对潜在顾客的心理进行营销设计，创立产品、品牌或企业在目标顾客心目中的某种形象或个性特征，保留深刻的印象和独特的位置，从而取得竞争优势。市场定位的实质是在目标市场上取得竞争优势，确定产品在顾客心目中的适当位置并留下深刻的印象，以吸引更多的顾客。因此，市场定位是营销战略体系中的重要组成部分，它对于树立企业及产品的鲜明特色，满足顾客的需求，从而提高企业的市场竞争力具有重要的意义。

二、市场定位的方式

（一）避强定位

避强定位是指企业回避与目标市场上的竞争者直接对抗，将自身的位置确定于市场的“空白点”，开发并销售目前市场上还没有的某种特色产品，开拓新的市场领域。这是一种避开强大竞争对手的市场定位。其优点是：能够迅速地在市场上站稳脚跟，并能在消费者或用户心目中迅速树立起一种形象。

（二）对抗定位

对抗定位是指企业选择接近于现有竞争者或与现有竞争者重合的市场位置，争夺同样的客户，在产品、定价、渠道及促销等各方面差别不大的定位方法。该选择虽有风险，但也有明显的激励作用。如麦当劳与肯德基、可口可乐与百事可乐、中国移动与中国联通等，都采用了这种战略。

（三）重新定位

重新定位是指企业变动产品特色，改变目标顾客对其原有的印象，使目标顾客对其产品形象有一个重新认识的过程。市场重新定位对于企业适应市场环境、调整营销战略是必不可少的。企业产品在市场上的定位即使很恰当，在出现下列情况时也需考虑重新定位：第一，竞争者的市场定位与本企业相近，侵占了本企业品牌的部分市场，使本企业品牌的市场占有率有所下降；第二，消费者偏好发生变化，从喜爱本企业品牌转移到喜爱竞争对手的品牌。

三、市场定位的步骤

市场定位的关键是企业要设法从自己的产品中找出比竞争者更具有竞争优势的特性。因此，企业的市场定位过程可以分为3个步骤：识别潜在竞争优势，明确相对竞争优势，制定发挥竞争优势的战略。

（一）识别潜在竞争优势

企业要做到这一点，首先要进行规范的市场调研，了解目标市场的需求特点及这些需求被满足的程度。其次，研究主要竞争对手的优势和劣势，包括竞争者的业务经营情况，竞争者的核心营销能力和竞争者的财务能力。在以上分析的基础上，识别出企业潜在的竞争优势。

企业的潜在优势是市场定位的依据。一般来说，企业的优势主要表现在两个方面，即低成本优势或差异化优势。前者是指企业能够以低于竞争者的价格满足顾客需求，后者是指企业能够以独特的产品满足顾客需求。

（二）明确相对竞争优势

这个步骤主要是为了分析企业与竞争对手相比具有哪些竞争优势，以便帮助企业进行定位。对比分析的指标应是一个完整的体系，包括经营管理（领导能力、决策水平、计划能力、组织能力、个人应变经验等）、技术开发、采购、生产、市场营销、财务等多个方面，要找出企业与竞争对手相比最突出的优势环节，特别是要详尽分析企业在市场营销上的比较优势，涉及产品、品牌、价格、渠道、服务等方面。

（三）制定发挥竞争优势的战略

企业明确了自身的竞争优势后，应通过一系列宣传促销活动将其竞争优势准确地传递给潜在顾客，争取在顾客心目中留下深刻的印象。为此，企业首先应使目标顾客了解、知道、熟悉、认同、喜欢和偏爱本企亚的市场定位，在顾客心目中建立与该定位相一致的形象。其次，通过各种措施努力强化市场形象，保持与目标顾客的沟通，稳定目标顾客的态度，加深目标顾客的感情来巩固企业的市场地位。最后，应注意目标顾客对其市场定位的理解出现的偏差或由于企业市场定位宣传的失误而造成的目标顾客认识上的模糊、混乱和误会，及时纠正与市场定位不一致的形象。

四、市场定位战略

由于市场定位的目标是树立企业与众不同的形象，因此差异化就成为市场定位的基本手段。具体的差异化战略有以下几个方面。

(一) 产品差异化战略

从产品质量、款式、形态、特征、性能等方面打造差异化，以此赢得顾客喜爱，建立竞争优势。

(二) 服务差异化战略

企业向目标市场提供与竞争者不同的优质或特色服务，从服务内容、服务技能、服务态度等方面打造差异化，建立竞争优势。

(三) 人员差异化战略

企业的产品差异和服务差异最终是由员工提供的，顾客在消费过程中与企业员工有不同程度的接触，不同的人员会提供不同的价值。高素质的员工是建立企业优势的重要基础，因此，企业需要通过甄选、招聘、培训、激励等人力资源管理工作，提高企业员工素质，为顾客提供差异化的员工价值。

(四) 形象差异化战略

企业通过媒体沟通、环境营造、企业形象策划、事件营销等活动，向目标市场传递企业优势，塑造企业与众不同的形象，提高形象价值。

重要概念

市场细分	地理细分	人口细分	心理细分
行为细分	目标市场	无差异营销战略	差异化营销战略
集中化营销战略	市场定位	避强定位	对抗定位
重新定位			

思考题

(1) 什么是整体市场和细分市场？为什么要对市场进行细分？

(2) 试用人口、地理、心理、行为等细分变量对彩电、服装、食品等市场进行细分。

(3) 选择目标市场的5种覆盖模式各有什么利弊？

(4) 无差异营销、差异化营销和集中化营销各有什么利弊？

(5) 市场定位的战略主要有哪些？

实践训练

(1) 请选择恰当的细分变量对手机市场进行细分。

(2) 观察女性服装市场需求，假设你要开设一家服装店，会选用何种变量进行市场细分？你如何选择目标市场并进行市场定位？

推荐阅读

(1) 艾·里斯，杰克·特劳特．定位：争夺用户心智的战争［M］．邓德隆，火华强，译．北京：机械工业出版社，2017.

（2）格雷厄姆·胡利，奈杰尔·皮尔西，布里吉特·尼库洛．营销战略与竞争定位[M].5版．楼尊，译．北京：中国人民大学出版社，2014.

案例分析

瑜伽消费品的目标营销

2019年1月17日，天猫运动户外联合第一财经商业数据中心（CBNData）发布的《2019天猫户外运动趋势分析》（以下简称《天猫户外趋势》）显示，线上整体运动户外市场逐步进入成长期，增长趋势明显，行业整体渗透率和人数稳步增长，且市场逐渐向品牌化发展，行业规模将持续扩张。

从细分运动户外类目消费市场来看，垂钓、城市户外和跑步机品类的线上消费市场拥有较大规模；与此同时，滑雪、瑜伽消费增速显著，可见新晋热门运动项目引发消费热潮。基于此，《天猫户外趋势》就瑜伽、跑步机、滑雪、垂钓和城市户外运动相关消费展开解析：瑜伽消费日益追求专业性；千元以上跑步机更受认可；滑雪消费蓝海市场待开拓；垂钓运动催生千亿级市场规模；潮牌户外运动服饰消费热度见涨。从线上瑜伽消费情况来看，女性群体占比更高，其中"80后"女性为瑜伽运动的主要群体，"95后"女性也逐渐参与进来；相比之下，男性群体在瑜伽中已占据近1/4的比例，他们对瑜伽的参与度逐年提升。

而从线上瑜伽相关产品的消费金额来看，虽客单价多在百元以内，但客单价200元以上、购买3件以上的消费者人数增速明显，这与瑜伽消费者"装备齐全"的消费理念不无关系。购买瑜伽品类中热度提升TOP1的瑜伽套装之余，瑜伽品类消费者对诸如瑜伽舒展器、瑜伽内衣等更加细分、专业化的品类喜爱度也见涨。

按代际来看，"95后"还沉浸在瑜伽运动的"小确幸"中，偏爱瑜伽发带、眼枕和精油等带来愉悦感的瑜伽品类消费，"80后"已不满足于瑜伽服饰等瑜伽运动的入门需求，更喜欢如瑜伽砖、瑜伽清理鼻腔用具等瑜伽运动辅助品类。

资料来源：CBNData发布《2019天猫户外运动趋势分析》.(2019-01-21).东方体育.

思考：

（1）如何对瑜伽消费市场进行市场细分？

（2）假如你是瑜伽消费品生产者，你将如何选择目标市场并进行市场定位？

第七章　产品策略

学习目标

（1）正确理解整体产品概念。

（2）掌握产品组合概念并理解如何进行产品组合决策。

（3）熟悉产品生命周期各阶段的市场特征及营销策略。

（4）把握品牌策略。

（5）掌握新产品开发的必要性和新产品开发程序。

（6）了解服务产品的特性和服务营销组合的构成要素。

引例

我们正经历一个创新的时代，每年都有数以千万计的新产品横空出世，就连在我国已有800多年历史的白酒，也在不断推陈出新。在大多数年轻人看来，白酒味道浓烈，既不好喝也不时尚，问津者寥寥。可偏偏就在这个传统得不能再传统的白酒行业，冉冉升起一颗明星——江小白。江小白是一种卖给"80后""90后"消费者的"青春型白酒"，单看它的包装就让人眼前一亮：磨砂的小玻璃瓶，有个年轻小伙子的卡通形象。这个戴着眼镜、围着围巾的小伙子长着一张大众脸，让人看了就觉得像自己，瞬间产生亲近感，除了卡通形象，江小白的包装上还有独树一帜的"江小白语录"，比如"生，简单；活，简单；怎么生活就这么简单?"这些语录无不揭示了江小白青春简单的个性。为了适应年轻消费者口感的需求，江小白只设计了一款小曲清香型的产品，分为100mL、125mL、300mL三种规格。在口感上趋向纯净、柔和，还有一点点甜度。据说江小白有108种时尚喝法，它可以加冰块、加冰红茶、加绿茶、加红牛，甚至可以作为一种调鸡尾酒的基酒。可见，没有老化的产品，只有老化的思维。

资料来源：根据网上相关资料整理。

产品是市场营销组合中最重要也是最基本的要素，因为任何企业在指定营销组合策略时，首先需要回答的问题是企业用什么样的产品来满足目标市场的需求。此外，产品策略还会直接或间接地影响其他营销组合要素的管理。因此，产品策略是整个营销组合策略的基石。

第一节　产品整体概念

一、产品及产品整体概念

产品的概念有狭义和广义之分。狭义的产品指具有某些特定物质形状并能够提供某种用途的物品，是看得见、摸得着的东西，如汽车、服装、食品等。实际上，顾客购买某种产品，不仅是为了得到该产品的物质实体，而且还想通过购买该产品来获得某方面利益的满足。广义的产品指消费者通过购买来满足某种需求和欲望的物品的总和，它包括有形产品和无形服务。有形产品包括产品实体及其品质、特色、款式、品牌和包装；无形服务包括可以给买主带来附加利益和心理上的满足感及信任感的售中及售后服务、保证、产品形象、销售者声誉等，这就是"产品整体概念"，即现代营销意义上的产品。菲利普·科特勒等营销学者认为，可以从5个层次来更深刻和更准确地理解产品整体概念的含义，如图7-1所示。

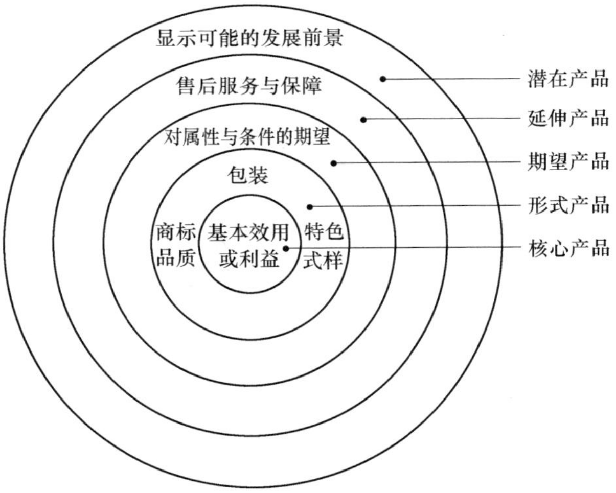

图7-1　产品整体概念的五个层次

（一）核心产品

核心产品指向购买者提供的产品的基本效用或利益，是产品整体概念最基本的层次，向人们说明了产品的实质，可满足顾客的核心需求。消费者购买某种产品不是为了获得构成该产品的各种材料，而是为了满足特定的需求。比如，人们购买冰箱不是为了买到装有压缩机、冷藏室的大铁箱，而是为了借助冰箱的制冷功能来使食物保鲜，更好地方便日常生活。因此，任何产品都必须具有反映顾客核心需求的基本效用和利益。企业要想取得成功，必须使产品的核心内容与消费者的购买目的统一起来，这就要求企业营销人员向顾客销售的任何产品都必须反映顾客需求的基本效用或利益。

（二）形式产品

形式产品是核心产品借以实现的形式，是目标市场消费者对某一需求的特定满足形式。形式产品一般通过品质、式样、特色、商标及包装等方面反映出来。仍以冰箱为例，人们在购买时，除了关注冰箱的核心效用外，还要考虑其品质、外观、颜色、品牌等因素。可见，形式产品向人们展示核心产品的外在特征，能满足同类顾客的不同需求。核心产品比较单调一致，而形式产品却是丰富多彩的，因而形式产品是消费者选择产品的直观依据，也是产品品牌差异化的主要表现。这就要求企业设计人员在设计产品时，必须在满足消费者需要的基础上，设计出符合消费者审美观的有形产品，以有助于产品的销售。

（三）期望产品

期望产品是指顾客在购买产品时期望得到的或默认的与产品密切相关的一系列属性和条件。比如，顾客选购冰箱时，除了要求具有基本功能和好看的外观外，往往还期望冰箱能省电、噪声小。因为顾客认为大多数冰箱应能够满足这些基本的期望。

（四）延伸产品

延伸产品是产品的各种附加利益的总和，通常指各种售后服务与保障，如提供产品使用说明书、承诺性保障、安装、维修、送货、技术培训等。从一定意义上讲，国内外许多企业之所以获得成功，是因为它们更深刻地认识到服务在产品整体概念中占有重要地位。在日益激烈的竞争环境中，延伸产品已成为竞争的重要手段。

（五）潜在产品

潜在产品是指现有产品（包括所有附加产品在内）中可能发展成为未来最终产品的处于潜在状态的产品。它是由企业提供的能满足顾客潜在需求的产品层次，是产品的一种增值服务或额外价值。它与延伸产品的主要区别是，在没有潜在产品层次时，顾客仍然可以很好地使用产品的核心利益或服务。潜在产品显示了现有产品的可能演变趋势和前景，比如，如今的液晶超薄电视可发展成为电脑的终端机。

产品整体概念的5个层次十分清晰地体现了以顾客为中心的现代市场营销观念。这一概念的内涵外延都是由消费者的需求决定的，可以说，产品整体概念是建立在“需求＝产品”这样一个等式基础之上的。消费者追求的是整体产品，企业提供的也必须是整体产品。没有产品整体概念，就不可能真正理解现代市场营销观念。

二、产品整体概念对企业营销管理的意义

产品整体概念对企业营销管理的意义主要表现在以下几个方面。

（1）产品的整体概念要求企业明确顾客追求的利益。企业市场营销管理的根本目的就是要保证消费者的基本利益。如消费者购买服装是为了满足舒适、风度和美感的要求等。消费者追求的基本利益一是出于实际使用的需要，二是出于社会心理动机。而且，这两方面的需要往往交织在一起，并且后者所占的比重越来越大。而产品整体概念要求企业竭尽全力地通过有形产品和附加产品去满足消费者的需求。

（2）通过对产品的最佳组合来确立产品的市场地位。由于如今的消费者对自身利益非常关心，因此企业的产品要想以独特形式出现是非常困难的，这就要求企业营销人员把对消费者提供的各种服务看作产品实体的统一体。因为消费者现在以营销者产品的整体效果来确认哪个厂家、哪种品牌的产品是自己喜爱和满意的。比如，消费者在购买家电产品时，他们往往更加相信有两层包装纸盒的产品（“双包装产品”），有些消费者在判别家电产品质量的可靠性时，往往以包装好坏作为决策的依据。因此，对于企业营销者来说，

产品越能以一种消费者容易觉察的形式来体现消费者购物选择时所关心的因素，就越能获得好的产品形象，进而确立有利的市场地位。

（3）产品整体概念，给企业带来了新的竞争思路。企业的产品有差异才能体现出本企业自身的特色，这样的企业在激烈的市场竞争中更能取胜。不同产品之间的差异主要表现在以下几个方面：在功能上，如鸣笛水壶与一般水壶之别；在设计风格、品牌、包装或与之相关的文化因素上，如各种服装的不同；在产品的附加利益上，如各种不同的服务，可使产品各具特色。总之，企业围绕产品整体概念的5个层次进行生产和服务就能使自己的产品与竞争对手的产品区别开来，进而形成自己的特色，企业可通过创造这种差异来确立地位和赢得竞争优势。

第二节　产品组合策略

一、产品组合及其相关概念

（一）产品组合、产品线及产品项目

一个企业可能只生产一两种产品，也可能生产多种产品。当一个企业向市场提供多种产品时，其全部产品的结构或配置就形成了一个产品组合。

产品组合是指企业提供给市场的全部产品线和产品项目的组合或结构。例如，米其林公司的产品组合中有3条产品线：轮胎、地图和餐饮服务；雅芳的产品组合中有4条产品线：化妆品、珠宝首饰、时装和家居用品。产品线是指产品组合中的某一产品大类，是一组密切相关的产品。它们以类似的方式发挥功能，通过同样的销售渠道预售给相同的顾客群。产品线又由若干产品项目组成。产品项目是衡量产品组合的一个基本单位，指产品线中具有不同品牌、规格、款式、档次、价格等的单个品种或产品。例如，购物广场经营的小百货、服装、家电等就是产品组合，其中的服装或家电等大类就是产品线，每一个类中包含的不同品牌、规格、款式、价格的具体品种或产品就是产品项目。

（二）产品组合的宽度、长度、深度和关联度

企业的产品组合往往具有4个变量，即宽度、长度、深度和关联度。下面以宝洁公司生产的部分消费品为例加以说明见表7-1。

表7-1　宝洁公司的产品组合

	产品组合的宽度				
	清洗剂	牙膏	条状肥皂	纸尿布	纸巾
产品线长度	象牙雪 1930	格利 1952	象牙 1879	帮宝适 1961	媚人 1928
	德来夫特 1933	佳洁士 1955	柯克斯 1885	露肤 1976	粉扑 1960
	汰渍 1946		洗污 1893		旗帜 1982
	快乐 1950		佳美 1893		绝顶 1995
	奥克雪多 1954		爵士 1952		
	达什 1954		保洁净 1963		

续表 7-1

产品组合的宽度					
产品线长度	波尔德 1965		海岸 1974		
	盖恩 1966		玉兰油 1993		
	伊拉 1972				

说明：表中的数字表示产品研发生产的年份。

产品组合的宽度是指产品组合中所拥有的产品线总数。如表 7-1 所示，产品组合的宽度为 5，因为有 5 条产品线。(实际上，宝洁还有许多其他的产品线)

产品组合的长度是指产品组合中的产品项目总数。用产品项目总数除以产品线总数即可得到产品线的平均长度。如表 7-1 所示，产品组合的长度为 25，因为产品项目总数为 25 个。每条产品线的平均长度为 25÷5＝5。

产品组合的深度是指产品线中具有不同品牌、规格、款式、档次、价格等的产品品种数。比如，佳洁士牌牙膏有 3 种规格和 2 种配方（普通味和薄荷味)，其深度为 6。因此，计算出每一品牌的不同规格、档次的产品的品种总数，然后除以品牌总数，就得到企业产品组合的平均深度。

产品组合的关联度又称黏度，是指各条产品线在最终用途、生产条件、分销渠道或其他方面相互关联的程度。如表 7-1 所示，由于宝洁公司一般都是通过同样的分销渠道出售消费品，因此可以说，该公司的产品组合具有较高的关联度。

二、产品组合策略

分析产品组合的宽度、长度、深度和关联度，有助于企业更好地制定产品组合策略；拓展产品组合的宽度，有利于扩展企业的经营领域，实行多元化经营，发挥潜在的技术和资源优势，分散企业的投资风险；增加产品组合的长度，可使产品线丰满充裕、更全面；增加产品组合的深度，有利于占领同类产品的更多细分市场，满足更广泛的市场需求，增强行业竞争力；增强产品组合的关联度，可使企业在某一特定的市场领域内增强竞争力并赢得良好的声誉。因此，产品组合策略就是企业根据市场需求、竞争形势和自身能力对产品组合的宽度、长度、深度和关联度等方面做出的决策。

（一）扩大产品组合

扩大产品组合可以通过扩展产品组合的宽度和增加产品组合的深度来实现。前者是指在原有产品组合中增加一条或多条产品线，扩大经营范围；后者是指在原有产品线中增加新的产品项目。当企业预测现有产品线的销售额和盈利率在未来可能下降时，就应该考虑在现有产品组合中增加新的产品线，或加强其中有发展潜力的产品线。通常，扩大产品组合可使企业充分地利用人、财、物资源，分散风险，增强企业竞争力。

（二）缩减产品组合

缩减产品组合可以通过收缩产品组合的宽度和减小产品组合的深度来实现。前者是指在原有产品组合中减少一条或几条产品线，缩小经营范围；后者是指在原有产品线中剔除无市场前景的产品项目。众所周知，当市场繁荣时，较长、较宽、较深的产品组合会给企业带来更多的盈利机会。但在市场不景气或原料、能源供应紧张时期，缩减产品组合会使总利润上升，因为剔除那些获利小甚至亏损的产品线或产品项目，有利于企业集中力量发展获利多的产品线和产品项目。

（三）产品线延伸

每个企业的产品线只是该行业整个业务范畴的一部分。例如，宝马公司的汽车在整个汽车市场上属于中高档。如果企业超出现有的业务范畴来增加产品线长度，就可以称为产品线延伸。产品线延伸策略是指全部或部分地改变原有产品的市场定位，主要有向下延伸、向上延伸和双向延伸三种实现方式。

1. 向下延伸

许多企业最初定位于较高端的市场，随后将其产品线向下延伸，即在高档产品线中增加低档产品项目。向下延伸的原因有：利用高档产品的品牌效应，吸引价格敏感型顾客购买该产品线中的廉价产品；高端市场增长缓慢，企业资源闲置；低端市场增长较快，发展机会较好；通过增加低端产品来弥补市场空白或者抵挡竞争对手在高端市场的进攻。当年，小米公司向千元以下智能手机市场的扩展就是出于这个原因。2013 年 7 月底，小米趁热推出 799 元的红米手机。红米手机主打低端智能手机市场，主要通过中国移动的渠道发售。红米手机是小米公司在现有市场上推出的产品线中的低价产品，是小米公司手机产品线的向下延伸。一方面，红米手机是小米公司丰富产品线、尝试机型多样化的一款极具战略意义的机型；另一方面，红米身处千元以下智能手机市场，主要面向从功能机转移而来的增量用户，这部分用户相较于智能机存量用户更习惯在手机应用上付费，红米手机将这部分用户迁移过来后，有望进一步拉动小米移动互联网应用的付费规模。为了适应市场需求的变化和更有效地开展竞争，小米公司推出了红米产品系列。当然，实施这一策略也有一定的风险，如果向下延伸不当，就会影响企业原有产品特别是名牌产品的市场形象，所以，必须辅之以一套相应的营销组合策略。

2. 向上延伸

定位于较低端市场的企业或许想向上延伸产品线，即在原有产品线中增加高端产品项目。这些企业也许是被较高端市场的快速增长和高利润所吸引，也许只是想成为全线产品制造商。有时，企业向上延伸产品线是为了提升现有产品的信誉，比如吉利汽车公司推出帝豪产品系列就缘于此。帝豪汽车定位为高性能中级轿车，它的成功推出奏响了吉利进军中高端汽车市场的序曲。需要注意的是，采用这一策略也要承担一定的风险，因为要改变产品在顾客心目中的地位是相当困难的，如果处理不当，就会影响原有产品的市场声誉。

3. 双向延伸

原来定位于中档产品市场的企业在掌握了市场优势后，可能会决定向产品线的上下两个方向同时延伸。万豪酒店就运用了这种策略，通过在普通酒店中增加万豪侯爵产品线来服务于较高端的市场，通过家庭旅馆和美丽之所旅馆来服务于较低端的市场。不同名称的饭店对应不同的目标市场：万豪侯爵针对的是高层管理人员，家庭旅馆针对的是推销人员，美丽之所旅馆针对的是度假者以及手头较紧的旅客。

一般来说，产品延伸有下列好处：

（1）满足更多的消费者需求。伴随市场调研技术的日益完善，营销人员能够细分出更小的子市场，进而把复杂的市场细分过程变成立竿见影的促销活动。在这种情况下，往往是产品大类延伸得越长、机会越多，利润就越大。

（2）迎合顾客求异求变的心理。随着市场竞争的加剧，要求消费者对某一品牌绝对忠诚越来越难，越来越多的消费者在转换品牌，尝试他们未曾使用过的产品。产品延伸就是通过提供同一个品牌下的一系列不同商品来尽量满足顾客这种求异心理。企业希望这种延伸成为既满足消费者愿望，又保持他们对本企业的品牌忠诚的两全之策。

（3）减少开发新产品的风险。产品延伸所需要的时间和成本比创造新产品更容易控制。在营销实践中，产品延伸所需的成本与费用有时仅是推出一个成功的新产品的成本与费用的1/6。

（4）适应不同价格层次的需求。无论产品大类中原有产品的质量如何，企业往往都会宣传其延伸产品质量如何好，并据此为延伸产品制定高于原有产品的价格。在销售量增长缓慢的市场上，营销者可以通过提高价格来增加单位产品的利润。当然也有一些延伸产品的价格低于原有产品。

正是由于产品延伸具有上述优越性，许多企业对此很感兴趣。然而，产品延伸也会带来如下负面作用：

（1）品牌忠诚度降低。品牌忠诚是对某种品牌的产品重复购买的行为。过去很长一段时间里，许多知名老品牌拥有两三代的顾客。当企业增加产品品种时，就要冒挑战顾客原来的购买方式和使用习惯的风险，这种风险往往会降低品牌忠诚度，并使消费者重新考虑购买决定。此外，尽管产品延伸使得某一品牌能满足消费者的各种需要，但它也起到促使消费者追求新变化的作用，从而导致品牌转换。

（2）产品项目的角色难以区分。产品延伸可能会导致过度细分。同一产品大类各项目的角色混乱，每个产品项目所针对的子市场过小以致难以区分，或各子市场之间的特征交叉太多。

（3）产品延伸引起成本增加。产品延伸会引起一系列的成本增加，由此产生的营销调研、产品包装、投产等的费用是比较明显的，也便于掌握。但下列因素可能被忽略：频繁的产品大类变动使生产的复杂程度提高；研究和开发人员不能将精力集中于新产品的开发；产品品种越多，营销投入就越大。

（四）产品线现代化

如果一家公司的产品线直到今天还是20世纪末的老面孔，就会导致公司的生产能力落后、产品无法满足顾客的需求，最终败在拥有较新产品线的竞争者手下。因此，产品线需要现代化。产品线现代化决策，就是强调把现代科学技术应用于生产经营过程，不断改进产品线以使之符合现代顾客需求的发展潮流。

当企业决定实施产品线现代化决策时，面临的问题是，究竟是以渐进的方式还是以快速的方式实现产品线的技术改造？如果逐步实现产品线现代化，可以节省资金，但容易被竞争者发现和模仿；如果快速实现产品线现代化，则可以快速产生市场效果，并对竞争者形成威胁，但需要在较短的时间内投入大量的资金。

相关链接

营销策略与营销战略的区别

常有人把市场营销策略与市场营销战略混淆，实际上，策略更为具体，是细节上的东西，也是为战略服务的；而市场营销战略是大面上的东西，其范围更加广泛。

其实简单点儿理解就是战略和策略解决不同层面的问题：战略解决的问题是“市场上需要什么，我们需要往哪个方向看”；策略解决的问题是“如何满足这些需求，这些做法如何落地”。

第三节 产品生命周期

任何一种产品在市场上的销售状况和盈利水平都处于变动之中，有可能随着时间的推移和市场环境的变化而未被用户采用，最终被迫退出市场。这种市场演化过程与生物的生命历程一样，也有一个诞生、成长、成熟和衰退的过程。因此，产品生命周期是指某产品从进入市场到被淘汰退出市场的整个运动过程。产品生命周期是产品的市场寿命，而不是产品本身的寿命或产品的使用寿命。产品生命周期的长短主要取决于市场的需求和技术的更新换代状况。研究产品生命周期，可以使企业更好地了解本企业产品的发展趋势，适时地开发新产品，并根据产品生命周期各阶段的特征，有效地利用营销组合策略，使企业在动态的市场环境中求得生存和发展。

在大多数关于产品生命周期的讨论中，往往将一种典型产品的市场生命历程描绘成一条钟形曲线（图 7-2）。根据产品在生命周期中销售额和利润的变化，一般将产品生命周期分为 4 个阶段：导入期、成长期、成熟期和衰退期。

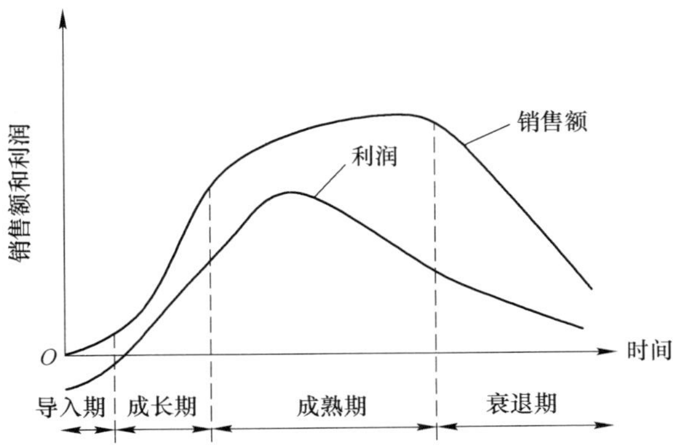

图 7-2 产品生命周期钟形曲线

一、导入期及其营销策略

新产品投入市场便进入导入期。此时，顾客对产品还不了解，只有少数追求新奇的顾客可能购买，销售量很小。为了扩展销路，需要大量的沟通和促销投入。在这一阶段，由于市场及技术方面的原因，产品不能大批量生产，因而成本高，销售额增长缓慢，企业不但得不到利润，反而可能亏损。

（一）导入期的特点

导入期始于新产品首次进入市场。此阶段具有如下特征：（1）消费者对产品不了解，大多不愿放弃或改变自己以往的消费行为；（2）产品销量小，产能低，单位产品成本较高；（3）难以制定价格决策，产品价高可能限制购买行为，价低则可能难以收回成本；（4）尚未建立理想的营销渠道和高效率的分配模式；（5）产品的技术、性能还不完善；（6）广告费用和其他营销费用开支较大，在销售额中所占的比例达到最高；（7）利润较少，甚至出现亏损，市场风险较大。但在这个阶段，市场竞争者较少，企业往往只提供产品的最基本的样式，并集中力量向那些最有可能购买的顾客进行销售。

（二）导入期的营销策略

在产品的导入期，一般可由价格、促销、地点等因素组合成各种不同的营销策略，如图 7-3 所示。

		高	低
价格水平	高	快速撇脂策略	缓慢撇脂策略
	低	快速渗透策略	缓慢渗透策略

促销力度

图 7-3 导入期的营销策略

（1）快速撇脂策略。借助高价格、高促销费用，以求迅速扩大销售量，取得较高的市场份额。实施该策略的市场条件是：市场上有较大的需求潜力；目标顾客有求新心理，急于购买新产品，并愿意为此支付高价格；企业面临潜在竞争者的威胁，需要尽快树立名牌。

（2）缓慢撇脂策略。借助高价格、低促销费用获得更多的利润。实施该策略的市场条件是：市场规模相对较小，竞争不激烈；市场上大多数用户容易接受该产品；适当的高价格能被市场接受。

（3）快速渗透策略。借助低价格、高促销费用迅速打入市场，取得尽可能高的市场占有率。实施该策略的市场条件是：该产品的市场容量相当大；潜在消费者对产品不了解，且对价格很敏感；潜在竞争比较激烈；产品的单位制造成本可随生产规模和销量的扩大而迅速下降。

（4）缓慢渗透策略。以低价格、低促销费用来推出新产品。实施该策略的基本条件是：市场容量较大；潜在顾客容易了解或已经了解该产品，且对价格较敏感；有相当多的潜在竞争者准备加入竞争行列。

二、成长期及其营销策略

当产品在导入期的销售取得成功以后，便进入成长期。这时顾客对产品比较熟悉，大量的新顾客开始购买，市场逐步扩大。产品已具备大批量生产的条件，生产成本相对降低，企业的销售额迅速上升，利润也迅速增长。在这一阶段，竞争者看到有利可图纷纷进入市场参与竞争，使同类产品供给量增加。而同时期需求的迅速增长，使产品价格维持不变或略有下降，市场竞争逐渐加剧。

（一）成长期的特点

新产品如果能够令市场满意，就能够进入成长期，使销售量迅速增长。此阶段具有如下特征：（1）早期采用者形成消费习惯，多数中间消费者和用户也已接受新产品，销量迅速上升；（2）竞争者由于受到大规模生产和盈利的吸引而增加，产品被赋予新特色，市场进一步细分和扩大；（3）产品的技术、工艺已较为成熟；（4）越来越多的中间商经销产品，渠道不断增加和完善；（5）价格保持原有水平或略有下降；（6）仍要维持甚至加大促销力度以对抗竞争，但促销费用在销售额中所占的比例开始下降；（7）促销成本由更大的销量分摊，经验曲线使单位成本比价格下降得更快，利润增加。

（二）成长期的营销策略

在此阶段，企业营销策略的重点是尽可能长久地保持市场增长。具体而言，企业可采用如下策略：

（1）根据顾客需求和相关市场信息，提高产品质量，赋予产品新特色，增加新款式、新类型、新功能，满足更广泛的需求，吸引更多顾客购买。

（2）加大促销力度，树立品牌形象。广告宣传的目标由提高产品知名度转变为提高美誉度及树立品牌形象，以促使顾客建立品牌偏好并购买产品。

（3）寻求并进入新的细分市场。

（4）巩固原有渠道，并不断开辟和进入新的渠道。

（5）适时降低价格，吸引对价格敏感的顾客。

企业采用上述市场扩张策略，会增强产品的竞争能力，但也会相应地增加成本。因此，在成长期，企业面临高市场占有率与高利润率的选择。一般来说，实施市场扩张策略会减少当前利润，但能使企业获得优势地位。从长远的观点看，这更有利于企业的发展。

三、成熟期及其营销策略

经过成长期以后，市场需求趋于饱和，潜在的顾客已经很少，销售额增长缓慢直至转而下降，标志着产品进入了成熟期。这个阶段的持续期一般比前两个阶段长，并给营销管理层带来最难应对的挑战，同类产品的竞争加剧，为维持市场地位，市场开发成本和营销费用相应增加，导致企业利润相对稳定转向下降。

（一）成熟期的特点

一个产品的销售增长率在到达某一点后将逐步下降，该产品将进入相对成熟阶段。这一阶段的持续期一般长于前两个阶段，将给营销管理层带来最难应对的挑战。大多数产品都处于生命周期的成熟阶段，因此，大部分营销管理层处理的正是这些成熟产品的问题。

成熟期又可分为3个阶段：

（1）成长成熟期。此时各销售渠道基本呈饱和状态，销售增长率上升缓慢，但还有少数后续的购买者继续进入市场。

（2）稳定成熟期。由于市场已经饱和，消费平稳，产品的销售增长率一般只与购买者人数相关，如无新购买者，则销售增长出现停滞或下降。

（3）衰退成熟期。销售水平显著下降，顾客的兴趣开始转向其他产品和替代品。全行业出现产品过剩，竞争加剧，缺乏竞争力的企业逐渐退出。

（二）成熟期的营销策略

为了使成熟期延长，或使产品生命周期出现再循环，企业可以采取以下3种策略：

（1）市场改良策略。即开发新市场，寻求新用户。具体而言就是寻找新的细分市场，把产品引入尚未使用过的市场；寻求能够刺激消费者增加产品使用量和提高使用率的方法；开辟新的市场，寻找有潜在需求的新顾客；争夺竞争者的顾客。

（2）产品改良策略。即改进产品的品质或服务后再投放市场。具体而言就是提高质量，完善产品使用性能，如耐用性、可靠性、方便性和口味等；改进特性，如在产品的大小、重量、材料或附加物等方面增加新特性，以扩大产品的适用性；改进款式，增加美感，增强竞争力；改进服务，如提供安装服务、24h维修服务等。

（3）营销组合改良策略。即通过对产品、定价、渠道、促销四个营销组合因素加以综合调整，刺激销售量回升。例如，在提高产品质量、改变产品性能、增加产品规格品种的同时，通过特价、早期购买折扣、补贴运费、延期付款等方法来降价让利；拓展分销渠道，广设分销网点，调整广告媒体组合，变换广告时间和频率，增加人员推销，强化公共关系等，多管齐下，进行市场渗透，扩大企业及产品的影响，争取更多的顾客。

四、衰退期及其营销策略

随着科学技术的发展，新产品或新的替代品出现，使顾客的兴趣消费习惯发生改变，转向其他产品，从而使原来产品的销售额和利润额迅速下降。于是，产品进入了衰退期，直至退出市场。

（一）衰退期的特点

大部分产品和品牌的销售量最终都会下降。有些产品的销售量缓慢下降，如燕麦片；有些产品的销售量则会骤然下降，如唱片。销售量可能降至零，也可能下降到某个水平后再维持几年。

衰退期具有如下特征：（1）产品的销售量由缓慢下降变为快速下降，消费者的兴趣已完全转移；（2）价格下降到最低水平；（3）多数企业无利可图，被迫退出市场；（4）留在市场上的企业逐渐减少产品附加服务，削减促销预算等，以维持最低水平的经营。

（二）衰退期的营销策略

在此阶段，可采用如下策略：

（1）集中策略。把企业能力和资源集中在最有利的子市场和分销渠道上，从中获取利润。这样有利于缩短产品退出市场的时间，同时又能为企业创造更多的利润。

（2）维持策略。即保持原有的细分市场和营销组合策略，将销售维持在一个较低的水平上，等待合适时机退出市场。

（3）收缩策略。即大幅减少促销，压缩推销队伍。这样虽然会导致销量加速下降，但是由于品牌忠诚度高的顾客继续购买以及成本降低，因此仍可获取一定的利润。

（4）放弃策略。对于衰退比较迅速的产品，应该当机立断，放弃经营。可以采取完全放弃的形式，如把产品完全转移出去或立即停止生产；也可采取逐步放弃的方式，使其所占用的资源逐步转向其他产品。

第四节 产品品牌与包装策略

一、产品品牌策略

（一）品牌与商标

1. 相关概念

品牌是一种名称、术语、标记、符号或设计，或是它们的组合运用，其目的是借以辨认某个销售者或某群销售者的产品和服务，并使之同竞争者的产品和服务区别开来。品牌具有广泛的含义，它包括品牌名称、品牌标志和商标。

（1）品牌名称。品牌名称是指品牌中可以用语言称呼的部分，它主要产生听觉效果。例如，海尔、双汇等都是很著名的品牌名称。

（2）品牌标志。品牌标志是指品牌中能被认出但不能用言语称呼的部分，如记号、设计和不同的颜色。如“花花公子”的兔子图形等。

（3）商标。商标是一个法律术语，它是产品文字名称、图案记号，或两者相结合的一种设计，经向有关部门登记注册后，经批准享有其专用权的标志，受法律保护。

相关链接

商标与品牌的联系与区别

商标与品牌既有联系又有区别。其联系主要表现为，它们都是无形资产，都具有专有性，其目的都是为了区别于竞争者，有助于消费者识别。

两者的区别主要表现在：品牌是市场概念，是产品和服务在市场上通行的牌子，是品牌使用者对顾客在产品特征、服务和利益等方面做出的承诺；品牌无须注册，一经注册，品牌就成为商标了；商标是法律概念，商标一般都要注册（我国也有未注册商标），它是受法律保护的一个品牌或品牌的一部分，其产权可以转让和买卖。

2. 品牌的内容

科特勒认为，品牌是销售者向购买者长期提供的一组特定的特点、利益和服务。最好的品牌传达了质量的保证，品牌能表达以下六层含义：

（1）属性。品牌代表着特定产品的属性或特征，这是品牌最基本的含义。例如，奔驰牌轿车意味着工艺精湛、制造优良、昂贵、耐用、行驶速度快，等等。

（2）利益。品牌不仅代表着一系列属性，而且还体现着某种特定的利益。顾客购买产品实质是购买某种利益，这就需要属性转化为功能性或情感性利益。就奔驰而言，“耐用”这一属性可转化为功能性利益——“我可以几年不买车了”；“昂贵”这一属性可转化为情感性利益——“这车让我感到自己十分重要且受人尊重”。

（3）价值。品牌体现了生产者的某些价值感。例如，奔驰代表着高绩效、安全、声望等。品牌的价值感客观要求企业营销者必须分辨出对这些价值感兴趣的购买者群体。

（4）文化。品牌还附着特定的文化。从奔驰汽车给人们带来的利益等方面来看，奔驰品牌蕴含着“有组织、高效率和高品质”的德国文化。

（5）个性。品牌也反映一定的个性。例如，奔驰会让人想到一位严谨的老板、一只勇猛的雄狮或一座庄严质朴的宫殿。

（6）用户。品牌暗示了购买或作用产品的消费者类型。例如，我们更愿意看到驾驶奔驰轿车的是有成就的企业家或高级经理。

3. 品牌的作用

一个品牌就是一个独特的名称和（或）标志，既可以用来识别某企业销售的产品或服务，也可以用来识别竞争对手的产品或服务。因此，品牌向顾客发出了产品来源的信号，可以有效防范竞争对手生产外观相似的产品，既保护了消费者，也保护了生产商。品牌对于企业经营者和消费者都具有积极的作用。

对于从事市场营销活动的企业而言，品牌的积极作用主要表现在：有助于促进产品销售，树立企业形象；有利于保护品牌所有者的合法权益；有利于约束企业的不良行为；有助于扩大产品组合，适应竞争需要；有利于企业实施市场细分战略，以不同的品牌对应不同的目标市场，有针对性地占领、扩展各细分市场。

对于消费者而言，品牌的积极作用主要体现在：便于消费者辨认、识别商品以及选购商品；有利于维护消费者利益；有利于促进产品改良，更好地满足消费需求。在某种程度上，可以说品牌已经成为影响消费者购买决策的最重要因素之一。

除此之外，品牌的积极作用还表现在促进市场监管、维系市场运行秩序、发展市场、经济等方面。

（二）品牌的类型

1. 按照品牌的归属分类

从品牌归属即品牌所有者角度，可以将品牌分为制造商品牌和零售商品牌。制造商品牌有时也称全国品牌，是指制造商为自己生产制造的产品设计的品牌，如农夫山泉、康师傅。零售商品牌是零售商根据自身发展需求创立的品牌，其产品一般委托制造商代工生产，但使用零售商的品牌并在本企业销售。传统上，品牌是制造商的制造标记，这是因为产品的设计、质量、特色都是由生产商决定的。零售商品牌在西方发达国家已有100多年的历史，许多大中型零售企业都拥有自有品牌商品。如沃尔玛拥有“惠宜”“明庭”“简适”等多个品牌。近年来，国内零售企业也纷纷开发自有品牌商品，如联华超市的自有品牌包括“Better Living”“联华佳惠”“优品生活”等。

2. 按照品牌的地域分类

按照品牌传播与经营的地域范围，可以将品牌分为地区品牌、国内品牌和国际品牌。

地区品牌是指在一个相对较小的地理区域内生产销售的品牌，如地区性生产和销售的特色产品。这些产品一般受产品特性、地理条件及文化特性等影响，辐射范围有限，如威海卫啤酒、千岛湖啤酒。国内品牌是指在国内拥有一定知名度，产品在全国范围内销售的品牌，如娃哈哈、蒙牛；国际品牌则是指在国际市场上具有一定知名度，产品辐射全球的品牌，如可口可乐、青岛啤酒等。

3. 按照品牌的市场地位分类

按照品牌的市场地位，可以将品牌分为领导品牌、强势品牌和弱势品牌。领导品牌是指在市场上具有很高的知名度、美誉度和忠诚度的品牌，这类品牌的市场占有率远高于同类产品其他品牌，如手机市场上的三星和苹果。强势品牌是因对经营环境具有较强的适应性而兴盛起来的品牌，这类品牌一般拥有强有力的知识产权，与竞争品牌具有不同的个性，有符合消费者需求的品质和属性，能持久地传递令消费者满意的信息，有分销及各类促销的有力支持。弱势品牌则是因传播能力不足而知名度低，或因经营不善而美誉度低，从而导致忠诚度、市场占有率较低，在市场上处于劣势地位的品牌。

（三）品牌策略

1. 品牌有无策略

一般来讲，现代企业都有自己的品牌。虽然这会使企业增加成本费用，但可以使企业获得诸多利益。

一些企业采取非品牌化策略，推出无牌产品。所谓无牌产品是指在超市中出售的无品牌、包装简易且价格便宜的普通产品。企业推出无牌产品的主要目的是节省包装、广告等费用，降低价格，扩大销售。

2. 品牌归属策略

企业有三种可供选择的策略：企业使用自己的品牌，这种品牌叫作企业品牌、生产者品牌或全国性品牌；企业将其产品大批量地卖给中间商，中间商再用自己的品牌将物品转卖出去，这种品牌叫作中间商品牌或自有品牌；企业决定有些产品用自己的品牌，有些产品用中间商品牌。

3. 品牌名称策略

如果企业决定其大部分或全部产品都使用自己的品牌，那么还要进一步决定其产品是分别使用不同的品牌，还是统一使用一个或几个品牌。在这个问题上有四种可供选择的策略。

（1）个别品牌。个别品牌是指企业的每一种产品分别使用不同的品牌名称。这种战略的优点是：企业不会因某一品牌信誉下降而承担过大的风险；个别品牌为新产品寻求最佳品牌提供了条件；新产品在市场上不畅销时，不会影响原有品牌的信誉；可以发展多种产品线和产品项目，开拓更广阔的市场。这种战略的最大缺点是：增加了产品的促销费用；品牌过多不利于企业凸显品牌。宝洁和联合利华都是使用这种品牌战略的代表，每一种产品都有一个单独的品牌。如宝洁公司仅洗发水就有海飞丝、潘婷、飘柔、沙宣、伊卡璐等多个品牌。

（2）统一品牌。统一品牌是指企业所生产的全部产品都用统一的家族品牌。这种战略的优点是：建立起一个优质品牌，就像为企业产品撑起一把品牌大伞，可以带动许多产品，并有利于企业树立形象；有利于新产品进入目标市场，因为已有的品牌信誉有利于消除顾客对新产品的不信任感；集中宣传一个品牌可节约大量广告费用；统一品牌下的各种产品可相互影响，有利于扩大销售。但需要说明的是，采用统一品牌是有条件的：这一品牌在市场上已建立一定的信誉；采用统一品牌的各种产品具有相同的质量水平。如佳能公司在办公室产品、个人消费类产品、工业及其他产品领域均使用佳能这一品牌。这一品牌战略具有一荣俱荣的优势，也存在一损俱损的风险。一旦某种产品出现问题，使用该品牌的其他产品就会受到株连，甚至给整个产品体系带来毁灭性的灾难。

（3）分类品牌。分类品牌是指企业的各类产品分别命名，一类产品使用一个牌子。这种战略的优点是：当企业生产销售多种不同类型的产品时，使用多个家族品牌名称，可以将这些不同类型的产品区别开来，避免混淆；或者虽然企业生产销售同一类型的产品，使用多个家族品牌可以区别不同质量水平的产品。比如，海尔集团拥有卡萨帝、海尔和统帅三个家族品牌，其中卡萨帝为海尔的高端家电品牌，致力于为一线城市的高端人群打造艺术家电和嵌入式一体化厨电产品；海尔定位于中端家电品牌；统帅则是海尔的低端家电品牌，主打三、四线城市和农村市场。这种策略可以把需求上具有显著差异的产品的类别区分开来。

（4）企业名称加个别品牌。这种策略是指企业对不同的产品分别使用不同的品牌，但各种产品的品牌都冠以企业名称。采用这种战略的好处是，既可使新产品享受企业的声誉，也可以使各品牌保持自己的个性和相对独立性；其缺点是需要协调个别品牌的核心价值与公司品牌的核心价值，如果二者存在显著差异，则不适合采用这种品牌命名战略。娃哈哈营养快线使用的就是这种品牌战略，其中娃哈哈是企业品牌，营养快线是具体产品品牌。

上述前两种情况又分别称为多品牌战略和单一品牌战略，这两种战略是处于两个极端的战略。事实上，多数企业选择的是第三和第四种品牌名称战略。

4. 品牌再定位策略

任何品牌都不可能一劳永逸，都可能出现品牌老化问题，朝代的发展与社会需求的变化也要求品牌的内涵和形式不断变化。企业必须定期分析品牌的优势和劣势，一旦发现因顾客需求发生变化或新的竞争者出现而导致产品的市场份额下降，必须及时调整其定位。品牌再定位是指全部或局部调整、改变品牌在市场上的原有定位，呈现出新的形象。其目的是使现有品牌具有与原品牌或竞争品牌不同的特点，与竞争品牌区别开。企业在进行品牌再定位抉择时需要权衡两个因素，即再定位所需的成本和再定位后可获得的收益。

营销视角

牛仔裤的品牌再定位

创立于1908年的英国Lee Cooper牛仔裤是世界上著名的服装品牌之一，也是欧洲领先的牛仔裤生产商，百年来，它的品牌形象在不断变化。就20世纪来说，40年代是自由无拘束，50年代是叛逆，60年代是轻松时尚，70年代是豪放粗犷，80年代是新浪潮下的标新立异，90年代是返璞归真。

5. 品牌延伸策略

品牌延伸也称品牌扩展，是指企业利用其成功品牌的声誉来推出改良产品或新产品。

比如，海尔集团成功推出海尔冰箱后，又利用这个品牌成功推出了洗衣机、电视机、空调等新产品。

品牌延伸包括产品线延伸和产品种类延伸两类。其中，产品线延伸是利用原品牌在同一产品线下推出新的产品项目，从而推出新款式、新口味、新色彩、新配方、新包装的产品，如康师傅方便面在原来碗面的基础上，增加产品容量推出康师傅面霸120；产品种类延伸则是利用原品牌推出不同于原产品种类的新产品，如康师傅就从方便面延伸到饮品、糕饼等不同产品领域。

实践证明，品牌延伸有利于降低新产品的市场导入费用，可以使新产品借助成功品牌的市场信誉顺利进入市场。但值得注意的是，若利用成功的品牌开发并投放市场的新产品不尽如人意、消费者不认可，则会影响原品牌的市场声誉，造成品牌稀释。

二、产品包装策略

（一）包装的概念、种类与作用

1. 包装的概念

包装是指设计并生产容器或包装物的一系列活动。它包括两层含义：一是指盛放或包裹产品的容器或包扎物；二是指设计、生产容器或包扎物并将产品包裹起来的一系列活动。

2. 包装的种类

（1）按包装在流通过程中的作用不同，包装可分为运输包装和销售包装。运输包装又称外包装或大包装，是指为了适应储存、搬运过程的需要所进行的包装。主要有纸箱、袋装、防潮、防震装置等包装方式。销售包装又称内包装或小包装，指为了顾客便于携带、使用、陈列的产品包装。这类包装一般美观大方，它不仅能保护产品，而且能美化和宣传产品，吸引顾客，方便顾客。

（2）按包装所处的层次不同，包装可分为首要包装、次要包装和装运包装。首要包装，即产品的直接包装，如牙膏皮、香烟盒等；次要包装，即保护首要包装的包装物，如牙膏盒、香烟的条包装；装运包装，即为便于储运、装卸和防止破损而进行的包装。

（3）按包装技术不同，包装可分为防水包装、防潮包装、防锈包装、缓冲包装、真空包装等。

3. 包装的作用

（1）保护商品，便于储运。产品包装最基本的功能是保护商品、便于储存和运输。有效的产品包装可以起到防潮、防挥发、防污染、保鲜、防变形等一系列保护产品的作用。

（2）包装能美化商品，吸引顾客。随着社会的进步、消费者收入的增加，消费者不仅注意产品内在质量，而且注意产品外包装，并愿意为良好包装带来的方便、外观、可靠性和声望付更多的钱。同时，良好的包装能传达有关产品质量、性能等方面的信息，吸引和刺激消费者购买。

（3）包装提供创新的机会。包装的创新能给消费者带来好处，也给生产者带来利润。

（二）包装的设计原则

产品包装的用途不同，对各类包装的要求也不同。为了合理、充分地发挥产品包装的作用，在设计过程中必须遵循一些原则。

1. 基本原则

包装的主要目的是保护商品，安全是产品包装设计必须考虑的首要原则。因此，包装材料的选择及包装物的制作必须符合产品的物理、化学、生物性能，以确保产品不损坏、不变质、不变形、不渗漏等。

2. 美观有特色原则

销售包装具有美化商品的作用，因此，在设计上要求外形新颖、大方、美观，具有较强的艺术性和个性。

3. 经济原则

在符合营销策略的前提下，应尽量降低包装成本。要克服那种华而不实的经营作风，注意节约，努力降低产品销售价格。

（三）包装策略

1. 类似包装策略

类似包装策略指产品信誉较高的生产经营企业，对其生产的产品采用相同的图案、近似的色彩、相同的包装材料和相同的造型进行包装，便于顾客识别出本企业产品。类似包装不但具有促销的作用，企业还可因此节省包装的设计、制作费用。但类似包装策略只适用于质量相同的产品，对于品种差异大、质量水平悬殊的产品则不宜采用。

2. 配套包装策略

配套包装策略指按不同的消费者习惯，将企业生产经营的有关联的产品放在同一包装中，既便于消费者购买、使用和携带，又可扩大产品的销售。在配套产品中加进某种新产品，可使消费者不知不觉地习惯使用新产品，有利于新产品上市和普及。

3. 再使用包装策略

再使用包装策略指产品使用完后，包装物还有其他用途。例如，各种形状的香水瓶可作为装饰物，罐头的外包装可用作茶杯或者作为其他容器等。这种包装策略可使消费者感到一物多用而引起其购买欲望，而且包装物的重复使用也起到了对产品的广告宣传作用。但是，企业要谨慎使用该策略，避免因成本加大使商品价格过高而影响产品的销售。

4. 附赠品包装策略

附赠品包装策略指在商品包装物内附赠奖券或实物，以诱发消费者购买，或包装本身可以换取礼品，引起顾客的惠顾效应，导致顾客重复购买。例如，康师傅干脆面的包装内就曾经附有小虎队旋风卡，每包干脆面中都有一张不同的旋风卡，如宝贝虎、冲天虎、旋风虎等卡片，这让很多孩子爱不释手，他们渴望拥有成套旋风卡，只能通过购买附有这张卡的干脆面获得。所以，康师傅推出的鸡汁味、麻辣味、牛排味等各种味道的干脆面，随着各种图案的旋风卡走进了千家万户。

5. 不同容器包装策略

不同容器包装策略主要根据产品的性质及消费者的使用习惯，设计不同形式、不同重量、不同体积的包装。例如，将大米包装设计成5kg装、10kg装、20kg装等不同重量的包装，适应了不同消费者的购买习惯。

6. 改变包装策略

改变包装策略即改变和放弃原有的产品包装，改用新的包装。由于包装技术、包装材料不断更新，消费者的偏好不断变化，采用新的包装以弥补原包装的不足。同时，企业在改变包装的过程中，必须配合做好宣传工作，以消除消费者以为产品质量下降或产生其他误解。

第五节　新产品开发策略

当今，消费者需求、科学技术和市场竞争的快速变化，要求企业必须持续不断地开发出新产品，以适应市场瞬息万变和产品生命周期日益缩短的趋势。

一、新产品的概念及类型

所谓新产品，是指与旧产品相比，具有新功能、新结构和新用途，能在某方面满足顾客新需求的产品。大体包括以下三类。

（一）全新产品

全新产品是指应用新原理、新技术、新材料和新结构等研制成功的前所未有的新产品。这类产品的问世往往源于科学技术在某个方面的重大突破，而它们的普及将极大地改善人们的生活。

（二）换代产品

这种新产品是指在原有产品的基础上，全部采用或部分采用新技术、新材料、新结构制造出来的产品。与原有产品相比，换代产品往往在产品外观、性能或者功能等方面有较大改进，可以为顾客带来新的利益。

（三）改进产品

改进产品是指在原有产品基础上适当加以改进，使得产品在质量、性能、结构、造型等方面有所改善。

二、新产品开发的必要性

在消费者需求不断变化、技术日新月异、国内外竞争日益激烈，以及产品生命周期日益缩短的情况下，企业进行新产品开发显得尤为重要和迫切，具体体现在以下几个方面：

（1）消费者需求的变化需要企业不断开发新产品。随着经济的发展和人民生活水平的提高，消费需求发生了很大变化，方便、健康、环保、快捷的产品越来越受到消费者的青睐。与此同时，消费结构的变化加快，消费选择更加多样化。这一方面给企业带来了威胁，使企业不得不淘汰难以适应消费者需求的老产品；另一方面也给企业提供了开发适销对路的新产品的大好时机。

（2）科学技术的发展推动企业不断开发新产品。科学技术的迅速发展促使许多高科技新型产品出现，并加快了产品更新换代的速度。科技的进步有利于企业淘汰旧的产品，生产性能更优越的产品，并将新产品推向市场。企业只有不断应用新的科学技术改造老产品、开发新产品，才能保持企业的创新优势和在市场上的绝对地位。

（3）市场竞争的加剧迫使企业不断开发新产品。随着市场竞争的日益加剧，企业要想在市场上保持竞争优势，占据领先地位，必须不断创新，开发新产品。在市场竞争中，没有疲软的市场，只有疲软的产品。所以，任何一种产品都不能保证企业拥有永久的竞争优势，企业只有不断推出新产品，比竞争对手更好地满足市场需求，才能不断提升企业形象和市场地位。

（4）产品生命周期的日益缩短要求企业不断开发新产品。种种迹象表明，企业的产品生命周期日益缩短。如果企业不及时进行新产品开发，就会在产品走向衰退时面临巨大的风险；如果企业能不断开发新产品，就可以在原有产品退出市场时利用新产品占领市场。所以，当一种新产品投放市场时，企业就应当着手设计另一种新产品，以便在任何时期都有不同的产品处于生命周期的不同阶段，从而保证企业的永续经营。

三、新产品开发的程序

为了成功地开发一种新产品，企业应建立一套科学的新产品开发管理程序。虽然不同行业的生产条件与产品项目不同，管理程序也存在差异，但一般企业研制新产品的管理程序大致如图 7-4 所示。

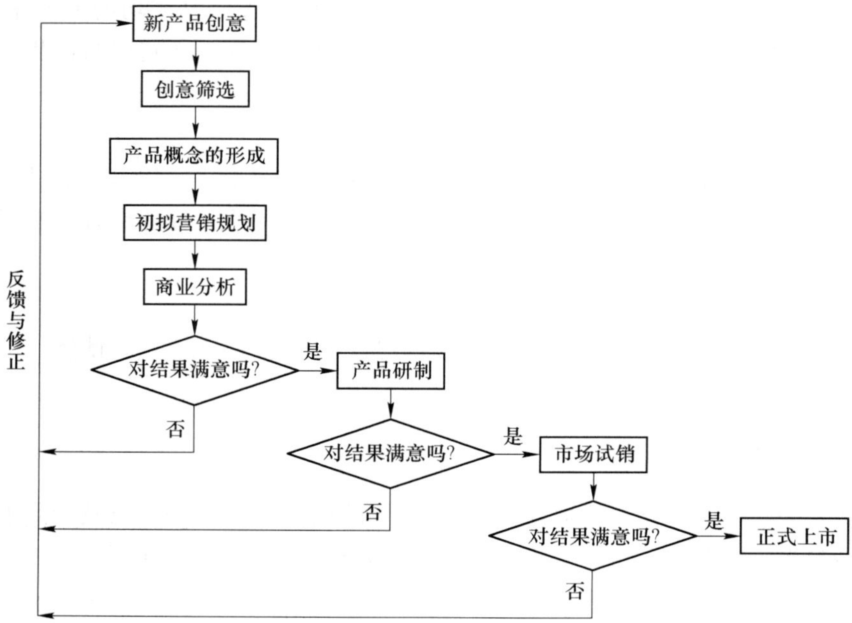

图 7-4　新产品开发管理程序

（一）新产品创意

新产品开发始于寻求产品创意。产品创意是企业为满足某种新需求而提供给市场的一种产品的设想。虽然并不是所有的设想或创意都能变成产品，但寻求尽可能多的创意可为开发新产品提供较多的机会。新产品创意的主要来源有顾客、科学家、竞争对手、推销员、经销商、企业高层管理、市场研究公司、广告公司等。此外，企业还可以从大学、咨询公司、同行业的团体协会、有关的报刊媒体那里寻求有用的新产品创意。

（二）创意筛选

创意筛选指取得足够创意之后，要对这些创意加以评估，研究其可行性，并挑选出可行性较强的创意。创意筛选的目的就是淘汰那些不可行或可行性较低的创意，将公司有限的资源集中于成功机会较大的创意上。创意筛选时，一般要考虑两个因素：一是该创意是否与企业的策略目标相适应，策略目标表现为利润目标、销售目标、销售增长目标、形象目标等几个方面；二是企业有无足够的能力开发这种创意，这些能力表现为资金能力、技术能力、人力资源、销售能力等。

（三）产品概念的形成

有吸引力的新产品创意经提炼后，可形成更加具体明确的产品概念。产品概念是指已经成型的产品构思，即可以用文字、图像、模型等予以清晰阐述，使之在顾客心目中形成一种潜在的产品形象。一个产品创意能够转化成若干产品概念。例如，一家食品加工厂打算生产一种口味鲜美、营养价值高且食用简单方便的奶制品，根据不同的消费对象和消费情景，这一产品创意可转化成3种不同的产品概念：（1）一种快速早餐饮品，为中小学生提供充足的蛋白质、维生素等营养；（2）一种可口的快餐饮料，供成年人中午饮用提神；（3）一种康复饮品，适合老年人就寝前饮用。

（四）初拟营销规划

企业一旦确定最佳的产品概念，就必须制定一个把这种产品引入市场的初步的营销规划，并在未来的开发过程中不断完善。初拟的营销规划包括3个部分：

第一部分，描述目标市场的规模、结构、消费行为、产品的市场定位以及短期（如3个月）的销售量、市场份额、利润目标等；

第二部分，描述产品的预期价格、分销渠道及第一年的营销预算；

第三部分，阐述预期的较长期（如3~5年）的销售量和投资收益率，以及不同时期的市场营销组合等。

（五）商业分析

管理部门一旦对产品概念及营销规划做出决策，接下来便可对这一产品进行商业分析。商业分析主要是从经济效益方面分析新产品概念是否符合企业目标，具体包括两个步骤：预测销售额，推算成本、利润，看它们是否符合企业的目标，如果符合，就可以进行新产品开发。

（六）产品研制

如果产品概念通过了商业分析和测试，就可以进入产品研制阶段。在此阶段，要将通过商业分析的新产品概念送交研发部门或技术工艺部门试制产品模型或样品，同时进行包装的研制和品牌的设计。这是新产品开发的一个重要步骤，因为只有投入资金、设备和人力进行产品试制，才能揭示产品概念能否转变成实际有效的产品实体，以便进一步证明这一产品概念在技术上的可行性。

新研制出的产品模型或样品应满足以下标准：（1）消费者觉得它是产品概念中关键属性的具体体现；（2）在正常使用和正常条件下，该模型或样品能安全地执行其功能；（3）该模型或样品能够在制造财预算内生产出来。

（七）市场试销

如果新研制出的产品通过了性能测试，便可在更可信的消费者环境中对产品的品牌名称、包装设计和营销草案进行测试或对产品进行试销。市场试销的目的在于检验新产品的市场效应，然后决定是否大批量投产。试销中所获得的有关产品定位、价格、渠道、促销等重要信息，将成为日后营销决策的依据。

（八）正式上市

新产品试销成功后，便可以正式批量生产，全面推向市场。此时，企业要支付大量费用，而新产品投放市场的初期往往利润很小甚至亏损。因此，企业必须在以下方面慎重决策：

（1）投放时机。新产品正式上市时，进入市场的时机选择是关键。如果公司用新产品替换旧产品，在正常情况下，应该在旧产品存货销完时推出新产品；如果新产品有很强的季节性，那么应等到合适的季节再推出；如果新产品需要改进，应等到产品进一步完善后再投放市场。

（2）投放地域。公司必须决定新产品是投向单一的地区、一个区域、几个区域、全国市场还是国际市场。一般情况下，多数公司会在一段时间内有计划地逐步扩展产品投放的市场。小公司往往选择一个有吸引力的城市闪电式进入市场，大公司会把产品先投向某个区域，然后再投向其他区域；实力雄厚、拥有全国或国际分销网络的公司则会将新产品直接投向全国或国际市场。

（3）目标市场选择。在市场扩展过程中，公司必须把分销和促销目标对准最有希望的购买群体。公司根据前一阶段的市场测试可描绘出这些潜在的销售对象。最理想的购买群体具有以下特点：最早使用新产品、大量购买新产品、具有意见领袖特征。公司可根据这些特点吸引各种预期的购买群体，尽快获得较高的销售额，以激励销售队伍和吸引其他新的预期购买者。

（4）导入市场策略。公司要在新产品导入市场前制定尽可能完备的营销组合方案，并将营销预算合理分配给各营销组合因素，还要根据主次、轻重有计划安排营销活动。

四、新产品开发策略

（一）抢先策略

抢先策略即抢在其他企业之前，将新产品开发出来并投放市场，从而使企业处于领先地位。采用抢先策略的企业，必须有较强的研究与开发能力，要有一定的试制与生产能力，还要有足够的人力、物力和资金，要有勇于承担风险的决心。

（二）紧跟策略

紧跟策略即企业发现市场上的畅销产品，就不失时机地进行仿制进而投放市场。采用紧跟策略的企业，对市场信息的搜集、处理和反应必须迅速，而且要有较强的、高效率的研究与开发能力。大多数中小型企业都可以采用这一策略。

（三）引进策略

引进策略即把专利和技术买过来，组织力量消化、吸收和创新，变成自己的技术，并迅速转变为生产力。它可以分为三种情况：（1）将小企业整个买下；（2）购买现成的技术；(3) 引进掌握专利技术和关键技术的人才。

(四) 产品系列广度策略

产品系列是指与生产技术密切相关的一组产品。而一个企业拥有的产品系列的数目，称为产品系列的广度。产品系列广度策略按选择宽窄程度分为宽产品系列策略和窄产品系列策略。前者指企业生产多个产品系列，每个系列又有多个品种，它是一种多样化经营策略，许多大型跨国公司和企业集团一般采用这一策略；后者指企业只生产一两个产品系列，每个产品系列也只有一两种产品，市场补缺者往往采用这一策略。宽产品系列策略是一种多样化经营策略，产品多样化经营，不仅分散了市场营销过程的种种风险，也避免了单一产品生产单一化的风险。

在波士顿矩阵的基础上，从产品开发的角度，企业可以采取以下策略来拓宽产品系列。

(1) 对“明星”产品，采取大力开发的策略，在各种资源（包括资金和技术力量）的分配上把“明星”产品列为重点，优先保证，避免使“明星”产品因经营不当而变成“问题”产品。

(2) 对“金牛”产品，应该以保证资金顺利周转为首要目标。“金牛”很难再成为明星，又容易因为管理不当而滑向“瘦狗”的边缘，因此，企业大都采取维持性政策，以此为基础，努力提高“金牛”的盈利总额。

(3) 对“瘦狗”产品，采取从产品组合中逐步退出的政策。

(4) 对“问题”产品，要密切注视市场供需动态，对该产品的开发和投资采取小心谨慎、不轻易投入大量经营资源的对策。

(五) 产品系列深度策略

所谓产品系列深度，即每个产品系列内品种规格的多少。当一种产品的销量迅速扩大时，有一定实力的企业可以以该产品为基准，及时推出它的系列产品，以便尽量占领多个细分市场。由于新产品新生命开发策略是在产品生命周期内进行的，因此处于生命周期的不同阶段，这种策略表现出不同的特色。

(1) 当产品进入导入期时，采取尽量得到消费者信息反馈的策略，以便使生产部门进一步完善、改良产品的性能设计。

(2) 当产品进入成长期、销售量迅速扩大时，有一定实力的企业可以以该产品为基准，及时推出它的系列产品，以便尽量占领多个细分化市场。这就是对同一产品市场中不同的消费者群做区隔分析，使每一区隔的消费者群体的特殊需求得到满足。大企业往往在一系列产品上构成其他竞争对手难以克服的进入障碍，以此控制该类产品的国际市场。同时，由于推行产品系列化，公司就会拥有一个产品族，这样，当一种品牌行销无效时，还有其他几种品牌可以顶上。

(3) 当产品逐渐由成长期进入成熟期的时候，产品的利润量已经达到高峰，该产品可以找到的定位消费者几乎全部找到，这时，企业多采取产品改良的方法，把前期的市场开拓策略改为市场渗透策略。市场竞争转向外形、包装、品牌、价格、服务等方面的竞争。

(4) 当产品进入衰退期时，可以采取两种对策：一是淘汰产品；二是寻找新的市场，延长其生命力。

第六节　服务产品与服务营销

美国营销协会将服务定义为“用于出售或者是同产品连在一起进行出售的活动、利益或满足感”。

一、服务的特点

（一）无形性

首先，它是指与有形的消费品或产业用品相比较，服务的特质及组成服务的元素往往是无形的，不能触摸或用肉眼看见；其次，不仅服务的特质是无形的，甚至使用服务后的利益也很难察觉，或者要过一段时间享用服务的人才能感觉到利益的存在。因此，人们不可能在购买服务之前，去看、听、嗅、尝、摸到服务，而是必须参考许多意见、态度以及各方面的信息。再次购买时，则依赖先前的经验。

（二）相连性

由于服务本身不是一个具体的物品，而是一系列的活动或者说是过程，因此在服务的过程中消费者和生产者必须直接发生联系，从而生产的过程也就是消费的过程。也就是说，服务人员为顾客提供服务时，也正是顾客消费服务的时刻，二者在时间上不可分离。服务的这种特性表明，顾客只有而且必须加入服务的生产过程才能最终消费服务。

也就是在服务产生的时候，消费者并不在现场。例如顾客通过网络或电话委托银行购买外汇，在银行向顾客提供服务（按顾客指定价格代购外汇）时，顾客并不在场。日常生活中，顾客通过网络或者电话向中介机构购买外卖，在中介机构提供服务时（中介机构向指定餐厅购买食品），显然顾客也没有在现场。研究表明，服务分离使得顾客感知到了更多的便利性，但顾客的感知风险也随之上升。

（三）易变性

易变性是指服务的构成成分及其质量水平经常变化，很难统一界定。服务行业是以“人”为核心的产业，人类个性的存在使得对于服务的质量检验很难采用统一的标准。一方面，由于服务人员自身因素（如心理状态）的影响，即使由同一服务人员所提供的服务也可能会有不同的水平；另一方面，由于顾客直接参与服务的生产和消费过程，顾客自身的因素，如知识水平、兴趣和爱好等，也直接影响服务的质量和效果。

（四）时间性

服务的无形性以及服务的生产与消费同时进行，使得服务不可能像有形的消费品和产业用品一样储存起来，以备将来出售，而且消费者在大多数情况下不能将服务携带回家。当然，提供服务的各种设备可能会提前准备好，但生产出来的服务如不当时消费，就会造成损失，如车、船、飞机等的空位，不过，这种损失不像有形产品损失那样明显，它仅表现为机会的丧失和折旧的发生。因此，时间性的特征要求服务企业必须解决由缺乏库存所引致的产品供求不平衡问题。

二、服务营销组合

服务营销组合是服务企业依据其营销战略对营销过程中的构成要素进行配置和系统化

管理的活动。针对服务的特性，很多学者在传统的 4P 营销组合的基础上进行了扩展，提出了各种服务营销组合，其中广为接受的是 7P 营销组合见表 7-2。

表 7-2　服务营销组合的要素

要素	内　　容
产品	领域、质量、水准、品牌名称、服务项目、保证、售后服务
定价	水准、折扣、付款条件、顾客的认知价值、质量/定价、差异化
渠道	位置、可及性、分销渠道、分销领域
促销	广告、人员推销、销售促进、公共关系
人员	人力配备：训练、选用、投入、激励、外观、人际行为；态度 其他顾客：行为、参与程度、顾客与顾客的接触度
有形展示	环境：装潢、色彩、陈设、噪声；装备实物；实体性线索
过程	政策、手续、机械化、员工裁量权、顾客参与度、顾客导向、活动流程

（一）服务产品

一般情况下，服务产品是由一个核心服务和附着在其上的一系列不同的附加服务要素组成的。其中，核心服务被用于满足顾客对基本利益的需要，比如，提供一个特定地点的交通方案、一个特定的健康问题的解决方案，或者对发生故障的设备进行修理。附加服务是一些可以帮助使用核心服务和提高核心服务价值的要素，包括提供所需要的信息、建议、用于解决问题的文字说明和热情的招待等。

观察各类服务，我们不难发现，核心服务不同的各种服务拥有大致相同的附加服务。服务营销学家洛夫洛克将附加服务分为信息、咨询、订单处理、招待服务、保管服务、例外服务、开账和付款 8 类。

并非每种核心服务都被这 8 类附加服务要素包围。不同的服务企业可以根据自身需要和战略定位提供不同的附加服务，例如，医疗保健这种针对人体的高接触服务就比汽车修理这种针对物体的低接触服务需要更多的附加服务。附加服务的数量和质量可以体现出企业的不同定位；反过来，利用附加服务，企业可以使其服务产品差异化，还可以树立良好的服务品牌。

（二）服务定价

服务定价不仅仅是给服务贴一个价格标签，而且在体现服务质量方面发挥着重要作用。这就要求企业必须重视定价在服务营销中的战略地位。

定价策略依据服务成本、顾客感知价值和竞争者价格。其中，服务成本决定了服务价格的下限；顾客感知价值，即顾客愿意为服务支付的最高金额决定了服务价格的上限；竞争者价格则调节着企业服务价格在下限与上限之间不断波动的幅度，并最终确定服务的实际价格水平。

服务成本是服务定价过程的决定性因素，它为服务定价设定了最低界限，因为如果服务价格低于服务成本，企业将无利可图。但是如果企业能够有效地控制服务成本，使之处于全行业最低水平，企业的获利空间就会相对较大。

顾客感知价值为服务定价设定了最高界限。顾客感知价值通常表现为顾客购买总价值与购买总成本的差额。营销人员应该通过增加购买总价值、削减总成本来提高顾客感知价值。

在最高价格与最低价格之间应该确定怎样的价格，还取决于竞争对手同种产品的价格水平。一般而言，市场上竞争者越多，消费者获取产品的范围越大，企业在服务价格方面的选择余地就越小，把价格保持在竞争者价格水平之下的难度就越大。企业要想制定有竞争力的定价策略，必须采用适当的方式，尽可能详细地了解竞争者的价格信息、成本状况以及产品质量等，这样才有可能比质比价，从而确定有竞争力的服务价格。

需要指出的是，服务定价还应考虑高峰需求时间的溢价和需求；下降时为吸引顾客而给予的折扣，旅游、交通、娱乐休闲等服务均会较多地涉及上述两种定价策略。此外，知名的服务品牌能够为客户带来利益价值，因而也可以采用溢价战略。

（三）服务渠道

由于服务往往是非实体性的，一般很难与服务提供者分开，且具有易逝性，因此，选择交付服务的地点和方式就显得非常重要，这会影响顾客感知价值和利益。一般而言，为目标顾客提供服务时如何选择位置和渠道是服务渠道决策的两个关键问题，即服务企业应该在什么地方提供服务，如何把服务交付给顾客。

（四）服务促销

在服务营销活动中，沟通组合有助于界定和生动展现一个服务企业的个性特征，并且突出特定的服务特色的竞争优势。对于服务业来说，有效沟通可以使原本易逝的无形产品成为有形产品，还能提供信息和指导顾客，帮助顾客做出明智的选择，以便他们能从所购买的服务中获取更高价值。

促销是营销组合中的一个重要因素，它综合利用了各种促销工具，对服务企业具有重要意义。比如，迪士尼公司的很多促销活动都对其服务整体价值的提升有所贡献，除了向顾客传播不同的信息外，迪士尼公司还采取多种促销方式激发顾客的兴趣，让顾客对其所提供的服务体验产生需求。

服务促销组合主要包括广告、人员推销、销售促进、公共关系、口头传播和直邮等。在服务业中，由于更多地强调互动性，因此要求销售人员与顾客频繁接触。由于服务越复杂，越需要销售人员提供准确的信息，回答顾客的各种问题，提供其他可行方案，因此对于大多数服务行业来说，人员推销的沟通作用最重要。人员推销是刺激服务购买的最佳手段，随着服务的个性化发展，这种趋势还在不断加强。此外，广告也是服务业的重要促销工具，它对吸引注意力和刺激购买兴趣的作用不容忽视。互联网以其即时互动的鲜明特色成为增长最快的服务促销工具之一。互联网对于沟通促销的作用，从网上广告和网上公关宣传对传统促销手段的革命性变革中可见一斑。

（五）服务人员

在服务业的交易活动中，由于服务的无形性，顾客往往把服务人员等同于服务活动本身，因此顾客与服务人员怎样实现成功互动，对服务企业来说具有重要意义。服务营销的成功与服务人员的甄选、培训、激励和管理密切相关。

服务人员是企业为顾客创造差异化服务的关键要素。因此，很多服务企业认识到，为了成功地针对外部顾客开展营销，针对员工开展内部营销是必要的，即把服务人员看作服务营销组合的一个独立因素，对他们进行适度的关心以使其行动的影响最大化，激励他们做出贡献。

（六）服务的有形展示

有形展示是指企业中与提供服务有关的实体设施、人员及沟通工具等的展现。由于服务具有无形性，因此有形展示对顾客的购买决策产生重要影响，它不仅影响产品使用的便利性以及信息的对外传递，而且直接影响顾客对服务产品质量的期望和判断。

有形展示的作用在于：可以利用感官刺激，让顾客感受到服务给自己带来的利益可以引导顾客对服务产品产生合理的期望；可以影响顾客对服务产品的第一印象；可以促使顾客对服务质量产生“优质”的感觉；可以成为顾客回忆曾经接受过的服务的有形线索；可以帮助顾客识别服务企业及其产品，改变对它们的印象；可以协助培训服务人员。因此，服务企业要加强对服务有形展示的管理。

（七）服务过程

服务过程是服务的生产与递送的过程。服务过程管理涉及这一过程中服务人员的工作内容和编排程序、必要的服务设施的设计布局、质量保证与监管、顾客接触与参与生产能力控制等。

综上所述，服务营销组合的 7 个要素既相对独立又相互影响。在制定服务营销组合策略时，营销人员必须考虑这些组合要素之间的关系，重视以下方面：一致性，指服务营销组合中两个或多个要素之间存在一种合理的和有益的适应关系；整合，指组合要素之间存在一种和谐的相互作用；杠杆作用，指充分利用每个要素的优势支持整个营销组合。

重要概念

产品	产品的整体概念	产品组合	产品线
产品项目	品牌	品牌延伸	产品生命周期
新产品	产品创意	商业分析	服务
服务营销组合			

思考题

（1）怎样理解产品整体概念？整体上产品包括那几个层面的内容？

（2）怎样划分产品生命周期的不同阶段？试述产品生命周期各阶段的特征和营销策略。

（3）品牌策略包括哪些内容？

（4）简述新产品开发的主要程序。

（5）什么是服务？服务有什么特点？

（6）服务营销组合策略的构成要素与具体内容是什么？

实践训练

（1）浏览相关企业网站，选取你感兴趣的一家企业，研究其当前的产品组合状况，并分析其产品组合优化的必要性及具体策略，将上述问题整理成一份 10min 的报告，以备课堂交流。

（2）选择你喜欢的一种产品，运用本章所学知识对其产品生命周期的管理提出意见和建议。

（3）请到当地的主要大型连锁超市调查是否有零售商自有品牌商品，使用了哪些品牌？

推荐阅读

（1）卡尔·T. 乌利齐，史蒂文·D. 埃平格．产品设计与开发［M］. 杨青，吕佳芮，詹舒琳，等译．北京：机械工业出版社，2015.

（2）蓝海．如何进行产品创新［J］. 销售与市场（管理版），2016（4）.

（3）孙瑞雪．现象级产品如何延长生命周期［J］. 销售与市场（管理版），2016（1）.

（4）凯文·莱恩·凯勒．战略品牌管理［M］. 4版．吴水龙，何云，译．北京：中国人民大学出版社．2014.

（5）唐·E. 舒尔茨，贝茨·E. 巴恩斯，海蒂·舒尔茨，等．重塑消费者-品牌关系［M］. 沈虹，郭嘉，王维维，等译．北京：机械工业出版社，2015.

案例分析

吴酒的背后

吴晓波的吴酒，在酒水行业内被认为是一个典型的成功案例，其所提供的新思路和新模式给予业内人士很多启示。吴酒33小时卖出5000瓶、72小时预订3.3万瓶的纪录着实让业内人士心动。“杨梅树认养计划”是吴酒又一次新的尝试，也是吴酒又一次在商业模式延承中的创新。

无论从文化层面还是营销层面来看，吴酒无疑给整个酒水行业呈现了一个典型且具有参考价值的案例。反观当下酒水行业：白酒，经过黄金十年后，仍处于调整期；啤酒，2014年首次下滑后，正面对精酿和进口啤酒的冲击；葡萄酒，面对鱼目混珠的市场，国产酒一直在价格和认知度等层面受到进口葡萄酒的打压。对于酒水行业的此种境况，吴酒，一个“初来乍到”的品牌，一个“剑走偏锋”的品类，却获得意想不到的成功。吴酒的成功，留给我们哪些反思？我们又能够从中得到什么借鉴？

人格化的品牌力。

在2016年成都春糖会上，吴晓波和江小白创始人陶石泉同现论坛，在各自做完主题演讲之后进行了对话。在产品层面，二者所打造的品牌拥有一个共同的特点——人格化。前者是以吴晓波命名的“吴酒”，后者是富有人物情感色彩的“江小白”。从这里可以看出两位同台的原因。

为什么品牌要人格化？为什么人格化的品牌具有品牌力？吴晓波论述的“返祖现象”解释了这一点。由于互联网的存在，整个商业层面，包括传播、品牌、生产和渠道都演绎着“返祖现象”。其中，品牌的返祖就是回溯到早年间，人们经常以创始人或者制作人的名字为商品命名的情形，比如王麻子剪刀。当时人们之所以这样做，是因为商品流通不便，大都面向认识创始人或者制作人的顾客销售。使用自己的名称作为品牌，一方面有利于传播，起到和消费者互动的效果，用吴晓波的话讲就是人格认同感部分地替代产品功能，成为新的用户黏性和购买理由；另一方面，也保留人格担保的意味。

以吴酒为例，吴晓波作为当下著名的财经作家，声名远扬，以自己的名字命名有助于传播和推广。试问“什么是吴酒?”“吴晓波酿的酒就叫吴酒。”另外，用吴晓波自己的话讲，如果吴酒做不好，消费者觉得不好喝或者有问题，首先质疑的是吴晓波本人，所以这就有点人格担保的意味，即潜在地告知消费者，酒是吴晓波酿的，应该是上等佳酿，这也有助于反省内视，确保吴酒质量的上乘。

执着的工匠精神。

在可以预见的未来，一切商品都将同时呈现“特定人格”和“工匠精神”两个特征。除了人格化的品牌，“工匠精神”是未来产品所附有的文化内涵的重要组成部分。对于吴酒而言，这种“工匠精神”显而易见。这与吴晓波记者、作家出身有一定的关系，因为吴晓波的文章句句要求有根据，这本身就是“工匠精神”的一种体现。而如今做起吴酒，在工艺、酒质、风格等酒体层面更加精益求精。

不一般的水源。世界上任何一款优质的美酒都离不开优质的水源。因为酒体中的主要成分便是水，而且水参与并影响到整个酿造环节。千岛湖绝佳的水质众所周知，不用赘述。

不一般的杨梅。杨梅酒的灵魂是杨梅，而一株植物从发芽到结果，无疑会受到生长环境的极大影响，这也就是葡萄酒注重酿酒葡萄风土的原因。而对于酿造吴酒的杨梅而言，千岛湖优越的自然环境，让这里生长的每一株杨梅树、结下的每一粒子实都烙上千岛湖的印记，饱吸千岛湖的天地灵气，演绎出个大汁多、肥厚甘甜的品质。更为重要的一点，这里的杨梅，在吴晓波遵循自然的管理理念下，十几年如一日，从来没有施用过农药。

不一样的酿造。古法、考究，这是吴酒工艺的关键词。吴酒的基酒采用上好的陈年荞麦酒，在酿造过程中，对容器、温度、各个环节都多加考究，并还原民间古法。对于工艺的考究，吴晓波本人表现出极大的兴趣和耐心。在此次吴酒“杨梅树认养计划”的现场，吴晓波就“杨梅酒到底要不要果肉？要不要澄清?”的话题与在场的朋友进行了深入的交流与沟通，“工匠精神”和“消费者至上思维”表现得淋漓尽致。

正确的定位场景。

吴晓波频道是反对屌丝文化的。媒体内容的受众是代表着精英群体的中产阶层。当下，中产阶层的崛起逐渐被行业关注，1.09亿庞大的群体占成年人口的11%，被业内认为是巨大的酒品消费金矿。中产阶层除了具有足够的消费能力，还具有商业性的酒水消费场合，以及在消费场合中的话语权，处于意见领袖的地位。

有人将吴酒的成功归因于吴晓波本人和吴晓波频道的影响力，这当然是不可或缺的因素。就像在论坛上吴晓波提到的，当一个生产者把内容做好时，连接的成本将会很低。借着吴晓波频道的强劲驱动，绝佳品质的吴酒自然可以卖得很好。除此之外，还有一个很重要的因素没有提及，那就是吴酒定位的聚焦性和正确的消费场景。

定位的聚焦性。中产阶层的消费特点是什么？用一个相对简单的词概括起来是“轻奢主义”。马斯洛需求层次理论告诉我们，当底层需求，诸如食物、安全等满足之后，人们会将需求提升到精神层面，比如情感。中产阶层就是这样的一个群体，在消费上追求轻度奢侈，为的是满足精神的需求，体验一种“生活家”的感觉。吴酒定位于中产阶层，满足了这部分人群的这种需求。吴酒的关键词是“美好”，上好的水、上好的杨梅、上好的包装，加之杨梅酒健康的属性，为吴酒打上了“美好”的标签。与此同时，吴晓波一本《把生命浪费在美好的事物上》更为吴酒画龙点睛。

正确的消费场景。自2012年起白酒行业断崖式下滑，一部分原因在于消费场景的阻塞，现在，白酒行业这艘大船正在掉头，从聚焦“公务酒场”转到“商务酒场”。这两者却都不是吴酒的消费场景，吴酒的消费场景在哪里？“个人酒场”。吴酒适合个人品位，或者好友聚会。相比于“公务酒场”和“商务酒场”，“个人酒场”中单次消费的费用并不高，但可以预见的是，这块蛋糕巨大无比。如果一款酒能够真正走入消费者的生活，真正让消费者爱上饮用，对于品牌和销量都具有不可估量的势能。

资料来源：李墟．吴晓波成功打造“吴酒”，留给我们哪些反思？．简书，2016-03-30，有删节．

思考：

（1）结合案例，谈谈产品或品牌人格化塑造的重要性。
（2）结合案例，分析吴酒的成功之处及其对我们的启示。

第八章 定价策略

学习目标

（1）了解企业定价目标与定价影响因素。
（2）掌握企业定价方法。
（3）掌握定价技巧和策略。
（4）熟悉企业对价格变动的应对策略。

引例

2017年7月26日，小米在北京国家会议中心同时发布了小米5X智能手机、MIUI 9手机系统、小米AI音箱三款新品，然而，本该是外界重点关注的小米5X和MIUI 9却被小米发布的299元AI音箱抢尽了风头。一夜之间，整个智能音箱行业被小米搅局。小米音箱和同行业相比价格偏低，直接将智能音箱行业的整体价格拉低。299元的价格已经接近正在进行产业升级的蓝牙音箱，所以最先被击败的会是蓝牙音箱产品。

之前的智能音箱产品价格都在500元以上，不利于大多数消费者尝鲜，而小米以低价入局，一定程度上能刺激消费者的购买意愿，但消费者的使用体验还要看音箱的音质、技术及其他服务的水平。小米低价杀入智能音箱市场，或许会像当年小米杀入移动电源、智能手环市场一样，洗掉一些价格奇高、体验奇差、利用泡沫进行融资的企业。2013年，小米推出69元的移动电源，按照当时的行业价格，要达到同样的品质，成本接近80元。小米瞬间打败了深圳一半做移动电源的工厂。一年内，小米移动电源销量直接冲上千万套。在手环市场，小米还是同样的套路，用粉丝优势和低价冲击行业，迅速把售价79元的手环做到100万台。

2017年上半年，在中国市场上，腾讯、百度、阿里巴巴各自推出智能语音产品及解决方案，喜马拉雅FM小雅AI音箱、阿里天猫精灵、联想智能音箱等更是以999元、499元、899元的价格对外发布了自己的音箱产品。从外观或功能上看，上述音箱除了能听音乐、支持设定闹钟、提醒事项、查询天气外，还能与消费者进行语音互动、控制家用智能设备。早先，谷歌、苹果、微软、亚马逊等国际巨头已抢先进入智能音箱领域。后来众多企业纷纷入局智能音箱，被认为是巨头们在提前布局AI时代的入口。小米公关曾向记者透露，小米AI音箱支持连接超过6000万智能设备的米家MIoT平台，通过语音就可以轻松控制 8 大类小米智能家居设备。显然，小米音箱的低价格并不是为了盈利，而是将小米音箱定位于抢占智能物联网入口的关键。

资料来源：改编自陈佳岚，吴可仲．“价格屠夫”小米推超低价音箱血洗行业售价仅 299 元．中国经营报，2017-08-05.

在市场营销组合中，价格是促成交易最直接的因素，也是最灵活、最容易做出调整的营销组合因素。合理的价格能够促成交易并为企业带来预期收益，因而企业在制定产品决策的基础上，还需要为其产品制定恰当的定价决策。本章将就企业定价的影响因素、定价方法、定价策略进行具体分析。

第一节　影响定价的因素

企业定价是指企业以经营目标为指导，根据产品成本和市场供求情况，为取得预期的效益而制定的产品销售价格。定价是否科学直接关系到市场对产品的接受程度，影响到市场需求和企业利润，涉及生产者、经营者、消费者等多方面的利益。当企业开发一种全新产品，将一种常规产品推向一个新的销售市场或者一个地理区域，投标一项新的承包工程时，就面临如何为其产品或服务制定价格决策的问题。

在了解定价决策前，首先需要了解哪些因素会影响企业的定价。影响企业定价的因素很多，可以概括为企业内部因素和外部因素两大类。

一、影响定价的企业内部因素

（一）定价目标

定价目标是指企业通过制定产品或服务的价格达到预期的销售或盈利目的。定价目标直接影响企业定价方法的选择并决定价格水平。一个企业的定价目标主要有维持生存、当期利润最大化、市场占有率最大化、预期投资收益最大化、产品质量最优化等。

（二）产品成本

任何企业都不能随心所欲地制定价格。产品的最高价格取决于市场需求，最低价格取决于产品的成本费用。从长远看，任何产品的销售价格都必须高于成本费用，只有这样，才能以销售收入来补偿生产成本和经营费用，否则就无法经营。因此，企业制定价格时必须估算成本，如图 8-1 所示。

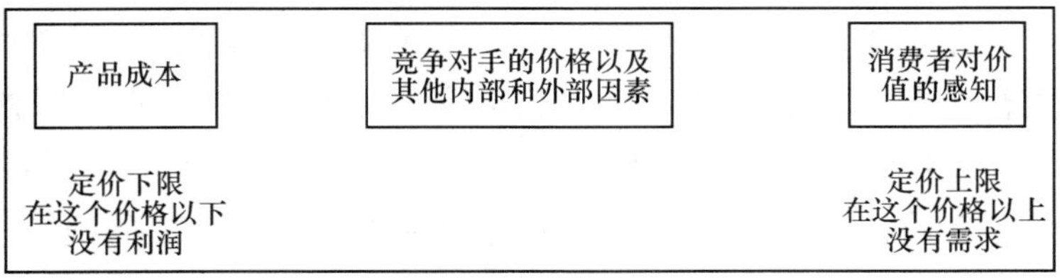

图 8-1　定价的上限和下限

企业的成本可以从短期和长期考虑。短期指的是相对较短的时期，在此期间，企业不能自由调整生产要素的投入和组合，不能选择各种可能的生产规模。而长期指的是相对较长的一个时间周期，在这个时期里，企业可以自由调整生产要素的投入和组合，选择最有利的生产规模。企业在制定相关战略时，必须考虑时间周期的因素，对已有产品或新产品在生产、销售等经营过程中涉及的各种直接成本和间接成本进行合理的分配和规划，以实现企业利润最大化。

（三）其他营销组合因素

定价是企业营销组合的要素之一，营销组合具有整体性的特征，每一组合策略的确定都会受到其他组合因素的影响，定价也不例外。

（1）产品策略。企业在不同产品的开发、生产制造等不同环节中投入的资金有很大差异。如果企业的某一产品在质量、品牌上具有明显的竞争优势，其价格水平可以高于行业平均水平。

（2）渠道策略。企业的渠道策略涉及中间环节的多少、不同类型中间商的选择等，这些都直接决定着渠道费用的高低，进而影响产品的最终市场价格。比如，对于出厂价格既定的一件产品，选择直接分销所定的价格一般低于间接分销，渠道环节越多，最终价格越高。

（3）促销策略。企业的促销策略涉及促销方式选择、广告媒体选择、促销频率安排等，这些都会直接影响企业的销售成本，进而体现在价格水平中。

二、影响定价的企业外部因素

（一）市场需求因素

供求规律是市场经济的基本经济规律，它决定着价格背离或趋向价值的方向和程度。当产品供过于求时，价格下跌；当产品供不应求时，价格上涨。在当前以买方市场为主要特征的市场条件下，市场需求成为影响企业定价的最主要因素。

市场需求因素与价格的关系可用需求价格弹性来描述。需求价格弹性是指价格变动对市场需求变动的影响程度，它以需求变动的百分比与价格变动的百分比的比值来衡量。当需求价格弹性大于 1 时，意味着既定的价格变动导致了需求更大幅度的变动，此时降价可使企业收入增加。

顾客需求对产品定价的影响，还通过需求强度、需求层次反映出来。需求强度是指顾客想要获取某种产品的程度，若顾客对某种产品的需求比较迫切，则其价格敏感程度下降，企业可将价格定得高一些。不同的需求层次对价格也有影响，对于能满足较高端需求层次的产品（如顶级配置的产品），可将价格定得高一些；反之，则应定得低一些，这样才能满足不同层次顾客的需求。

（二）市场竞争因素

价格是企业竞争的重要手段，因而在定价时除了考虑成本与需求因素之外，还要密切关注竞争对手同类产品的定价。竞争因素对企业定价的影响首先表现在企业所处市场竞争结构对定价的影响，不同的市场竞争结构决定了企业定价方法的差别。在完全竞争的市场上，产品高度同质，价格由供求关系决定；在垄断竞争市场上，不同企业的产品存在要素差异化，企业可根据自己的产品特色及定位确定价格；在寡头垄断市场上，少数企业垄断市场、左右市场价格，不提倡采用价格竞争手段；在完全垄断市场上，由于行业中只有一家企业，其他企业没有进入机会，因此该企业定价为垄断价格。

此外，企业的竞争手段及竞争目标也直接影响定价。比如，如果企业采用价格竞争手段，通常其竞争目标是提高产品的市场占有率，其价格往往低于行业平均水平。而任何一次价格调整都会引起竞争者的关注，并导致竞争者采取相应的对策。在这种对抗中，竞争力量强的企业有较大的定价自由，竞争力量弱的企业定价的自主性较小，通常是跟随市场领先者进行定价。

（三）社会经济状况

社会经济状况从多个方面影响产品价格的变化。

1. 宏观经济状况对价格的影响

市场经济周期性的变化直接影响市场的繁荣，并决定价格总水平的变化。一般来说，经济快速发展，人们的收入增长较快，易出现总需求膨胀，人们对价格变动的敏感性减弱，有利于企业自由地为产品定价；而在经济调整或衰退时期，经济发展速度放慢，易出现有效需求不足。比如，2008 年始自美国的金融危机导致的全球经济衰退对我国国内经济也产生了较大的影响，消费资料中大到房地产、汽车，小到水果、蔬菜，几乎所有产品的价格都有不同幅度的回落。

2. 通货膨胀对价格的影响

产品价格的变动受货币因素特别是通货膨胀的影响。在通货膨胀的情况下，为维持以往的利润水平，当企业无法全部消化通胀因素时，提价成为必然。通货膨胀对价格的影响有时和其他因素的作用交织在一起，当货币因素和非货币因素的作用方向一致时（如垄断因素、周期性高涨等交织在一起），价格上涨水平就会明显提高。

3. 汇率变动对价格的影响

汇率是不同国家货币之间的比价。汇率的变动会对一国的进出口贸易产生重要的影响。从理论上讲，一国为了增加出口，可以通过本币贬值的方法实现。汇率的变化会直接影响到国内外市场上的供求状况，从而对价格产生影响。

（四）政府干预

为了维护国家与民众的利益，维持正常的市场秩序，每个国家都有相关的经济法规来约束企业的定价行为。这种约束反映在定价的种类、价格水平和定价的产品品种等方面。比如，近年来我国政府多次提高主要农产品的最低收购价格，也多次对部分药品实施强制性降价。而在企业开展国际市场营销活动时，更需要了解相关目标市场的政府定价政策与法规，以保证企业顺利开展营销活动。

第二节　定 价 方 法

企业制定价格是一项很复杂的工作，必须全面考虑各个方面的因素，采取一系列步骤和措施。一般来说，要采取 6 个步骤：选择定价目标，测定需求的价格弹性，估算成本，分析竞争对手的产品与价格，选择适当的定价方法，选定最后价格。

企业产品价格的高低受市场需求、成本费用和竞争情况等因素的影响和制约。企业制定价格可以基于市场波动程度、成本、竞争产品价格、顾客期望和感受价值等。在数字化时代，企业还可以基于行情适应和行情协作制定价格。大体上，企业定价有 3 种导向，即成本导向、需求导向和竞争导向。

一、成本导向定价法

成本导向定价法是以成本为中心的定价方法，最简便易用。以产品成本为基础，加上预期的利润，即为产品的基本价格。生产企业以生产成本为基础，商业企业以进货成本为基础。根据采用的成本项目和所追求利润指标的不同，计算单位产品价格的成本导向方法也不同。一般包括以下几种具体方法。

（一）成本加成定价法

成本加成定价法，即单位成本加上一定百分比的加成得出产品价格。计算公式为：

$$单位产品价格 = 单位产品总成本 \times (1 + 成本加成率)$$

其中，单位产品的总成本是单位产品的固定成本与可变成本之和。固定成本是不随产量的变化而变化的成本，可变成本是随产品产量的变化而变化的成本。

在这种定价方法中，加成率的确定是定价的关键，现实中，不仅各种产品的加成率相差较大，而且不同企业同一种产品的加成率也不是固定的，须视各种具体情况而定。

成本加成定价法之所以被普遍采用，主要是因为：

（1）成本的不确定性一般比需求少；

（2）只要同一行业的所有企业都采用这种定价方法，它们的价格将趋同，价格竞争的变数较少；

（3）许多人感到成本加成定价法对买卖双方都较公平，尤其在买方需求强烈时，卖方没有利用这一有利条件谋求额外利益，而仍能获得公平的投资报酬。

但成本加成定价法的缺点也很明显，它忽视了市场竞争和供求状况的影响，缺乏灵活性，难以适应市场竞争的变化形势。特别是如果加成率的确定仅从企业角度考虑，则很难准确得知可获得的销售量。

（二）目标利润定价法

目标利润定价法，即根据估计的总销售收入和估计的销售量制定价格的方法。这种定价方法需运用“收支平衡图”，在图中反映不同销售水平上的预期总成本和总收益情况。图 8-2 所示为一个假设的收支平衡图，其中，E 为收支平衡点。在该图中，固定成本不随产量的变化而变化，是一条直线；总成本是可变成本和固定成本之和，因此，总成本在固定成本线上随产量增加而逐渐上升。总收入线以原点为起点，随着销售量增加而逐渐上升，其斜率的大小相当于产品价格。

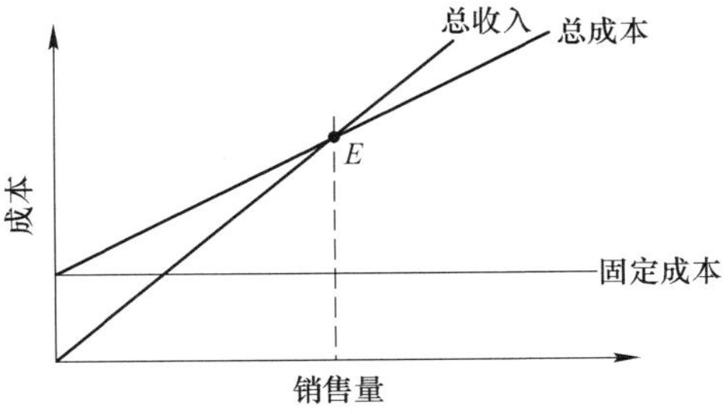

图 8-2 收支平衡图

在 E 点，总收入正好等于总成本。假定产品的单价为 15 元（即确定斜率），则企业至少要销售 60 万单位的产品才能实现收支平衡。收支平衡点的销售量可用下列公式计算：

$$销售量 = \frac{固定成本}{单价 - 可变成本} = \frac{6000000}{15 - 5} = 600000$$

如果企业的目标利润定为 200 万元，要达到这一目标，就必须销售 80 万单位的产品，这时总收入为 1200 万元，总成本为 1000 万元，目标利润为 200 万元。

目标利润定价法的价格是按预测销量确定的，只要预测销量较为准确，价格也就较为准确，进而能保证企业目标利润的实现。但这种方法有一个重要的缺陷，即企业以估计的销售量求出应制定的价格，殊不知价格恰恰是影响销售量的重要因素，因此，为了确保实现预期销售量，企业应将价格、销售量与需求因素结合起来考虑。

二、需求导向定价法

需求导向定价法，即根据消费者对商品的需求差异、需求强度和对商品价值的认识来制定企业价格。在实践中，常用的方法有以下几种。

（一）认知价值定价法

认知价值定价法是根据消费者对产品的认知价值来制定价格。越来越多的企业在制定价格时会考虑顾客对产品的认知价值。营销者认识到，作为定价的关键，不仅要考虑卖方成本，而且要了解购买者对产品价值和品牌的认知。因此，企业要利用各种途径加强品牌宣传并提升品牌价值，以在购买者心目中强化认知价值，提升产品的价值定位，通过价值的提升带动产品的价格提升。

决定认知价值的因素很多，包括买方对于产品宣传的知晓程度、对产品的质量评价、对销售终端实力的评价、对服务能力（售前、售中、售后服务）的评定等。

认知价值定价法的关键在于：一是向潜在顾客提供并展示比竞争者更高的价值。为此，企业必须了解顾客的价值取向和决策过程。二是准确计算产品提供的全部市场认知价值。企业如果过高估计自己的认知价值，便会确定偏高的市场价格，使消费者难以接受，从而阻碍销售。如果过低估计认知价值，则会出现偏低的市场价格，不仅会影响消费者对产品价值的正确判断，而且会使企业因售价过低而蒙受损失。

（二）反向定价法

反向定价法又称价格倒推法，是以市场需求为出发点，以购买者能够接受的最终价格为基础，在计算经营成本与利润后，倒推出产品的批发价格或零售价格。由于交易价格既定，企业要想扩大利润空间，只有通过降低成本来实现。

（三）需求差异定价法

需求差异定价法是指企业根据销售对象、销售条件、销售情境不同而对同一产品制定不同价格的定价方法。常用的方法有：

（1）因地点不同而差别定价。比如，同一罐啤酒在小吃摊、酒楼和五星级酒店的售价会有数倍的差别。

（2）因时间不同而差别定价。比如，黄金周期间交通、住宿、餐饮、景点等服务产品的价格均高于平时，电力、通信行业的峰谷分时价格也有差异。

（3）因顾客不同而差别定价。有些产品或服务会根据顾客身份不同而执行不同的售价，比如，大学生购买火车票享受半价优惠。

三、竞争导向定价法

竞争导向定价法，即以市场竞争对手的同类产品价格为重要依据的定价方法。其原则是：不论成本、需求如何变化，只依据竞争对手价格的变动而变动。在实践中，常用的方法有以下几种。

（一）通行价格定价法

通行价格定价法也称随行就市定价法，是指企业按照行业平均价格水平来定价。采用此种方法定价的原因有：成本计算困难；在竞争者不确定时，如果另行定价，很难了解竞争者对本企业价格的反应。此外，也有部分企业期望与同行和平相处，为避免引发价格战而采用这种定价方法。在寡头垄断的行业市场中，企业通常采取相近的价格；而在完全竞争市场上，随行就市是必然的选择，在产品同质的情况下，提价将失去市场，降价则容易引发价格战。

（二）投标定价法

投标定价法是买方在媒体上刊登广告或发出邀请函，说明需采购的商品品种、数量、规格等要求，邀请卖方在规定期限内密封报价来参与竞争投标的定价方法。买方在规定的时间内开标，选择报价最低、对自己最有利的卖方成交，并签订采购合同。投标定价法主要用于投标交易方式中。价格的制定受到两方面的限制：一方面需要考虑成本，若报价低于成本则会损害企业利益；另一方面报价不能过高，否则会降低中标的可能性。

目前在我国，诸如政府采购大宗商品、企业采购原材料与成套设备、重大建筑工程项目的买卖和承包、出售小型企业等，往往采用发包人招标、承包人投标的方式来选择承包者，确定最终的承包价格。一般来说，招标方只有一个，处于相对垄断地位，而投标方有多个，处于相互竞争地位。标的物的价格由参与投标的各个企业在相互独立的条件下确定。在买方招标的所有投标者中，符合合同的基本条件且报价最低的投标者通常会中标，它的报价就是承包价格。

第三节　定 价 策 略

企业依据成本水平、市场需求、市场竞争因素制定出的是产品的基本价格，不一定就是成交价格。在实际营销活动中，由于成交的具体情境存在差异，企业会根据交易方式、成交数量、付款方式等因素对基本价格进行适当调整，以确定最有利于实现营销目标的成交价格。

一、产品组合定价策略

当某种产品成为产品组合的一部分时，企业要寻求整个产品组合能获得最大利润的共同价格，而不仅仅是单个产品的价格。常见的产品组合定价策略有以下几种。

（一）产品线定价

产品线定价又称产品大类定价。当企业生产的系列产品存在需求和成本的内在关联时，为了充分发挥这种关联的积极效应，在定价时，首先确定某种产品的最低价格，以吸引消费者购买产品系列的其他产品；其次，确定产品系列中的某种产品的最高价格，让它充当品牌形象和投资回报的角色；最后，分别依据其余产品在产品系列中的不同角色制定不同的价格。例如，家具店将某款沙发的价格定为三种水平：2500 元、2800 元和 3600 元。消费者可以根据价格判断不同沙发的质量，并根据自己的需要做出选择。企业的任务就是向消费者说明系列产品的认知质量差异，使其接受价格差异。

（二）选择品定价

许多企业在提供主要产品的同时，还提供各种可选择的次要产品或具有特色的产品。例如，汽车销售商在销售整车时，除提供标准配置外，还提供汽车的部分组件供顾客选择，如可视倒车雷达、GPS 导航仪、氙气大灯、手动遮阳布等，此类选择品的价格要比顾客单独到汽车配件市场购买更便宜，并且可与整车相匹配。

营销视角

奔驰车的选择品定价

奔驰 2019 梅赛德斯以 34387 美元的价格正式进入英国市场，2019 年会有 2 种发动机选择，每种都有 2 种不同的功率等级，采取选择品定价法给出不同的价格选择。

标准版的梅赛德斯-奔驰 B180 Sport 售价 34387 美元，拥有最新的梅赛德斯-奔驰 MBX 娱乐系统。此外，B180 Sport 还配备了可伸缩摄像头、DAB 数字收音机、2 个独立空调、17 英寸车轮和 LED 前照灯。该模型的技术包括速度敏感的支持系统、主动车道支持、智能钥匙和许多其他功能。

资料来源：奔驰 2019 梅赛德斯，以 34387 美元的价格正式进入英国市场.（2018-12-06）.

（三）附属产品定价

必须与主要产品一起使用的产品称为附属产品或补充产品。企业将主要产品（如剃须刀架或喷墨打印机）的价格定得较低，而将附属产品（如刀片或墨盒）的价格定得较高，以从附属产品中获得较高利润。

（四）分部定价

服务性企业常常采用分部定价策略，即将固定费用及另外的可变的附加费用分别收取。比如，电话用户每月至少要付一笔费用即基本费，如果使用次数超过规定还要增收另一笔费用。分部定价的关键是如何确定固定费用和附加费用的比例，通常的做法是，企业将固定费用定得较低，以吸引顾客使用该服务项目，通过可变的附加费用获取利润。

（五）副产品定价

在生产加工诸如肉类、石油类和其他化学产品等特定产品时，常常有副产品产生。这些副产品对某些顾客群具有一定的实用价值。副产品的定价可根据市场状况高于、低于或等于主产品价格。

（六）产品捆绑定价

捆绑定价又称一揽子定价，是指将两种或两种以上的产品或服务作为一个整体包（一揽子服务），以一个特别优惠的价格卖给顾客。比如，汽车生产商可将一整套配件一揽子销售，售价比分别购买这些配件的价格之和要低；剧场可预售季度套票，售价可低于分别购买每一场演出票的费用之和。顾客本来无意购买全部产品，但如果这种捆绑定价节省的费用相当可观，就能吸引部分顾客购买。

延伸阅读

捆绑定价

捆绑定价有以下几种形式：

（1）同质产品捆绑定价。按照提供的产品组合不同，同质产品捆绑定价又可以分为混合产品组合定价和单一产品组合定价。混合产品组合定价的例子有航空公司对往返机票的定价；单一产品组合定价的例子有酒吧里的啤酒成打定价。

（2）互补式产品捆绑定价。捆绑定价的产品在用途上具有互补性。例如，饭店将几种不同的菜品捆绑成一份套餐进行定价；银行对提供的一整套不可分的服务进行定价；旅行社对整个旅行线路进行定价。互补式产品的捆绑定价已经越来越广泛，大大突破了传统的产品与产品互补的概念。

（3）非相关性产品捆绑定价。企业将其产品同竞争性的另外一种产品组合，被捆绑的产品和一起销售的产品不一定互补。企业看重的是，捆绑产品的消费能够给企业带来有关消费者对基本产品的支付意愿的信息。非相关性产品捆绑定价在一些多元化企业和商场促销活动中比较常见。

二、新产品定价策略

（一）撇脂定价策略

撇脂定价又称取脂定价，即将新产品的价格定得很高，希望在新产品的导入期尽快收回投资，并且取得相当多的利润。随着时间的推移，再逐步降低价格使新产品进入弹性更大的市场。一般而言，对于全新产品、受专利保护的产品、价格弹性小的产品、流行产品、未来市场形势难以测定的产品等，可以采用撇脂定价策略。

撇脂定价策略的适用条件为：（1）市场上存在一批购买力很强并且对价格不敏感的消费者。（2）暂时没有竞争对手推出类似的产品，企业的产品具有明显的独特优势。（3）当有竞争对手加入时，企业有能力转换定价方法，通过提高性价比来增强竞争力。（4）企业的品牌在市场上有较大的影响力。

撇脂定价策略的优点是：（1）利用高价产生的厚利，使企业在新产品上市之初就能迅速收回投资，降低投资风险。（2）在新产品上市之初，顾客对其尚无理性的认识，企业利用这一心理制定较高的价格，可以提高产品身价，给人留下高价、优质、名牌的印象。（3）先制定较高的价格，在新产品进入成熟期后可以拥有较大的调价余地，不仅可以通过逐步降价保持企业的竞争力，而且可以吸引潜在需求者，甚至可以争取到低收入阶层和对价格比较敏感的顾客。

撇脂定价策略的缺点是：（1）高价产品的需求规模毕竟有限，过高的价格不利于开拓市场、增加销量；也不利于占领和稳定市场，容易导致新产品市场开发失败。（2）高价高利会导致竞争者大量涌入，仿制品、替代品迅速出现，从而迫使价格急剧下降。此时若无其他有效策略相配合，则企业苦心营造的高价优质形象可能会受到损害，从而失去一部分市场。（3）价格远高于价值，在某种程度上损害了消费者利益，容易招致公众的反对和消费者的抵制，甚至会被当作暴利商品而受到查处，此外可能诱发公共关系问题。

从根本上看，撇脂定价是一种追求短期利润最大化的定价策略，但若处置不当，则会影响企业的长期发展。因此，在实践中，特别是在消费者日益成熟、购买行为日趋理性的今天，采用这一定价策略必须谨慎。

营销视角

苹果定价策略

在必需品类里，行业老大无须主动降价来追求销量，因为对于这样的品类，总有人可以做得更便宜。而在非必需品类里，售价过高甚至会让用户选择不购买这个品类。手机是你非买不可的品类，有了 iPhone 5C、iPhone SE 低价策略的教训，苹果公司发现低价走量的策略是低效的，远远比不上直接高价售卖获得的利润。苹果公司 CEO 蒂姆·库克在公司演讲中明确表示他们将停留在高端市场。

任何产品都要回答两个问题：第一，消费者需要这个品类的产品吗？第二，消费者具体想要哪个产品？在智能手机的时代背景下，每个消费者的答案都会是 Yes。唯一的问题就是他到底要买哪个品牌的智能手机。而苹果公司在以下两个维度上需要和对手竞争：（1）哪款智能手机具有卓越的用户体验？（2）哪款智能手机更能彰显用户的身份地位？这两个维度让苹果公司将 iPhone 的定价推向高端市场。

例如，2017 年 3 月上市的红色特别版 iPhone 7 和 iPhone 7 Plus，起售价就是 749 美元。在苹果公司看来，红色不仅颜色抢眼，而且在中国也有吉祥的寓意，在社交场合可以彰显用户的身份地位。

（二）渗透定价策略

与撇脂定价相反，渗透定价是在新产品上市初期把价定得较低，吸引大量顾客购买，以达到渗透市场、提高市场占有率的目的。这种定价策略以高市场占有率为最主要目标，营销利润反而退为次要目标。比如，在 20 世纪 80 年代，日本精工手表就采用渗透定价策略，以低价在国际市场上与瑞士手表角逐，最终夺取了瑞士手表的大部分市场份额。

渗透定价策略适用的条件为：（1）市场对价格敏感，低价格能促进需求的增加。（2）生产和销售成本随销售量的增加而减少。（3）低价能排除竞争，否则价格优势只能是暂时的。

渗透定价策略的优点是：（1）新产品能迅速占领市场。（2）微利阻止了竞争者进入，可增强企业的市场竞争力。

渗透定价策略的缺点是：（1）利润微薄。（2）可能有损企业优质产品的形象。

（三）适中定价策略

适中定价策略既不是利用价格来获取高额利润，也不是让价格制约占领市场。适中定价策略尽量降低价格在营销手段中的地位，重视其他在产品市场上更有力或有成本效率的手段。当不存在适合于撇脂定价或渗透定价的环境时，公司一般采取适中定价。

三、地区定价策略

一般来说，一个企业的产品不仅卖给当地顾客，也卖给外地顾客。而卖给外地顾客，即把产品从产地运到顾客所在地，需要考虑运费。地区定价策略是指企业要决定，对于卖给不同地区（包括当地和外地不同地区）顾客的某种产品，是分别制定不同的价格，还是制定相同的价格。也就是说，企业要决定是否制定地区差价。地区定价的形式如下。

（一）FOB 原产地定价

FOB 原产地定价就是顾客（买方）按照厂价购买某种产品，企业（卖方）只负责将这种产品运到产地某种运输工具（如卡车、火车、船舶、飞机等）上交货。交货后，从产地到目的地的一切风险和费用概由顾客承担。如果按 FOB 价购买，那么每一个顾客都要负担从产地到目的地的运费，这是很合理的。但这样定价对企业有不利之处，即远地的顾客有可能不愿购买这个企业的产品，而购买其附近企业的产品。

（二）统一交货定价

这种形式和 FOB 原产地定价正好相反。统一交货定价就是企业对于卖给不同地区顾客的某种产品，都按照相同的出厂价加相同的运费（按平均运费计算）定价。也就是说，对全国不同地区的顾客，不论远近，都实行一个价。因此，这种定价又叫邮资定价。

（三）分区定价

这种形式介于 FOB 原产地定价和统一交货定价之间。所谓分区定价，就是企业把全国（或某些地区）分为若干价格区，对于卖给不同价格区顾客的某种产品，分别制定不同的地区价格。距离企业远的价格区，价格定得较高；距离企业近的价格区，价格定得较低。在各个价格区范围内实行统一价格。

（四）基点定价

基点定价是指企业选定某些城市作为基点，按一定的厂价加上从基点城市到顾客所在地的运费来定价，而不管货物实际上是从哪个城市起运的。有些公司为了提高灵活性，选定多个基点城市，按照离顾客最近的基点城市计算运费。

（五）运费免收定价

有些企业因为急于和某些地区做生意，负担全部或部分实际运费。这些卖主认为，如果生意扩大，其平均成本就会降低，因此足以抵偿这些费用开支。采取运费免收定价，可以使企业加深市场渗透，并且更容易在竞争日益激烈的市场上站稳脚跟。

四、折扣定价策略

折扣定价是指厂商为了及早结清账单、满足批量购买和淡季采购、促销产品等，对基本价格做出一定的让步，直接或间接降低价格，以争取顾客，扩大销量。折扣定价策略主要有以下形式。

（一）现金折扣

现金折扣是卖方对在规定的时间内提前付款或用现金付款的买方所给予的一种价格优惠。其目的是鼓励顾客尽早付款，加速资金周转，减少销售费用，降低财务风险。采用现金折扣策略一般要考虑三个因素：折扣比例、给予折扣的时间限制、付清全部货款的期限。在西方国家，典型的付款期限折扣表示为“3/20，*n*/60”，其含义是在成交后的 20 天内付款，买家可以得到 3%的折扣，在 20~60 天内付款无折扣，超过 60 天付款要加付利息。提供现金折扣相当于降低价格，所以，企业在采用这种策略时要考虑产品是否有足够的需求弹性，以保证通过需求量的增加能使企业获得理想的利润。

（二）数量折扣

数量折扣是卖方因买方购买数量大而给予的一种价格优惠。比如，买 1 本书为全价，一次购买 10 本给予 9 折优惠，一次购买 100 本给予 7 折优惠。数量折扣必须提供给所有顾客。可以根据每张订单或在一个规定的时期内的订购数量来提供折扣。

（三）功能折扣

功能折扣也称交易折扣，是厂商为了报答中间商参与广告促销、承担风险和支持销售活动而支付的款项或给予的价格优惠。在确定功能折扣的比例时，需要考虑中间商在分销渠道中的地位、对厂商产品销售的重要性、完成的促销功能、承担的风险、服务水平、履行的社会责任以及产品在分销中所经历的层次等因素。功能折扣的主要目的是：鼓励中间商积极参与促销活动，承担某些功能和风险，支持销售活动并争取顾客，与厂商建立长期、稳定、良好的合作关系，对中间商经营的有关产品的成本和费用进行补偿，保证中间商有合理的盈利。

（四）季节折扣

有些商品的生产是连续的，其消费却具有明显的季节性特征。为了调节供需矛盾，这些商品的生产企业便采用季节折扣策略，对在淡季购买商品的顾客给予一定的优惠，使企业的生产和销售在一年四季能保持相对稳定。例如，啤酒生产厂家对在冬季进货的采购商给予大幅让利，羽绒服生产企业为夏季购买其产品的客户提供折扣，旅馆、旅行社和航空公司、酒店在经营淡季提供季节折扣，许多商店在换季时推出“换季大甩卖”。这种定价策略若运用得当，不仅可以吸引消费者，而且可以有效改善淡季客流过少的情况，使店面保持顾客盈门。

企业在确定季节折扣的比例时，应考虑成本、储存费用、基价和资金利息等因素。季节折扣有利于减少库存，加速商品流通，迅速收回资金，促进均衡生产，充分发挥生产和销售潜力，避免季节性需求变化带来的市场风险。

（五）价格折让

价格折让是企业折扣定价的特殊形式。企业可针对拥有进入成熟期的产品的消费者开展以旧换新业务，将旧货折算成一定的价格，在新产品的价格中扣除，顾客只需支付余额即可。此策略可以刺激消费需求，促进产品的更新换代，扩大新一代产品的销售量。

五、心理定价策略

心理定价是指在定价实践中不仅要考虑经济学方面的问题，还要考虑心理学方面的问题，因为价格传递着产品质量、性能、档次等各方面的信息，给顾客以不同的心理感受。当顾客看到某个产品时，会在心中设定一个参照价格。参照价格是指通过考察目前现行价格、回忆过去的价格或评估当时的购买情境而设定的价格。

（一）声望定价策略

声望定价策略是指企业利用消费者仰慕名牌商品或名店的声望的心理来制定商品的价格，故意把价格定成整数或高价。质量不易鉴别的商品的定价最适宜采用此法，因为消费者有崇尚名牌的心理，往往以价格判断质量，认为高价代表高质量。但价格也不能高得离谱，使消费者不能接受。

（二）尾数定价策略

尾数定价策略又称零头定价策略，是指利用消费者数字认知的某种心理，有意确定一个非整数的保留零头的价格。它抓住了消费者的求廉心理，是有一定刺激作用的心理定价策略。

心理学的研究表明，价格尾数的微小差别能够显著影响消费者的购买行为。一般认为，万元以下的商品，末位数为 9 最受欢迎；百元以上的商品，末位数为 98、99 最为畅销。比如，某产品的价格定在 299 元而不是 300 元，顾客认为这个价格与其说接近 300 元，不如说是在 200 元的范围内。研究还表明，有尾数的价格使人有打折或特价的感觉。尾数定价会给消费者一种经过精确计算、价格较低的心理感觉，有时也可以有商品打了折扣、更便宜的感觉。

（三）整数定价策略

整数定价策略与尾数定价策略正相反，如有的产品价格不定为 9.8 元，而定为 10 元，同样使消费者产生一种错觉，迎合消费者“便宜无好货，好货不便宜”的心理，以显示产品的高档。带有尾数，反而有失身份，这是针对求名或自尊心理较强的顾客所采用的定价策略。该策略适用于高档、名牌产品或者是消费者不太了解的产品。

（四）习惯定价策略

消费者在长期、大量的购买活动中，对某种产品需要支付多少金额会产生牢固的印象，渐渐地在购买时形成了一种价格定势。这种价格定势心理对消费者的购买行为有重要的影响，他们往往从习惯价格中去联想和对比价格的高低涨落，以及产品质量的优劣。企业对这类产品定价时，要充分考虑消费者的这种心理定式，不可随意制定价格，应比照市场同类产品价格定价。

（五）招徕定价策略

招徕定价策略是指零售商利用部分顾客求廉的心理，特意将几种商品的价格定得较低以吸引顾客。某些商场每天都有多种商品降价出售，以吸引顾客经常来购买，增加客流量。顾客在购买廉价商品的同时也会选购其他正常价格的商品。企业在采用招徕定价策略时，必须注意以下几点：

（1）降价的商品应是消费者常用的、适合大多数家庭使用的物品，否则没有吸引力。

（2）实行招徕定价的商品的品种要多，使顾客有较多的选购机会。

（3）招徕定价的商品的降价幅度要大，一般应接近或者低于成本。只有这样，才能引起消费者的注意和兴趣，激起消费者的购买欲望。

（4）招徕定价的商品的数量要适当，过多造成商店亏损大，过少则无法引起消费者的兴趣。

（5）招徕定价的商品应与因残次而削价的商品明显区别开来。

第四节 价格变动与企业对策

市场价格的变动是一个常态，企业为了生存和发展，有时需要主动降价或提价，有时需要对竞争者的价格变动做出适当的反应。

一、企业降价与提价

（一）企业降价

一般而言，企业在下列情况下需要考虑将产品降价：

生产能力过大，库存过多，需要增加销售量；企业的成本费用比竞争者低，试图通过降低价格来控制市场或提高市场占有率；在强大的竞争压力下，企业的市场占有率下降，不得不降价竞销；在经济不景气或衰退时期，企业不得不降低价格。

降价是把双刃剑，既有有利的一面，也存在一定风险。如消费者会认为产品质量低，或者便宜没好货。低价能买到市场占有率，但是买不到顾客的忠诚，如果市场上出现更具竞争力的品牌，顾客往往会转向价格更低的产品。

（二）企业提价

虽然提价会引起消费者、经销商和企业推销人员的不满，但是成功的提价可以使企业的利润大幅增加。引起企业提价的主要原因有：通货膨胀，物价上涨，导致产品原材料价格上涨；人力资本价格上涨；企业产品供不应求；企业利润过低，单方面要求增加利益；原有价格定得过低；同业企业形成价格联盟，集体提价。

二、顾客对企业价格变动的反应

无论提价还是降价，企业的这种行动都必然影响到购买者、竞争者、经销商和供应商，而且政府对企业价格变动也不能不关心。在这里，首先分析顾客对企业价格变动的反应。

（一）顾客对企业降价的反应

顾客对于企业的某种产品降价可能会理解如下：（1）这种产品过时了，将被新型产品替代。（2）这种产品有某些缺点，销售不畅。（3）企业财务困难，难以继续经营下去。

(4) 价格还要进一步下跌。(5) 这种产品的质量下降了。

(二) 顾客对企业提价的反应

企业提价通常会影响销售，但是购买者对企业的某种产品提价也可能会理解如下：(1) 这种产品很畅销，不赶快买就买不到了。(2) 这种产品很有价值。(3) 卖主想尽量取得更多利润。

一般来说，购买者对于价值高低不同的产品的价格反应有所不同。对于那些价值高、经常购买的产品的价格变动较敏感；而对于那些价值低、不经常购买的小商品，即使单位价格较高，购买者也不大在意。此外，购买者虽然关心产品价格变动，但是通常更关心获得、使用和维修产品的总费用。因此，如果企业能使顾客相信某种产品的取得、使用和维修的总费用较低，就可以把这种产品的价格定得比竞争者高，以取得更多的利润。

三、竞争者对企业价格变动的反应

竞争者对企业的产品价格的反应，是企业调整价格时要考虑的重要因素，特别是当某一行业企业较少，又提供同质可替代产品，而购买者又有相当的辨别能力且了解市场情况时，分析竞争者的反应就特别重要。

调价前，企业应掌握竞争者的心理，必须了解竞争者目前的财务状况，近年来的生产、销售、顾客忠诚度和企业目标等情况。例如，竞争者的目标是提高市场占有率，它就可能追随本企业的价格变动而调整价格。

以企业降价为例，竞争者可能认为，该企业想与自己争夺市场；该企业想引起全行业降价，以刺激需求；该企业经营不善，想改进销售状况；该企业可能有新产品上市。

企业进行调价，离不开对企业在行业中所处地位的判断。如果企业在行业中处于优势地位，则企业调价就是整个行业价格变动的先导。如果企业在行业中处于劣势地位，则企业主动调价要非常谨慎，因为很可能导致行业中的优势企业对其进行报复，企业在竞争中就将面临彻底失败的危险。

四、企业对竞争者价格变动的反应

企业经常会面临竞争者价格变动的挑战。如何对竞争者的价格变动做出及时、正确的反应，是企业定价策略的一项重要内容。

(一) 不同市场环境下的企业反应

在同质产品市场上，如果竞争者降价，企业必须随之降价，否则顾客就会购买竞争者的产品，而不购买该企业的产品；如果某个企业提价，且提价对整个行业有利，其他企业也会随之提价，但是如果某个企业不随之提价，那么最先发动提价的企业和其他企业将不得不取消提价。

在异质产品市场上，企业对竞争者价格变动的反应有更多的选择余地。因为在这种市场上，顾客选择卖主时不仅考虑产品价格因素，而且考虑产品的质量、服务、性能、外观、可靠性等多方面的因素。因而在这种产品市场上，顾客对于较小的价格差异并不在意。

面对竞争者的价格变动，企业必须认真调查研究如下问题：(1) 竞争者为什么改变价格？(2) 竞争者打算暂时改变价格还是永久改变价格？(3) 如果对竞争者改变价格置之不理，将对企业的市场份额和利润有何影响？(4) 其他企业是否会做出反应？(5) 竞争者和其他企业对于本企业的每一个可能的反应又会有什么反应?

（二）市场主导者的反应

市场主导者往往遭到一些小企业的进攻。这些小企业的产品可与市场主导者的产品相媲美，它们往往通过进攻性的降价来争夺市场主导者的市场阵地。在这种情况下，市场主导者有以下几种策略可供选择。

（1）维持价格不变。市场主导者认为，如果降价就会减少利润收入，而维持价格不变，尽管对市场份额有一定影响，但以后还能夺回市场阵地。当然，在维持价格不变的同时，还要改进产品质量、提高服务水平、加强促销沟通等，运用非价格手段来反击竞争者。企业的营销实践证明，采取这种策略比降价和低利经营更合算。

（2）降价。市场主导者之所以采取这种策略，主要是因为：1）降价可以使销售量和产量增加，从而使成本费用下降；2）市场对价格很敏感，不降价就会使市场份额下降；3）市场份额下降之后很难恢复。但是，企业降价以后，仍应保持产品质量和服务水平。

（3）提价。企业在提价的同时，还要致力于提高产品质量，或推出新品牌，与竞争对手争夺市场。

（三）企业应变需考虑的因素

受到竞争对手进攻的企业必须考虑：（1）产品在其生命周期中所处的阶段及其在企业产品投资组合中的重要程度。（2）竞争者的意图和资源。（3）市场对价格和价值的敏感性。（4）成本费用随着销量和产量的变化而变化的情况。

面对竞争者的价格变动，企业不可能花很多时间来分析应采取的对策。事实上，竞争者很可能花了大量的时间来准备价格变动，而企业必须在几天甚至几小时内明确果断地做出明智反应。缩短价格反应决策时间的唯一途径是预料竞争者的可能价格变动，并提前准备适当的对策。图 8-3 所示为企业用以应对竞争者降价的决策程序。

重要概念

成本导向定价　需求导向定价　竞争导向定价　撇脂定价
渗透定价　功能折扣　价格折让　声望定价
招徕定价

思考题

（1）企业在定价时应该考虑哪些因素？它们是如何影响定价的？
（2）企业如何将定价策略与总体竞争战略联系起来？
（3）企业主要的定价方法有哪些？
（4）企业定价的基本策略有哪些？
（5）怎样分析企业竞争者对企业价格变动的反应？

实践训练

（1）联系实际，谈谈你对市场买卖过程中讨价还价的认识。
（2）考察某些产品组合（如打印机和墨盒、剃须刀架和刀片）的定价。
（3）你认为高新技术企业最适宜采取哪些定价方法？

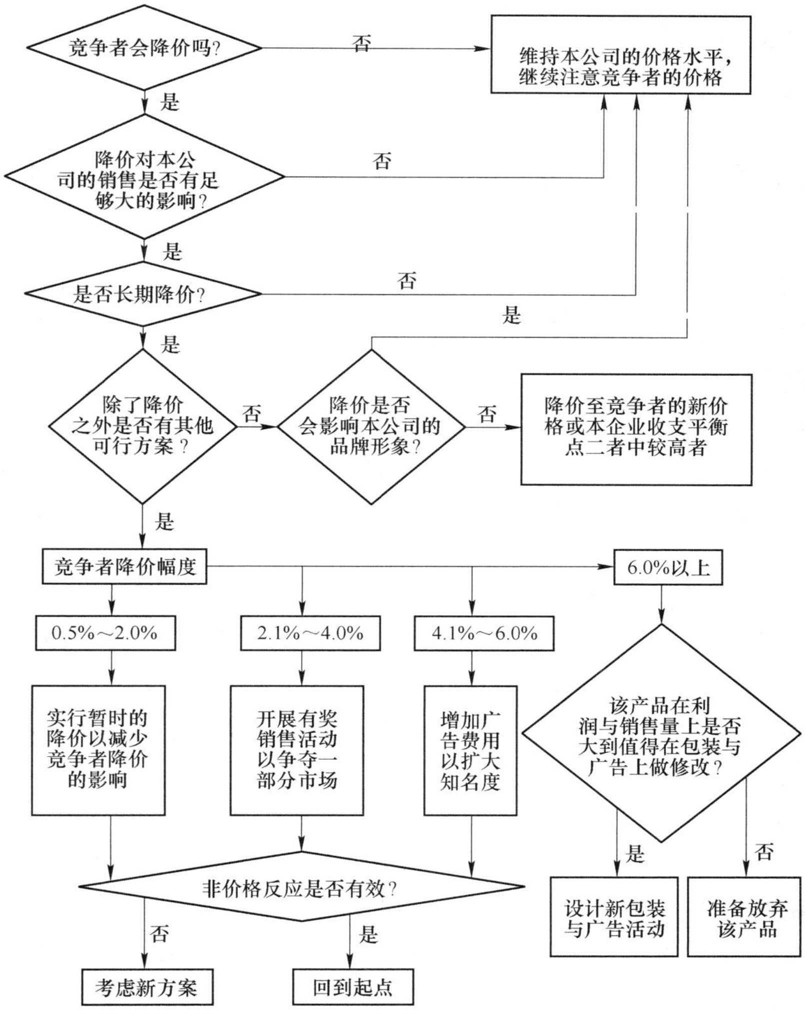

图 8-3　应对竞争者降价的决策程序

（4）通过调查某个行业市场，谈谈定价策略与营销组合怎样协调配合。

推荐阅读

（1）蒂姆·史密斯．定价策略［M］．周庭锐，等译．北京：中国人民大学出版社，2015.

（2）沃尔特·L. 贝克，迈克尔·V. 马恩，克雷格·C. 扎瓦达．麦肯锡定价［M］．2 版．赵银德，译．北京：机械工业出版社，2017.

（3）辻井启作．涨上来，卖出去：产品定价策略［M］．高钰洋，译．北京：电子工业出版社，2017.

（4）杜鹏，许垒，陈秋双．考虑消费者策略购买行为的创新产品定价［M］．北京：科学出版社，2015.

（5）戴尔·富特文格勒．向定价要利润：如何为产品和服务制定高定价策略［M］．白岚，译．北京：经济科学出版社，2012.

案例分析

夏普遭遇低端化质疑：是做“价格屠夫”还是继续“高贵”

“液晶之父”沦为“价格屠夫”？

身为“液晶之父”的夏普，曾经在液晶电视机市场上成为高端消费者青睐的品牌。尽管它长期走的是高端路线，但因其全球领先的技术，中国消费者往往也愿意为它的品质买单。中国成了夏普的主战场。

由于近几年持续巨亏，夏普开始改变战略。新东家富士康入主之后，夏普便在中国市场开启了一场“低价救市”的游戏。夏普在新品发布会上直接推出夏普品牌“高贵不贵”的品牌新定位，试图利用日本夏普曾经带给中国消费者的高贵品牌印象，以便宜的价格抢夺市场。

《每日经济新闻》记者在夏普官网上发现，夏普目前主推的电视产品一共有17款，其中万元以上的产品有2款，7000元以下的产品有12款。在这12款产品中，8款的价格都在4800元以下。而从2016年“双十一”开始，夏普电视“买70英寸送60英寸”等活动频频出现于电商平台。2017年以来，夏普更是大打价格战。

与之形成鲜明对比的是，索尼、三星、海信等国内外主流品牌相继推出高端大屏电视，均价也都呈上涨趋势。其中，表现最明显的莫过于索尼，它推出的7款新品均价都在万元以上，有几款甚至在2万元以上。同时，2017年“6·18”活动期间，索尼几乎没有任何价格上的优惠，但其在某电商平台上的多款电视都出现缺货现象。

然而，就在整个行业主流品牌因上游零部件成本上涨、消费升级等价格普遍上涨的态势下，夏普却剑走偏锋，选择逆市降价。中怡康数据显示，夏普45英寸、50英寸、60英寸电视机的均价分别为1933元、2652元、4671元，而彩电行业的平均价格是2122元、3540元、6151元。

“卷土重来”的压力

夏普大打价格战，表明目前急需销量。2016年年底，鸿海集团董事长郭台铭宣布夏普电视产品全球出货量要从2016年的470万台提升到2017年的1000万台。在整个家电行业都处于低迷的背景下，这个数字着实令业界惊讶。但就在2017年年初，夏普高调宣布，将2017年度全球范围内的电视出货量从原计划的1000万台调高至1400万台，更是让不少人认为夏普在上演“大跃进”。市场调研机构Wits View的统计数据显示，2016年全球液晶电视出货量约2.2亿台，前四大品牌分别是三星（4790万台）、LG（2820万台）、海信（1330万台）和索尼（1170 万台）。这意味着，夏普电视如果能够完成 1400 万台的目标，其全球市场占有率排名将从 2016 年的 13 名跃入全球前 5，甚至前 3。

据《财经》报道，夏普振兴电视产业的举措在内部代号为“天虎计划”。“天虎计划”的核心就是通过供应链、品牌形象、渠道营销等多方面的合力来扩大销量。例如，请拳击明星邹市明为品牌代言，线上线下全渠道推出套购（买大送小）活动，价格降幅达 20%～30%，同时针对鸿海集团在中国大陆的十几万员工推出员工价，和房地产开发商合作推出买房送电视活动等。种种迹象表明，在富士康入主后，回归中国市场的夏普企业战略发生重大改变，从战略守势向战略攻势转型，这背后有着夏普急欲摆脱亏损的压力。

2016 财年，夏普亏损了大约 250 亿日元（约合 2.28 亿美元），低于富士康此前预估的 271 亿日元（约合 2.47 亿美元）。对于 2017 年，夏普方面预计营业利润将同比增长 44%，增至 900 亿日元（约合 8.21 亿美元），最终实现盈利 590 亿日元（约合 5.38 亿美元）。2017 年 6 月 20 日，夏普社长戴正吴也在股东大会上表示，将在 2017 年 6 月 29 日或 30 日申请夏普从东京证券交易所二板市场重回主板市场。

低价冲量或高端路线

降低价格，使夏普在短期内获得超常规增速。2017 年 1～5 月中怡康监测数据显示，夏普国内销量达 66.17 万台，增速迅猛。抢占低端市场，夏普目前的低价策略会挤压其他品牌的空间，首先会冲击互联网品牌和一些区域长尾品牌，其次传统强势品牌也会发生市场份额和企业利润下降的现象。

但随之而来的是市场担心夏普品质降低。“夏普一直都在坚持高端路线，只是目前在走高端路线的同时，也开始走年轻化道路，因此我们推出了一系列性价比较高的产品。”夏普方面表示，未来会一直坚持走高端路线以及年轻化道路。

“一分钱一分货。”在大多数消费者眼中，“高贵”很大程度上就相当于“高价”。而如今夏普打出“高贵不贵”的口号，逆市降价，无疑让很多消费者对夏普能否继续保持高端品质产生了疑问。奥维云网（AVC）副总裁董敏在接受《每日经济新闻》记者采访时表示，低价和高贵并没有必然联系，但是如果夏普坚持激进定价策略，从长远来看对于夏普之前的高端标签确实会产生影响。

资料来源：张斯，王星平. 夏普遭遇低端化质疑：是做“价格屠夫”还是继续“高贵”.

思考：

（1）你认为“高贵不贵”的品牌新定位是否适合当下的夏普？请说明理由。

（2）夏普低价冲量带来市场对夏普品质降低的担心，你认为夏普当务之急应如何修复消费者对夏普品牌的信心？

第九章 渠道策略

学习目标

（1）了解分销渠道的作用及分类。

（2）了解分销渠道设计与管理的内容，并能在渠道管理实践中运用。

（3）了解批发商和零售商的功能和类型。

引例

乐友孕婴童（简称乐友）成立于1999年，是我国孕婴童行业领先的全国连锁零售企业。销售的商品包括童装、孕装、玩具、车床椅、奶粉、食品、喂养用品、洗护用品、纸尿裤等共16大类3万余种单品。与之合作的供应商超过530家，遍布全球21个国家和地区。2014年，乐友推出手机App，在行业率先推出“App+网上商城+连锁店”的线上线下全渠道的“一站式”解决方案。乐友在PC端、手机端、线下渠道同时发力，三种渠道各有不同定位。实体店承载了消费者体验和社交的双重功能，乐友商城扮演了渠道补充者的角色，而手机App对网上商城有效引流，三种渠道之间实现有效互动。此外，乐友还通过企业内部绩效改革等措施，实行利益“双向分配”模式，有效化解了线上线下渠道之间的冲突。

资料来源：根据网上相关资料整理。

随着生产规模的不断扩大和消费需求的不断增加，生产者与消费者之间在时间、地点、数量、品种、信息、价格、所有权等方面存在的矛盾日益激化。企业只有通过一定的分销渠道，才可能将产品在适当的时间、地点，以适当的价格提供给消费者，从而克服生产者与消费者之间存在的各种矛盾，满足市场的需求，实现企业的市场营销目标。

第一节 分销渠道概述

一、分销渠道的含义与作用

（一）分销渠道的含义

在市场营销理论中，有两个关于“渠道”的概念——营销渠道和分销渠道——经常被混用，实际上两者是有区别的。

1. 营销渠道

营销渠道是指配合生产、分销和消费某制造商的产品和服务的所有企业和个人。它包括产、供、销全过程中的参与者，如各类供应商、制造商、经销商、代理商、消费者。

2. 分销渠道

分销渠道是指某种产品和服务从制造商向消费者转移的过程中，取得这种产品和服务的所有权或帮助所有权转移的所有企业和个人。因此，它不包括供应商，而是由制造商、经销商、代理商、消费者组成。

可以看出，二者涉及的范围不同，分销渠道是营销渠道的重要组成部分，仅指销售渠道；而营销渠道既包括分销渠道，也包括采购渠道。二者的起点也不同，营销渠道始于供应商，而分销渠道始于制造商。不过，上述两个概念的区分主要存在于理论界，在实际应用中两个概念往往是不加区分、交替使用的。本书统一使用分销渠道。

延伸阅读

互联网巨头的全渠道营销

进入2019年，互联网巨头争相掀起一场整合营销服务能力的运动。从阿里妈妈的全域营销、京东的无界营销、腾讯将分散的营销服务能力整合为全新的AMS服务线，再到百度提出的全意识整合营销数字平台Omni Marketing，各大公司都在尝试用统一的出口对接来自广告主愈加繁多的需求。

全渠道营销，是指企业以技术和数据能力为基础，通过AIID打通线上线下数据，全方位识别目标用户，并帮助品牌与消费者建立一对一的高效互动。事实上，其他互联网巨头将旗下广告、营销、服务能力进行整合，也基本出于类似的考量。它们希望自己的技术实力不会成为广告主和代理商的负担，所以通过降低门槛来使自身能力得以充分发挥。类似于个人电脑从原始阶段迈入“所见即所得”的桌面时代，个人电脑的快速发展也是从人们能够更便利地操作开始的。事实上，广告的技术化转向正在不可逆地行进中，而人工智能技术也在逐步接管权力，成为营销的“新主人”。

（二）分销渠道的作用

由于生产者和消费者之间在数量、品种、时间、地点、所有权等方面存在供求矛盾，为了解决这些矛盾并节约社会劳动，大多数产品不是由生产者直接提供给消费者，而是要经过一层或多层中间环节，才能到达消费者手中。在这个过程中，分销渠道既是企业实现产品销售的重要因素，也是企业了解和掌握市场需求的重要信息来源。

具体地说，由中间商介入而建立起来的产品分销渠道在市场营销中所起的重要作用，表现为以下几个方面。

（1）实现产品从生产者到消费者的转移。产品分销渠道的起点同生产相接，终点同消费相接，产品通过这条渠道源源不断地从生产者流向消费者。对产品生产者来说，产品价值得到了实现，再生产得以继续进行；对消费者来说，获得了消费品，需求得到了满足。

（2）调剂余缺，平衡供需。首先，中间商在实现产品从生产者向消费者转移的过程中，通过产品由零集整和散整为零，即将小批量的产品汇集成大批量，再将大批量的产品分割成许多小批量提供给消费者，解决了供需双方在产品数量上的矛盾。其次，生产者在产品品种、供货时间和地点上都存在差异，因此中间商会根据不同地区市场的不同需要，按产品的不同品种进行分类，有针对性地满足消费者的需要。另外，对于季节性产品，中间商可以通过汇集、存储、加工及集散等手段，按季节供应给消费者，达到购销两旺。

（3）简化交易，提高效益。在现实中，中间机构自身特有的功能，保证了产品流通的顺利实现，缩短了产品的销售时间，简化了交易联系，减少了交易次数，提高了产品销售的效率和效益，如图 9-1 所示。由于中间商的介入，交易次数减少，从而流通费用和售价相应降低，给整个社会带来极大的成本节约。

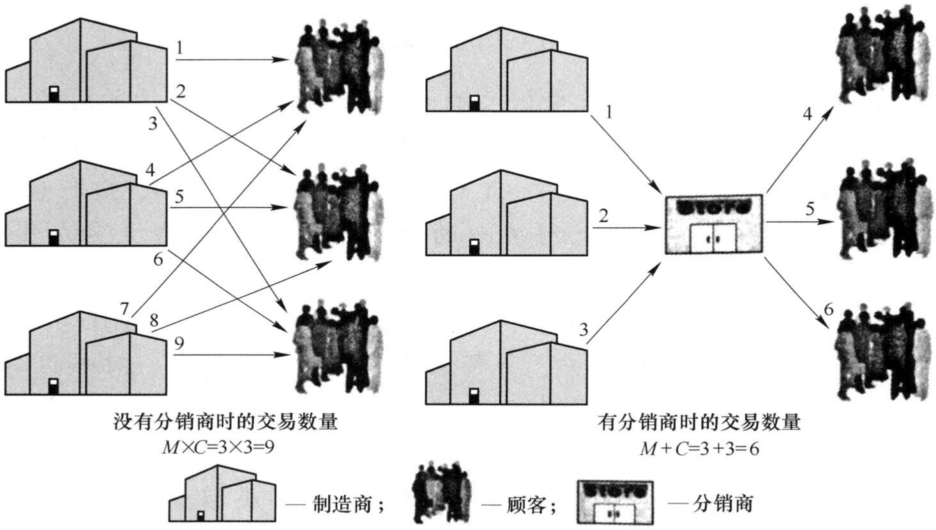

图 9-1 中间商减少交易次数

（4）分销渠道是重要的信息来源。一方面，中间商能及时为生产者提供有关市场的信息资料；另一方面，能给消费者以消费指导，向消费者传递产品的信息。通过这种信息沟通和反馈，生产者能及时改进自己的产品和营销组合方案，提高自身的竞争能力。

（5）有利于企业开拓市场，增进销售。现代产品社会，生产规模日益集中，这决定了企业市场的辐射面在扩大，即潜在顾客将分布在更广阔的区域内。这样广阔范围内的营销活动，生产企业是很难顾及的。产品交换所体现的“天然属性”，使得专门通过媒介进行交换的商业分销渠道具有市场扩散的作用。

二、分销渠道的类型

（一）直接分销渠道和间接分销渠道

生产者在与消费者联系过程中，按是否有中间商参加，可将分销渠道分为直接渠道和间接渠道。

1. 直接分销渠道

直接分销渠道是由制造商直接将产品销售给消费者的渠道形式。直接分销渠道的具体方式包括人员推销、网络直销及企业自设机构销售等。工业用品的销售多采用直接分销渠道，而随着互联网等数字化技术的完善及第三方物流的快速发展，有越来越多的消费品企业采用直接分销渠道。

直接分销渠道的优点是：有利于产需双方沟通信息，特别是制造商能及时、具体、全面地了解消费者需求和市场的变化情况，有助于其及时调整生产经营策略；可以缩短商品流通时间，减少流通费用，提高经济效益；因为直接分销渠道短、费用低，可以降低产品最终价格，提高产品市场竞争力；可以在销售过程中直接进行促销。

直接分销渠道的缺点是：在产品和目标顾客方面，如果企业产品的目标客户数量多、分布广，由于人力、物力等原因，企业很难将产品直接快速地送到消费者手中，而且其销售费用和风险也会很大；在商业协作伙伴方面，凭借企业自身的力量，难以发挥渠道的全部功能，使渠道实现高效率、低成本且提供完善的服务。企业必须借助各方面的力量，发挥不同企业的不同优势，通力合作，共同为消费者服务，实现各方利益；在制造商之间，如果每个企业都自己建立渠道来销售商品，必然造成社会资源的极大浪费。

2. 间接分销渠道

间接分销渠道是指借助中间商实现销售目标的渠道形式，多数企业都采用间接分销渠道。

间接分销渠道的优点：有助于产品广泛分销，提高市场覆盖面，由于借助大量的外部渠道成员，企业可以更快速、更广泛、更深入地销售产品；充分借助外部力量，可以缓解企业自身人、财、物等力量的不足，并能降低企业分销风险；可以开展更广泛、更有效、更直接的促销活动；可以更好地开展企业之间的专业化协作，更广泛地利用社会资源，进一步扩大产品销售。

间接分销渠道的缺点：可能形成“需求滞后差”，这是因为渠道越长，信息沟通速度越慢，消费者的意见和建议反馈到企业的时间就越长，导致企业不能迅速依据消费者需求调整市场营销策略；渠道的中间层级越多，涉及的渠道成员就越多，这会增加商品流通时间和分销费用，从而加重消费者的负担，导致消费者的抵触情绪增大；采用间接渠道，企业无法直接与消费者沟通，不便于直接交流信息并及时获取第一手资料。

（二）长渠道和短渠道

在产品从制造商向消费者转移的过程中，任何一个推动产品及其所有权向最终买主转移的机构都构成一个渠道层次，层次的数量即渠道的长度。中间机构层次的数量是衡量渠道长度的一个指标。

图 9-2 所示为分销渠道的层级结构，由于制造商和最终消费者都承担了某些渠道工作，是渠道的起点和终点，因此也成为渠道的组成部分。

（1）零级渠道。也称直接分销渠道，是由制造商直接销售给消费者的渠道形式。这种形式主要应用于产业市场，因为许多产业市场的产品往往需要按照用户的特殊要求设计，并需要安装、调试、培训、维护等，而且产业用户的数量相对较少、购买数量大，因此适合采用直接销售方式。此外，也有一些消费品企业采取零级销售渠道，主要方式有上

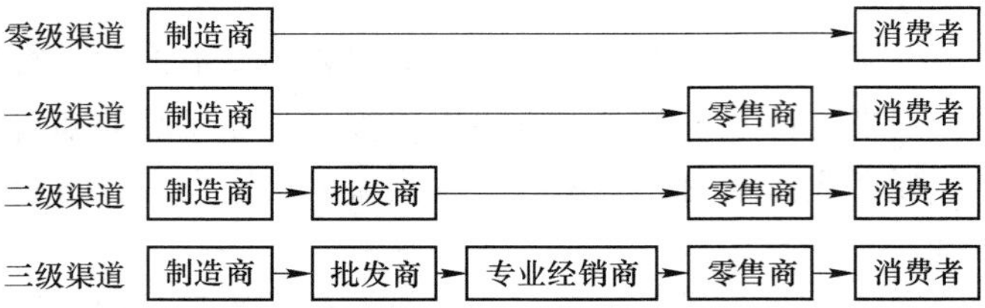

图 9-2 消费资料市场上长度不同的分销渠道

门推销、邮购、网络直销和制造商自设商店等，诸如安利、雅芳等企业就是采用零级渠道，直接上门销售的。

（2）一级渠道。指一个渠道系统中只包括一个销售中介机构的渠道形式。在消费品市场上，销售中介机构通常是零售商；在工业品市场上，销售中介机构通常是销售代理或经纪商。比如，沃尔玛要求制造商直接把商品销售给它，再由它直接转售给最终消费者，不允许有其他中间环节，所以，通过沃尔玛进行销售的渠道就是一级渠道。

（3）二级渠道。指一个渠道系统中包括两个销售中介机构的渠道形式。根据产品属性不同，在消费品市场上，销售中介机构可能是批发商或零售商；在产业市场上，销售中介机构可能是工业分销商和经销商。

（4）三级渠道。指一个渠道系统中包括 3 个销售中介机构的渠道形式。在批发商与零售商之间还有专业经销商、代理商和专业批发商等为小型零售商服务，小型零售商并不是大型批发商的服务对象。通过这种渠道，可以使商品辐射到更广的消费群体。

此外，还有层级更多的渠道。层级越多，则渠道长度越长；层级越少，则长度越短，直接销售渠道是最短的渠道，即零级渠道。

制造商在产品销售过程中利用两个或两个以上的中间商分销商品的渠道为长渠道，仅利用一个中间商或自己销售产品的渠道形式则是短渠道。长度不同的分销渠道的特点见表 9-1。

表 9-1 长渠道和短渠道的优缺点

渠道长度类型	优 点	缺 点
长渠道	市场覆盖面广，企业可将中间商的优势转化为自己的优势；适用于一般消费品，可减轻企业费用等带来的压力	企业对渠道的控制程度低，增加了服务水平的差异性，加大了与中间商进行协调的工作量，不适合管理能力较差的企业
短渠道	企业对渠道的控制程度较高；适用于专用品、时尚品及顾客密度大的市场区域	企业要承担大部分或全部渠道功能，市场覆盖面较窄，适合拥有足够的资源的企业

（三）宽渠道和窄渠道

渠道宽度是指渠道的每个层级使用同种类型中间商数量的多少。每个层级使用的中间商数量越多则宽度越宽，否则就越窄。

渠道的宽度与企业的渠道策略密切相关，主要有 3 种类型：

（1）独家分销。指制造商在一个地区只选择一个中间商来销售其产品。双方签订独家代理合同，有利于调动经销商的积极性。

（2）密集分销。也称广泛型分销，指制造商尽可能通过负责任的、合适的批发商、零售商来推销其产品。消费品中的便利品和产业用品中的供应品常采用这种方法来销售，以使消费者能够随时随地买到。

（3）选择分销。指制造商在某一地区精心选择少量的、最合适的中间商来推销其产品。它最适用于消费品中的选购品和特殊品。

宽度不同的分销渠道的特点见表 9-2。

表 9-2 宽度不同的分销渠道的优缺点

渠道宽度类型	优　点	缺　点
独家分销	市场竞争程度低；企业与经销商关系较为密切；适宜专用产品分销	因缺乏竞争，顾客的满意度可能会受到影响；经销商对企业的反控力较强
密集分销	市场覆盖率高；比较适宜日用消费品分销	市场竞争激烈，可能导致市场混乱无序；渠道管理成本较高
选择分销	介于独家分销与密集分销之间	

三、分销渠道系统的发展

（一）传统渠道系统

传统渠道系统是指由各自独立的生产者、批发商、零售商和消费者组成的分销渠道。传统渠道成员之间的系统结构是松散的。由于这种渠道的每一个成员均是独立的，它们往往各自为政、各行其是，故几乎没有一个成员能完全控制其他成员。随着市场环境的变迁，传统渠道面临严峻挑战。

（二）整合渠道系统

整合渠道系统是指渠道成员通过一体化整合形成的分销渠道系统。主要包括：

（1）垂直渠道系统。由生产者、批发商和零售商纵向整合组成，其成员或属于同一家公司，或为专卖特许权授予成员，或被有足够控制能力的企业左右。该系统有 3 种主要形式：1）公司式，即由一家公司拥有和管理若干工厂、批发机构和零售机构，控制渠道的若干层次，甚至整个分销渠道，综合经营生产、批发和零售业务。公司式垂直渠道系统又分为两类：一类是由大工业公司拥有和管理的，采取一体化经营方式；另一类是由大型零售公司拥有和管理的，采取工商一体化方式。2）管理式，即通过渠道中某个有实力的成员来协调整个产销通路的渠道系统。如名牌产品生产者以其品牌、规模和管理经验优势出面协调批发商、零售商经营业务和政策，共同采取一致的行动。3）契约式，即不同层次的独立的生产者和中间商，以合法契约为基础建立的联合渠道系统。如批发商组织的自愿连锁系统、零售商合作系统、特许零售系统等。传统渠道系统与垂直渠道系统的差异如图 9-3 所示。

（2）水平渠道系统。即两个或两个以上同一层次的企业为了抓住新的市场机会，在财务、产能及营销资源等各方面集成整合起来，以便取得独自行动所难以达成的目标。这种联合或合作，既可以是暂时的，也可以是长久的，还可以成立一家新的联合公司。例如，沃尔玛和麦当劳就构成了水平营销系统，在沃尔玛超市内开设麦当劳餐厅，麦当劳从沃尔玛熙熙攘攘、川流不息的客流量中获益，而沃尔玛也留住了在购物过程中感到饥饿需

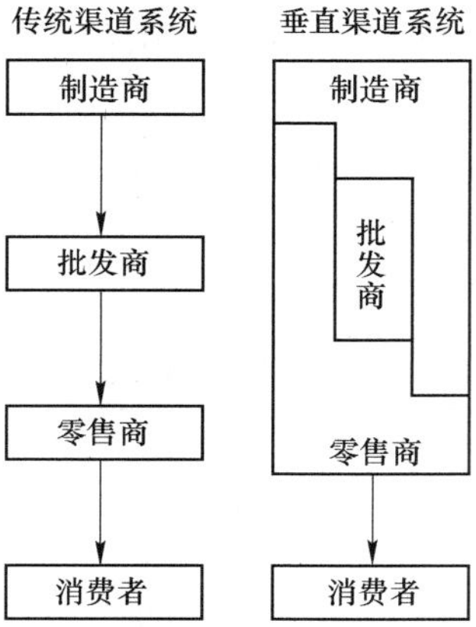

图 9-3 传统渠道系统与垂直渠道系统

要就餐的顾客，饿了就可以很便利地在麦当劳店内用餐，避免了这些人因去别处就餐而损失客流。

（3）多渠道系统。即对同一或不同的细分市场，采用多条渠道的分销体系。大致有两种形式：一种是生产者通过两条以上的竞争性分销渠道销售同一商标的产品；另一种是生产者通过多条分销渠道销售不同商标的差异性产品。此外，还有一些公司通过同一产品在销售过程中的服务内容与方式的差异，形成多条渠道以满足不同顾客的需求。多渠道系统为生产者提供了三方面利益：扩大产品的市场覆盖面，降低渠道成本和更好地适应顾客要求。但该系统也容易造成渠道之间的冲突，给渠道控制和管理工作带来更大难度。

（三）电商时代的渠道系统——O2O 模式

线上平台的快速发展不断冲击着传统的分销渠道系统，也带来了新的分销渠道模式。O2O（Online to Offline）模式是指线上促销和线上购买带动线下经营和线下消费。O2O 通过促销、打折、提供信息、服务预订等方式，把线下商店的消息推送给互联网用户，从而将他们转换为自己的线下客户，这特别适合必须到店消费的产品和服务，比如餐饮、健身、电影和演出、美容美发、摄影及百货等。

O2O 业务模式主要有以下四种：

（1）Online to Offline 模式（线上交易到线下消费体验产品或服务）。

（2）Offline to Online 模式（线下营销到线上完成商品交易）。随着智能手机的日渐普及、二维码的兴起，很多企业通过在线下做促销，在线上实现交易。

（3）Offline to Online to Offline 模式（线下促销到线上商品交易，再到线下消费体验产品或服务）。运营商在任何时间段都可能针对手机客户开展促销，而且很多营销活动在线下触发，在线上完成交易，然后客户在线下消费体验。例如，“预存话费 100 元送价值 60 元的金龙鱼油”，在情人节“办情侣套餐送电影票”，在校园开学季“校园新生开卡送自行车”，等等。这种业务模式是在线下触发，然后在线上完成交易，运营商把营销的产品或服务通过线上发给手机客户，手机客户再到线下完成消费体验。

（4）Online to Offline to Online 模式（线上交易或促销到线下消费体验产品或服务再

到线上交易或促销)。例如，某消费者玩一款网游，该游戏的道具有麦当劳某套餐，然后他在游戏中买了这款麦当劳套餐，该游戏提示他到线下的麦当劳实体店吃完该套餐，然后回到线上继续这款网游。该消费者去实体店消费后再进入网游时，线上那个麦当劳道具已经被使用，而且他在网游中的角色的实力大增。

营销视角

长城葡萄酒2019年分销策略

2019年1月11日，长城葡萄酒提出，2019年的分销策略是决战二至四线城市、回归餐饮渠道。一是重启餐饮渠道，打造形象包间、主题包间，与餐饮店形成紧密的合作关系。二是在餐厅渠道面向宴席、喜宴、升学宴等不同场景，均备有相应的针对性产品。三是借助美团、百度等餐饮渠道重要力量，快速导入店里，实现价值全面回归。

以海岸品牌为例，该品牌分销将采用更多流行方式与消费者沟通，例如线上线下营销结合、加入涂鸦等新元素，重点打造“温润小酒馆”IP，聚集年轻消费群体，通过在小酒馆内分享故事、创造内容等差异化形式与消费者同语言沟通，同频道共鸣。不仅如此，海岸品牌还将在新的包装形式、品牌风格、传播形式、销售模式等方面实施营销创新。

资料来源：长城葡萄酒40年风雨历程，创新成就中国葡萄酒未来，(2019-01-14)。

第二节　分销渠道设计与管理

分销渠道设计是指为了实现企业的分销目标，对各种备选的渠道结构进行评估和选择，从而开发新型分销渠道或改进现有分销渠道的过程。有效的分销渠道设计，应以确定企业所要到达的市场为起点。

一、影响分销渠道设计的因素

分销渠道策略会影响企业营销组合的其他策略，而且渠道一经确定，企业与其他企业的关系在相当长的一段时间里就基本固定下来了。不仅如此，相关企业之间会存在利益冲突，并在渠道竞争中形成摩擦。而且，中间商的加入将使企业对市场的控制能力发生重大改变。因此，企业在选择分销渠道的过程中应充分考虑各种影响因素，做出合理决策。

影响企业分销渠道设计的因素主要有如下的几个方面：

(1) 顾客特性。顾客的购买习惯、市场分布的集中程度、需求容量的大小都制约着渠道的选择。如果目标市场分布得比较集中，则可选择较短的渠道，直接到达目标客户群；如果目标市场容量大、潜在购买者多，则可选择较长的渠道，通过中间商增加销售量和扩大销售范围。

（2）产品特性。需要考虑的产品特性主要包括企业生产经营产品的单价、技术服务标准、物理特性等。

1）单价：单价高的产品一般由公司的推销人员销售，较少通过中间商，因为高价带来的高额利润足以弥补直接销售的费用。而通过中间商分销，中间环节对利润的追求将提高最终售价，可能影响顾客购买。

2）技术特性：对于技术服务难度大的产品，企业可选择短而窄的渠道，便于企业推销和服务人员及时响应购买者对产品服务的要求。

3）体积与重量：体积大、重量大的产品适合采用短渠道销售，以避免因重复装卸搬运增加物流成本。

4）易腐性：为减少损失，销售易损易碎、保质期短的产品要选择较直接的渠道。

5）花色款式：销售款式和花色变化快的流行产品要选择短而宽的分销渠道。

6）标准化程度：非标准化的产品是顾客直接定制的，要由企业的销售代表直接销售。

（3）中间商特性。渠道的设计和选择应当反映不同类型的分销中介机构在执行任务时的特点。分销中介机构因其促销、谈判、储存、交际和信用方面的能力不同，支出的费用水平存在差异。渠道系统的构成和配备要扬长避短，应主要考虑以下因素：一是中间商的可得性，即企业能否找到合适的中间商；二是获得和使用中间商的成本，对制造商而言，与一些全国性或区域性强势中间商合作有时需要付出高昂的成本，企业须考虑经济性；三是中间商的服务，要评估中间商所能提供的服务内容、服务水平是否与企业的分销要求相一致，并以此判定哪些中间商能以最低的成本最有效地完成特定的任务。

（4）竞争特性。渠道的选择必然受到竞争者使用的渠道的制约。有时激烈的竞争是不可避免的，企业只能与对手争夺现有的渠道。为了避开竞争，有时可以改变销售方式，采用不同级数的销售渠道和不同类型的分销系统。

（5）企业自身条件。企业的规模和实力很大程度上决定了它的市场规模及分销渠道的选择。企业生产能力强、资金雄厚，则选择渠道的余地相对较大；企业的产品组合宽度越大，直接销售能力就越强；产品组合深度越深，采用独家经销方式或选择少量的中间商受益就越大；产品组合的关联度越大，采用的分销渠道就越相似。企业的销售力量强，可选择较短的渠道。此外，企业的市场营销战略直接影响分销渠道决策，比如，企业要更好地控制分销渠道，往往会采用窄而短的渠道，并以控股、联营、协议等方式达到目的。

（6）营销环境特性。经济的景气状况和宏观管理方面的政策法规会影响渠道的选择。经济不景气时，渠道选择的成本约束力量更强一些，须用最经济的方法售出产品，也就是采用短渠道。有关法律特别是反垄断法的相关规定，对渠道的安排也会形成较严格的制约。

二、分销渠道设计

制造商在设计分销渠道时，需要在理想渠道与可利用渠道之间进行选择。一般来说，新企业在刚刚开始经营时，资金和能力有限，往往以本地或某一地区为销售区域，选择现有的中间商。由于一个地区现有的中间商数量有限，因此，其产品到达市场的最佳方式是可以预知的，问题是如何说服这些中间商来代理企业的产品。新产品的销售一旦获得成功，就会向其他地区拓展，此时仍然会利用现有的中间商体系，但是，根据不同地区的市场特点，可能采用的分销渠道的长短、宽窄会有所不同。比如，对于较小的市场，可能采用较短的渠道，直接向零售商销售；而对于较大的市场，可能会借助几个层次的中间商。总之，制造商在设计分销渠道时要综合考虑各方面因素的影响，经过多方案的对比、研究，最后确定合理可行的分销渠道。分销渠道设计有以下几个步骤：

（1）分析满足顾客需要的分销服务水平。了解顾客需要是做好营销工作的基础，因此在分销活动中，企业在制定分销决策前必须了解目标顾客对企业分销工作的具体要求，一般涉及以下方面：产品种类，即企业为顾客提供的可供选择的产品的花色品种；批量大小，即企业允许顾客一次购买的数量；等候时间，即顾客收到产品所用的平均时间；空间便利性，即企业为顾客购买所提供的地理方便程度；服务支持，即企业在分销活动中能够提供的产品之外的附加服务。

（2）确定渠道目标。渠道目标是指企业分销活动预期达到的顾客服务水平以及中间商应执行的职能等。企业应在了解目标顾客需要的分销服务水平的基础上，根据影响分销渠道的各种因素（如顾客、产品、中间商、制造商、政策、环境等），以及企业整体营销战略目标，确定企业的渠道目标，明确中间商应执行的具体职能。

（3）具体说明分销任务。对上述已确定的分销目标进行具体分解，对渠道长度、宽度、服务指标等进行量化。

（4）明确可供选择的渠道类型。在确定了渠道的目标之后，就要明确各主要渠道可供选择的方案。渠道选择方案主要涉及以下 4 个基本因素：

1）中间商类型的选择。制造商在选择中间商时，常常会面对若干可行的选择方案。比如，当某企业开发出一种新产品时，以有效的方式将产品送达用户市场会有几种可选方案：借助直接邮寄和商业杂志，利用现有的推销人员销售产品；扩大企业推销队伍，同时分派各个推销人员与特定的用户接洽；依靠代理商推销产品，但该代理商必须熟悉不同行业及不同地区的情况；通过批发商销售产品，要求其进行一定的促销活动并拥有一定水平的存货。

2）中间商地点的选择。在考虑地点和位置时，需要确定在哪个省份销售，在农村还是城市销售，在城市中的繁华商业区还是较偏僻的非商业区销售；此外，还可能要考虑零售店所处的商圈的特征。

3）中间商数量的选择。受企业追求的市场展露程度以及所经营产品的特性、消费者选购习惯等因素的影响，企业可选择密集分销、选择分销或独家分销。

4）明确渠道成员的权利和责任。渠道成员在分销工作中既享有权利，也需要承担许多责任，如运输、广告、储存、促销等。不同的渠道成员承担不同的责任，有的只承担一项职能，有的可能承担多项职能，甚至完成全部任务。

（5）评估各种备选的渠道方案。虽然每个渠道都可能达到目标，但根据经济性、控制性和适应性的原则，不同的方案有不同的特点，企业应选择最有利于实现分销目标的方案。经济性原则是指企业在选择分销渠道时，应综合考虑各种渠道能够带来的销售收入与使用该渠道所需支付的成本之比，即以使用该渠道能否获得最大盈利作为判断依据。控制性原则是指制造商要对所选择的渠道成员特别是中间商的可控程度做出判断，与那些可控程度较高的中间商合作一般会形成良好的合作关系。适应性原则是指所选择的渠道应具有适应营销环境和竞争结构变化的能力，这就要求制造商在选择中间商、签订合作协议时在合作的长期性与灵活性等方面做出有效安排。

（6）选择最合适的渠道结构。通过评估几种渠道方案，选择一种或几种最合适的渠道形式，形成企业现阶段的渠道结构。

（7）选择渠道成员。根据所确定的渠道形式，选择相应的渠道成员。分销渠道是由渠道成员组成的，渠道成员的选择和确定的过程就是渠道建立和形成的过程。

三、分销渠道管理

（一）分销渠道管理的含义

分销渠道管理是指企业通过计划、组织、激励、控制等环节来协调与整合分销渠道中所有参与者的工作活动，与渠道成员合作，以有效实现分销目标的管理活动。这一概念有以下要点：

（1）渠道管理的目的是使整个渠道的运行过程更加富有成效。

（2）渠道管理的对象是营销渠道中的所有参与者，既可能是企业内部的员工或外设机构，也可能是其他企业或个人。

（3）渠道管理的内容是营销渠道的各种功能流。

（4）渠道管理的主要措施是计划、组织、激励和控制。

（二）分销渠道管理的内容

1. 选择渠道成员

一般来讲，生产者要评估中间商经营时间的长短及其成长记录、清偿能力、合作态度、声望等。当中间商是销售代理商时，生产者还须评估其经销的其他产品大类的数量与性质、推销人员的素质与数量。当中间商打算授予某家百货公司独家分销权时，生产者还需评估商店的位置、未来发展潜力以及经常光顾的顾客类型等。

2. 激励渠道成员

一般来讲，对中间商的基本激励水平应以交易关系组合为基础。如果对中间商仍激励不足，则生产者可采取两项措施：（1）提高中间商可得的毛利率，放宽信用条件，或改变交易关系组合使之更有利于中间商。（2）采取人为的方法来刺激中间商，使之付出更大努力。例如，可以挑剔它们，迫使它们创造有效的销售业绩；举办中间商销售竞赛，加强对顾客与中间商的广告活动等。不论上述方法是否与真正交易关系组合有直接或间接关系，生产者都必须小心观察中间商如何从自身利益出发来看待、理解这些措施，因为在渠道关系中存在许多潜在的矛盾，拥有控制权的生产者很容易无意中损害中间商的利益。

3. 评估渠道成员

生产者除了选择和激励渠道成员，还必须定期评估它们的绩效。如果某一渠道成员的绩效远低于既定标准，则需找出主要原因，同时还应考虑可能的补救方法；当放弃或更换中间商将导致更坏的结果时，生产者只能容忍这种令人不满的局面；当不致出现更坏的结果时，生产者应要求工作成绩欠佳的中间商在一定时期内有所改进，否则就要中止合作。

（三）渠道冲突管理

渠道冲突是指渠道系统中某些成员因从事妨碍企业实现目标的活动而发生各种矛盾和

纠纷的现象。在营销实践中，分销渠道的设计很难兼顾渠道成员不同角度、不同层面好不同形式的利益，因此，不可避免地会出现渠道冲突。

1. 渠道冲突的主要表现形式

（1）水平冲突。这是指某企业的渠道系统中处在同一层次的中间商之间的矛盾。水平冲突往往发生在划分区域的分销渠道系统中。

（2）垂直冲突。这是指发生在某企业渠道系统中不同层次的中间商之间的矛盾。

（3）多渠道冲突。这是指制造商使用两个或多个渠道类型向同一目标市场分销时，不同渠道之间发生的矛盾。比如，某企业在某一城市原来只有独家代理商，现在增加了百货店、超市两种分销渠道，就可能引发原代理商与新渠道的矛盾。而在数字化环境下，如何有效化解网络渠道与传统渠道的冲突更是企业面临的重要难题。

在渠道管理实践中，渠道冲突多表现为水平冲突和垂直冲突，水平冲突中的“越区销售”是最主要的也是最经常发生的冲突。

2. 渠道冲突产生的原因

（1）渠道成员目标不一致。每个渠道成员都是一个独立的法人实体，都有各自独立的利益目标。这些目标有时是相同的，有时则完全不同，因而可能引发矛盾。

（2）定位、角色、领域不协调。当渠道成员在定位、角色、领域等方面没有达成共识或认识模棱两可时，就会导致渠道成员之间的冲突。比如，当渠道成员在整个渠道系统中的经营范围不明确，或者业务领域有重叠时，就会出现成员间为争夺资源而发生的冲突，这种冲突常表现为跨区低价销售（窜货）、直接的价格战和促销战，甚至发生正面冲突。

（3）沟通不畅。制造商的分销渠道成员是一个利益系统中的组成部分，为了共同的利益应该经常进行沟通。当渠道成员之间缺乏沟通、沟通不及时或沟通受阻时，都会导致成员间因不能及时互通信息或交换意见而产生误解或分歧。制造商与中间商之间应有沟通，各中间商之间也应进行必要的沟通。

（4）经营理念有差异。分销渠道中的成员在规模、实力、市场地位、企业战略、经营目标等方面可能有很大的差异，因此各自分销目标的设计不可能完全相同。比如，实力强的中间商期待扩张，小企业则安于现状。经营理念的差异会导致分销渠道成员具体的战略与策略有所不同，以致发生渠道冲突。

3. 渠道冲突的管理

渠道冲突是制造商渠道管理中最常遇到的问题。制造商应通过以下方法化解冲突。

（1）加强成员间的沟通，建立成员意见反馈通道和处理机制，将冲突尽可能化解在萌芽时期。

（2）签署合作协议。即渠道成员以某种方式签署一项达成共同的基本目标的协议，内容可能涉及市场份额、顾客满意、竞争手段等，以此相互约束，减少冲突。

（3）在冲突发生后，制造商可以利用自己在分销渠道中的领导地位进行劝说，也可以为渠道成员搭建谈判平台。

（4）利用第三方力量解决冲突。如果冲突是长期性的，或者矛盾十分尖锐，则必须经过协商、调解或仲裁等方式加以解决。

当上述办法难以奏效时，合作关系通常难以继续维持，最终某个或多个中间商会退出渠道系统。渠道冲突管理的目的就是尽可能减少这类现象的发生。

第三节 批发商和零售商

对于批发商和零售商这样的中间商组织，他们和制造商一起共同努力实现产品分销的目标，同时也需要根据内外部环境制定合适的营销策略，实现其营销目标。

一、批发商

（一）批发商及其功能

批发是指一切将产品或服务销售给为了转卖或者商业用途而进行购买的个人或组织的活动。主要从事批发业务的中间商就是批发商。

从分销渠道来看，制造商完全可以不通过批发商，而直接通过零售商将产品销售给消费者。之所以还有批发商存在，是因为批发商确实可以给制造商带来很多好处，其功能主要体现在：

（1）小型制造商财力有限，无法单独设立一个直接销售部门，而批发商的存在解决了这一难题。

（2）制造商即使财力雄厚，也宁愿把钱投在扩大再生产上，而不愿投资于费用高昂的分销渠道。

（3）由于批发商在分销上可以实现规模经济，即可以因大批量购销而节约费用成本，与零售网点接触面广，具有进货、批发的专门技术，因此，制造商认为批发商的分销效率高，愿意与之合作。

（4）经营品种繁多的零售商愿意与批发商打交道，而不愿与单个制造商打交道，因此，经营产品种类有限的制造商更需要批发商为其解决产品销售的难题。

（5）批发商能够为制造商和顾客提供以下服务：推销和促销、整买零卖、仓储、运输、融资、承担风险、提供信息等，因而有其存在的价值。

（二）批发商的类型

批发商主要有商人批发商、经纪人和代理商、自营批发机构三类。

（1）商人批发商又称独立批发商，自己进货，取得产品所有权后再出售，是批发商中最主要的部分。

（2）经纪人和代理商是从事采购、销售或二者兼备，但不取得商品所有权的商业单位。与商人批发商不同，他们对所经营的商品没有所有权，所提供的服务比有限服务商人批发商还少，其主要职能在于促成产品的交易，借此赚取佣金作为报酬。与商人批发商相似的是，他们通常专注于某些产品种类或某些顾客群。经纪人和代理商主要可分为产品经纪人、制造商代理、销售代理商、采购代理商和佣金商。

（3）自营批发机构指由制造商和零售商自设机构经营批发业务。主要类型有制造商与零售商的分销部和办事处。分销部有一定的商品储存，其形式如同商人批发商，只不过隶属关系不同。办事处没有存货，是企业驻外的业务代办机构。

（三）批发商的营销决策

（1）目标市场。批发商必须明确自己的目标市场。批发商在选择目标顾客时，应考虑以下因素：顾客规模（如大零售商）、顾客类型（如超市）、顾客所需的服务（如小型零售商需要赊账）等。只有目标市场明确，批发商才可以设计明确的销售服务策略。

（2）产品和服务策略。批发商应调研自己确定的目标顾客对产品和服务的要求，以便在产品的花色品种、备货、库存量、供货周期等方面满足顾客要求；同时，批发商还要研究顾客需要什么服务，哪些产品的盈利能力强等问题，为顾客提供更有吸引力的服务。

（3）定价策略。批发商的定价策略一般是在进货成本的基础上按传统比例加成，比如，便利店的加成一般为20%左右，其中利润为3%左右。如今，出于竞争的需要，批发商也会制定一些新的灵活的定价策略，比如，为吸引顾客而采用折扣定价策略，为制造商执行某些服务职能而获得制造商提供的功能折扣，等等。

（4）促销策略。批发商传统的推销手段是人员推销。当前，由于竞争的需要，批发商也尝试使用包括广告、销售促进、客户关系、为零售商提供服务等综合手段达成推销目标。

（5）地点策略。传统批发商一般有自己的仓库，并将其设在租金低廉、税率较低的区域。随着信息技术、计算机技术、物流技术的发展，一些批发商开始在业务活动中应用先进技术提高供应能力和服务水平，比如，开发使用自动化仓库来提高货物处理能力，降低作业成本。此外，编码和扫描技术、内部数据交换系统等技术也开始广泛应用。

二、零售商

（一）零售商及其功能

零售是指所有向最终消费者直接销售产品和服务，并将其用于个人及非商业性用途的活动。零售商是指销售量主要来自零售活动的商业企业。作为连接制造商、批发商和消费者的分销渠道中的业务环节，零售商为消费者提供商品、服务及购物环境，并为制造商和批发商提供市场信息、承担风险等。具体功能包括以下几项。

（1）组织商品。零售商解决了制造商与消费者之间的产销矛盾。它们代替消费者垫付资金，从制造商、批发商处购进商品，并按照消费者的要求进行分类、组合，使消费者能够方便地购买、获得商品，并且能够在零售商店得到需求的满足。

（2）储存商品，承担风险。零售商为更好地服务于顾客，满足顾客随时购得商品的需要，必须提前批量购进并储备一定数量的各类商品。而它们在商品储存期间还要承担一定的风险，例如商品数量过多可能引起积压、损耗、失窃等，还存在商品过时、更新等问题，这些风险都将由零售商承担。

（3）服务顾客。零售商必须准确地掌握市场动态信息，提前组织货源，增加花色品种，并要保证商品质量，以便消费者能够及时方便地选购商品。零售店是零售商为顾客服务的重要场所，它们利用各种购物环境把不同制造商的产品提供给消费者，通过商品陈列展示、店堂布局装饰以及灯光、音乐、温度甚至气味等为顾客创造美妙的购物体验。同时，零售商还必须做好与商品销售相关的服务，如顾客咨询、商品包装、送货、安装、退换货等，并提供休息椅、物品临时保管及停车场等服务，维持与顾客之间的良好关系。

（4）收集、传递信息。零售商作为制造商、批发商与消费者的沟通桥梁，能够直接获得消费者需求的信息，及时地向制造商、批发商反馈市场信息，从而有利于制造商改进产品、批发商组织货源。它们又通过POP海报、DM广告及各种促销活动及时地将商品信息传递给消费者，激发消费者的购买动机，满足消费者的需求。

（二）零售商的类型

零售商从经营形式上主要分为商店零售商、无店铺零售商。

（1）商店零售商。商店零售商又称有店铺零售，其特点是在店内零售商品与提供服务。最主要的类型有专用品商店、百货商店、超级市场、便利店、超级商店、折扣店和仓储商店等。

（2）无店铺零售。无店铺零售是指不经过店铺销售商品的零售形式。由于科技发展及竞争关系，越来越多的生产商采用无店铺零售的方式出售商品，主要的销售形式有电视购物、网上销售、邮购销售、访问销售、自动售货等。

（三）零售商的营销决策

（1）目标市场的确定。确定目标市场是零售商最重要的营销决策，因为只有明确了自己要服务的顾客群体，零售商才可能针对产品、店铺、广告、价格、服务等具体的营销要素做出决策。

（2）产品策略。零售商必须了解目标顾客对产品的要求，以此为基础确定企业产品组合的宽度和深度。例如，专卖店与便利店的目标群体完全不同，其产品组合也有很大的差异。当前，零售行业的竞争日益激烈，为在竞争中取胜，许多零售商采用了产品差异化战略，包括经营竞争者没有的独特品牌、率先推出最新产品、及时更新产品组合、提供定制产品服务等。

（3）采购策略。零售商在确定了产品组合决策后，就需要确定采购策略，涉及采购政策、采购组织、采购资源配置等。为保证采购的产品能够满足企业的需要，零售商应不断提高自己在需求预测、商品选择、存货控制、店面安排、商品陈列等环节的技能和水平，并充分利用现代信息技术和计算机管理手段开展订购量预测、存货控制和订单处理等管理工作，以提高在购、存、销各环节的管理水平。

（4）定价策略。零售商的定价决策取决于其目标顾客、产品服务分类组合和市场竞争状况。零售商总体价格定位可分为高价低销量类（专卖店）和低价高销量类（超级市场），在这2个层次的基础上，还可以根据市场细分程度进一步定位价格水平。诸如折扣定价、组合定价、心理定价等也是零售商常用的定价策略。

（5）促销策略。零售商使用多种促销工具开展促销活动，广告宣传、人员推销、销售促进、卖场体验等都是常用手段，此外，大型零售商还注重通过恰当的公共关系手段树立企业形象，赢得社区和公众的认同。

（6）地点策略。零售商的地点策略体现于其选址决策中。对于实体零售店而言，选址为顾客提供的是购买的便利性。零售商的店址主要选择在中心商业区、区域购物中心、社区购物中心、居民区或其他商店中，其选择主要受市场定位的制约，如高档百货店一般位于城市中心商业区，便利店则会选在居民区。

（7）服务策略。零售业属于传统服务业，服务是其营销组合的重要组成部分，服务差异是零售企业差异化营销战略的主要体现。零售企业的服务内容主要有：售前服务，包括接受电话或邮购订货、广告宣传、橱窗和店内陈列、安排合适的营业时间、旧货折价收购等；售后服务，包括礼品包装、送货上门、退换货、安装等；辅助服务，包括提供信息、餐饮、修理、赊账交易、休息区、儿童照看等。

第四节　物流与供应链管理

一、物流

物流是指通过有效地安排商品的仓储、管理和转移，使商品在需要的时间到达需要的地点的经营活动。物流的任务包括原料及最终产品从起点到最终使用点或消费点的实体移动的规划与执行，并在取得一定利润的前提下满足顾客的需求。

二、供应链

供应链是围绕核心企业，通过对信息流、物流、资金流的控制，从采购原材料开始，制成中间产品以及最终产品，最后由销售网络把产品送到消费者手中的将供应商、制造商、分销商、零售商直到最终用户连成一个整体的功能网链结构模式。它是一个范围更广的企业结构模式，包含所有加盟的节点企业，从原材料的供应开始，经过链中不同企业的制造加工、组装、分销等过程直到最终用户。它不仅是一条连接供应商到用户的物料链、信息链、资金链，而且是一条增值链，物料在供应链上因加工、包装、运输等过程而增加其价值，给相关企业带来收益。

供应链是一个网链结构，由围绕核心企业的供应商、供应商的供应商和用户、用户的用户组成。一个企业就是一个节点，节点企业和节点企业之间是一种需求与供应关系。供应链主要具有以下特征：

(1) 复杂性。因为供应链节点企业组成的跨度（层次）不同，供应链往往由多个、多类型甚至多国企业构成，所以供应链结构模式比单个企业的结构模式更为复杂。

(2) 动态性。供应链管理因企业战略和适应市场需求变化的需要，其中节点企业需要动态地更新，这就使得供应链具有明显的动态性。

(3) 面向用户需求。供应链的形成、存在、重构，都是基于一定的市场需求而发生，并且在供应链的运作过程中，用户的需求拉动是供应链中信息流、产品/服务流、资金流运作的驱动源。

(4) 交叉性。节点企业可以既是这个供应链的成员，同时又是另一个供应链的成员，众多的供应链形成交叉结构，增加了协调管理的难度。

三、供应链管理

在经济全球化浪潮的冲击下，供应链管理已经发展成为一种先进的管理模式，并成为提升企业核心竞争力的重要途径。供应链管理提供了集成和管理企业之间功能和资源的机遇，是一种新的面向整个业务流程的经营管理业务模式和供应链成员之间的联系方式。供应链管理实质上是一种从渠道管制角度形成的概念模型。可以将供应链管理理解成：在一个组织内集成不同功能领域，加强从直接战略供应商通过生产制造商与分销商到最终客户物流流动过程管理的体系。通过利用直接战略供应商的能力与技术，尤其是供应商在产品设计阶段的早期参与，已经成为提高生产制造商效率和竞争力的新的经济效益增长点。

重要概念

营销渠道	分销渠道	直接分销渠道	间接分销渠道
长渠道	短渠道	宽渠道	窄渠道
垂直渠道系统	水平渠道系统	分销渠道管理	渠道冲突
批发商零售商			

思考题

（1）如何理解分销渠道？分销渠道的作用有哪些？

（2）影响分销渠道选择的因素有哪些？

（3）直接分销渠道和间接分销渠道分别是什么？各有哪些特点？

（4）分销渠道设计的步骤主要有哪些？

（5）如何理解渠道冲突？分析渠道冲突产生的原因，并提出解决措施。

（6）当前电子商务的发展势头迅猛，你如何评价其未来的发展趋势？网上商店是否会取代实体商店？

实践训练

（1）访问一家经销商，探询产品是如何经过渠道最终到达消费者手中的。

（2）比较电视机和方便面这两种产品的渠道策略。

（3）调查和分析处方药与非处方药的分销渠道。

推荐阅读

（1）亢樱青．后互联网时代：国美如何定义新零售？[J]．商学院，2017（1）．

（2）周飞，冉茂刚，沙振权．多渠道整合对跨渠道顾客保留行为的影响机制研究[J]．管理评论，2017（3）．

（3）郭馨梅，施珊珊．电商渠道与实体零售渠道融合发展的主要模式与对策［J］．商业经济研究，2017（4）．

案例分析

零售没有新旧之分

2009~2014 年，电子商务在中国经历了跨越式增长，一度出现“电商将全面取代实体零售”的预言。然而，从 2015 年开始，实体零售的优势逐渐清晰，各大电商陆续进行线下布局，马云甚至在 2016 年提出了“新零售”概念，并宣称纯电商时代已经过去。

零售真的有新旧之分吗？什么才是零售的本质与核心？未来，零售业又将经历怎样的变与不变？带着这些问题，《哈佛商业评论》中文版于 2017 年 2 月底对沃顿商学院市场营销学教授大卫·贝尔（David Bell）进行了独家专访。大卫·贝尔基于他在《不可消失的门店》一书中的研究发现，按照“消费者—社区—国家”的思考逻辑，对这些问题一一进行了回应。

位置始终是零售的核心。

HBR 中文版：您在 2013 年写了《不可消失的门店》这本书，当时是电子商务正火的时候，甚至存在电子商务将要颠覆传统零售业的说法。你为什么坚信门店不会消失？难道没有为传统零售业真正担心过吗？

大卫·贝尔：美国是一个消费大国，消费支出在经济结构中所占的比例大约是 70%，可以说整个国家的经济都依赖于消费。尽管当时电子商务发展得很好，但是数据显示，美国经济活动中依然只有 10% 是线上交易。所以，“传统零售将死”的说法肯定是不成熟的，也一定是错误的。

无论零售业如何变化，其本质不会改变——始终是满足消费者购物、社交和娱乐三方面的体验需求。实体零售一定不会消失，只是存在的方式需要改变。比如，过去汽车 4S 店往往需要占有很大的面积，但是未来会朝着小型体验店的方向发展，特斯拉就是这么做的。

对于传统零售业，我的担心是，依然让实体门店同时承载传递信息和储存商品两个功能，这样做是非常低效的。未来更可能的情况是，消费者去线下零售店进行产品体验，喝着店里提供的香槟、咖啡，咨询店内专业人员的建议，在做出购买决定后，就可以直接走人，选好的物品随后快递到家。

HBR 中文版：您在书中说“线下零售时代，门店位置就是一切；线上零售时代，消费者的位置就是一切”，那么在如今“线上+线下”时代，零售企业该如何把握“位置”这一要素？

大卫·贝尔：是这样的，我们可以把零售的发展分为 3 个阶段。

在零售 0.0 时代，商家和消费者的接触场景全部在线下，商家看得见，甚至认识、了解消费者，消费者也能够亲自触摸、感受商品。由于交易的场所仅限于门店，因此门店的位置就显得很重要。

零售 1.0 主要是指电商爆发、线上交易集中的时代，中国应该是世界上零售 1.0 最大的市场。在这个阶段，世界是平的，市场规模可以是整个中国、整个世界，但是消费者不能触摸、感受商品，商家也看不到消费者。所以，在这个阶段了解消费者的位置就显得格外重要。通过知道消费者的位置，我们能够获得一些基本信息，比如生活在纽约的人和生活在费城郊区的人，肯定在偏好上有很大不同。另外，消费者的位置也可以揭示线下选择空间的大小，生活在北京、上海等大城市的人肯定要比二、三线城市的人选择多。

我们在线上所做的每一件事情，不是对线下行为的补充，就是替代。今天是零售 2.0 时代，也就是线上线下结合的时代，位置依然很重要，但是这里的位置指的是体验、交易等活动的位置。零售业永远都要围绕信息传递和产品购买两个活动。商家需要把产品价格、质量、品牌等信息传递给消费者，也必须实现支付购买、货物交付等过程，如今这些活动既可以在线上完成，也可以在线下完成。

HBR 中文版：由于现实世界会塑造我们的行为，因此消费者所处的地理位置特别重要。这个说法换个角度理解是否依然成立，也就是线上体验是否也会影响消费者的线下行为？

大卫·贝尔：是这样的，如果你在社交媒体上花费了大量时间，那么肯定会影响到你在现实生活中的沟通方式、行为方式。在这本书中，我之所以先研究线下行为，是因为我们每个人都是先接触线下环境，然后才开始线上生活。只要我们还生活在现实世界中，实体店就不会消失，它只是需要不断演变更新。

线上体验给消费者带来的最大影响，是可以接触到跨越时空的服务与体验，比如远在内蒙古的学生可以通过互联网上麻省理工学院的课程。对于如今的零售企业来说，“线上+线下”的组合已经成为一种必需。企业一方面要考虑将实体店价值最大化，另一方面也要搭建好线上模式，让消费者在现实、虚拟两种环境下都能获得无缝、独特、满意的体验。

不是 O2O，而是 O+O。

HBR 中文版：您认为线下零售活动面对着搜索阻力、位置阻力，然而互联网其实并不能完全消除这些阻力。从这方面看，传统零售业、电商企业各自面临哪些挑战？

大卫·贝尔：我想先解释下这两个概念。搜索阻力是一种障碍或者不便，它会阻止消费者获得所需商品的信息；位置阻力是消费者居住的位置阻止了他们获得想要的商品。互联网的一大优势就是在某种程度上减少了这两种阻力，但是又会带来新的问题，比如搜索排名靠后的商家获得的生意会较少。

相比于电商延伸到实体店，传统零售整合电商相对更难。例如，世界上最大的零售企业沃尔玛，营业收入在 4830 亿美元左右，但是它的电商做得并不好。虽然它的电商业务的整体规模领先，但是增长非常缓慢。所以，每个传统零售企业面对的最大挑战就是如何与亚马逊这样的电商企业竞争——亚马逊的年销售增长额超过了耐克的整个市场规模。

对于电商来说，主要面对两方面的挑战：一是消费者不能触摸、感受商品，有一些商品必须体验后才能做出购买决定；二是仅仅通过线上数据，商家无法真正理解消费者，不能与消费者建立深层次的情感联系。

另外，实体零售和电商都存在的问题是缺少产品或服务的差异点，缺少可以向消费者讲述的故事，以及不能提供独特的体验。

HBR 中文版：您对传统零售企业有什么好的建议吗？

大卫·贝尔：我觉得有两件事可以做：一是认真思考企业的商业模式。在提供信息、服务、产品方面，企业究竟为消费者带来了哪些价值？哪些部分一定要在线上完成，哪些环节又要把实体店作为重点？二是一定要关注初创企业的创新趋势，向年轻的创业者学习，从他们身上获得好的想法。

HBR 中文版：对于一个零售企业而言，究竟该如何在线上和线下取得平衡，为什么要特别强调不是 O2O，而是 O+O？

大卫·贝尔：线上渠道便于销售，更易于扩大规模；线下渠道则利于将产品或服务信息直接传递给消费者，提高消费者的忠诚度和企业的美誉度。O2O 很重要，但是存在一定局限性，它主要是指消费者在网上搜索商品，查看商品信息，然后进入实体店体验、购买。相比之下，O+O 则是一个更延展的概念，是指将线上线下结合起来，打造一个强大的企业。O2O 更像是一种策略，O+O 则是指建立一个生态系统。

下一个阶段是“生产的民主”。

HBR 中文版：就目前零售业的发展态势看，亚马逊是否代表了未来的趋势？

大卫·贝尔：亚马逊是西方世界中第一个纯电商企业，由于它也希望像苹果一样控制消费者体验，因此近几年陆续在开实体店。然而，我认为亚马逊在中国很难成功。虽然亚马逊与阿里巴巴的商业模式不同，但是对于中国市场来说，亚马逊进入太晚了。一方面消费者已经形成了使用习惯，另一方面中国电商市场也在不断变化。

市场往往就是这样，只要你提前进入就会获得先发优势，就可以率先塑造消费者偏好，并占有较大的市场份额。以后，无论什么样的竞争对手进入，你都会有很大的机会保持市场领先地位。

不过，贝佐斯是一个很有远见的人，他坚持认为亚马逊不是一个零售公司，而是一个科技公司。现在，亚马逊在云计算等科技领域已经很领先了。所以，未来亚马逊很有可能通过技术方面的优势，开拓基础架构方面的业务，从而改变商业模式。另外，如果将来中国消费者更偏爱品牌化产品，亚马逊也会有优势，毕竟淘宝依然存在假货问题。

HBR 中文版：不久前，马云提出了“新零售”这一概念，对此您有什么看法？

大卫·贝尔：（笑）对于马云这样成功人士的观点，我们还是应该听一听的。不过有时候，他们也是错的。现在，马云将其强大的电商业务与实体零售结合，我觉得这是非常正确的。其实，零售的概念永远是一样的，不存在新旧之分。无论是 100 年前、现在还是将来，最根本的还是好产品、有竞争力的价格以及优质的服务。但是，零售的战略工具必须不断变革。

HBR 中文版：虽然发展路径都是从纯电商开始，但是亚马逊与淘宝的商业模式完全不同，您比较看好哪一种？

大卫·贝尔：我觉得零售和文化有很大的关联，在美国成功的案例可能在中国成功在中国，平台才能做得起来；也许只有在美国，直销才能够做好。

资料来源：马雪梅．专访沃顿商学院教授大卫·贝尔：零售没有新旧之分．哈佛商业评论，2017（4），有删节．

思考：

（1）为什么说位置是零售企业的核心？

（2）你认为未来网上商店会取代实体商店吗？

（3）阿里巴巴成功的关键是什么？在当前营销环境下，它面临怎样的威胁？

（4）你认为零售到底有没有新旧之分？请说明你的理由。

第十章　促 销 策 略

学习目标

（1）理解促销及促销组合的内涵。

（2）了解企业促销组合的各种方式及其运用。

（3）明确广告的含义，正确选择广告媒体。

（4）理解整合营销传播的概念及特征。

引例

焕轻是蒙牛乳业推出的中国首款专注于中老年营养健康的高端功能乳品，因此在营销上也要完美契合使用者（中老年人）和购买者（很有可能是子女）的不同需求。现代社会，年轻人大多离家打拼，奔波在外，往往会忽视家中日渐老去、身边却缺少子女陪伴的父母；中国老龄化现象愈加严重，空巢老人也日益增多。这是两代人的痛点和诉求，焕轻迎合了这样的消费诉求，在营销方式上营造“温情社会”的氛围。

2016 年年底，蒙牛旗下的焕轻品牌携手国家游泳运动员、影视演员、蒙牛内部高管等社会各界知名人士，共同发起了“致敬伟大，感恩父母”系列公益活动，以致敬和感恩为主题，依托亲情来做社会化传播，以期唤起儿女对父母的关注，倡导大众无论工作多忙，都要记得关爱父母、陪伴父母。这一举措受到社会各界的极大关注，吸引了消费者积极参与。

此次公益活动首先聚焦于蒙牛集团内部，邀请了蒙牛集团原 COO 白瑛等十余位集团高管带头加入致敬的阵营。此举在公司内激发了圈层效应，吸引了许多蒙牛人参与。其后，叶诗文、史婧琳等国家游泳队队员，林允、高晓攀等知名影视明星，百合网 CEO 田范江等数十位社会知名人士纷纷借助焕轻这个平台，温情又恳切地向父母细细诉说那些平日难以当面表达的爱意和感谢。

随着时间的推移，活动由内向外发酵，在网络上及社会中都成为热门话题，不断有消费者和群众自发加入进来，向父母传递他们的感情，表达爱，分享爱，让老人们的心不再孤单。

2017 年 1 月 10 日，焕轻凭借“致敬伟大，感恩父母”项目获得了第六届中国公益节 2016 年度公益项目奖。2017 年 5 月 5 日，焕轻凭借其独特的营销策略及实战效果，斩获第九届广告主峰会暨金远奖综合类金奖。

资料来源：白洪宇 . 焕轻：温情营销，精准切入亲情诉求 .

促销策略是企业市场营销组合策略的有效组成部分。在市场营销活动中，企业除了要向目标顾客提供满意的产品、制定适当的价格、选择高效的渠道外，还必须与顾客进行有效的沟通。传统的营销沟通简称为促销策略，即综合运用人员推销、广告、销售促进和公共关系等手段，制定有利于实现企业营销目标的促销组合。

第一节 促销与促销组合

一、促销的内涵与作用

（一）促销的内涵

促销是指企业通过人员或非人员的方式，在企业与消费者之间沟通信息，引发、刺激消费者的消费欲望和兴趣，使其产生购买行为的活动。由上述概念可以看出，促销具有以下几层含义：

（1）促销活动的核心是沟通和传递信息；

（2）促销活动的目的是通过各种形式的信息沟通来引发、刺激消费者产生购买欲望，直至发生购买行为，完成企业产品的销售。

（3）促销活动的方式有人员促销和非人员促销两类。

（二）促销的作用

1. 提供信息，疏通渠道

企业要通过有效的方式向目标消费者和中间商及时提供有关产品和服务的信息，以引起他们的注意，激发他们的购买欲望，促使其购买本企业的产品和服务；并要及时了解中间商和消费者对产品的意见，畅通销售渠道，加快产品流通。

2. 诱导消费，扩大销售

企业针对消费者和中间商的购买心理和特点来从事促销活动，不但可以诱导、刺激需求，使无需求变成有需求，而且还可以创造新的欲望和需求。

3. 突出特点，强化竞争优势

要使消费者在众多的同类产品中将本企业的产品区别出来，就需要通过有效的促销活动，宣传、介绍并突出本企业的产品服务的特点，能给消费者带来的特殊利益，以增强消费者对本企业产品的印象和好感，强化竞争优势，从而达到促进其购买的目的。

4. 提高声誉，稳定市场

企业通过促销活动，不仅可以传递商品信息，扩大企业及其产品的知名度，而且有利于协调企业与各方的关系，消除偏见与误解，赢得支持与信任，从而树立企业的良好形象，稳定企业的市场占有率，巩固其产品的市场地位。

二、促销组合

（一）促销组合的概念

促销组合是指企业根据所经营产品的特点，对人员推销与非人员推销等多种方式灵活选择并搭配使用，以实现促销目标。促销组合策略是制定具体促销策略的前提，因此，促销策略也称促销组合策略。

按照促销作用力方向的不同，促销策略从总体上可分为推式策略和拉式策略两类，如图 10-1 所示。推式策略是指企业运用人员推销的方式把产品推向市场，即从制造商推向中间商，再由中间商推给消费者。这种策略一般适用于以下几类产品：单位价值较高的产品，性能复杂、需要做示范的产品，根据用户需求特点设计的产品，流通环节较少、流通渠道较短的产品，市场比较集中的产品；等等。拉式策略也称非人员推销策略，是指企业运用非人员推销方式（广告、销售促进、公共关系）把消费者吸引过来，使其对企业的产品产生需求，以扩大销售。对于单位价值较低的日用品，流通环节较多、流通渠道较长的产品，市场范围较广、市场需求较大的产品，常采用拉式策略。

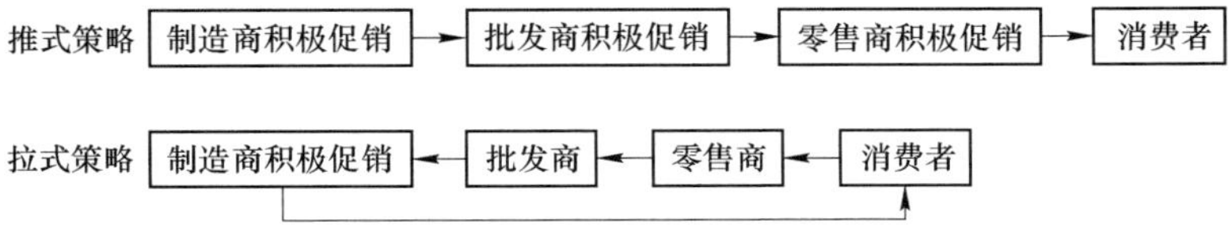

图 10-1　推式策略和拉式策略

（二）促销组合的方式

1. 人员推销

人员推销是推销人员在一定的推销环境里，运用一定的推销技术与手段，实现自身推销目标的沟通协调活动的过程。人员推销能够进行有效的人际沟通，建立多种多样的关系，容易得到直接的反应。

2. 广告促销

广告促销是企业按照一定的预算方式，支付一定数额的费用，通过不同的媒体对产品进行广泛宣传，促进产品销售的传播活动。广告高度公开、渗透性强、富于表现力，而且不像企业的销售代表那样具有强制性。广告既可用于树立产品的长期形象，也能促进快速销售。广告有助于在购买过程的特定阶段建立购买者的偏好、信任并促成其行动，是一种最有效的工具，但也是代价最高昂的方式。

3. 销售促进

销售促进是利用赠券、竞赛和有奖销售等手段促进销售的集合，能够沟通信息、刺激顾客、促使他们进行交易，具有明显的诱导性。该方法在具体运用时比较灵活，但其影响往往是短期的，对于建立长期的品牌偏好不太有效。

4. 公共关系

公共关系是企业通过开展公共关系活动或通过第三方在各种传播媒体上宣传企业形象，促进与内部员工、外部公众良好关系的沟通活动。公共关系可信度较高，影响比较广泛，容易产生深远影响并取得长期效果，还具有非商业性特点。公共关系与其他促销组合因素结合起来效果会更好。

（三）选择促销组合需要考虑的因素

1. 促销目标

促销目标是企业实施促销活动要达到的效果，是企业整体营销目标的重要组成部分，不同企业的促销目标不同，同一企业在不同时期的促销目标也不同。因为目标决定策略，所以促销组合策略的制定要依据不同的促销目标。比如，如果企业的促销目标是提高市场知晓度，广告就是最理想的促销工具；如果企业期望在短期内增加销售额，则销售促进是理想的促销策略。

2. 企业实力

企业资金实力是影响企业经营十分重要的因素，当然，企业能够用于促销活动的费用也总是有限的。因此，在满足促销目标的前提下，要做到效果好而费用省。企业确定的促销预算额应该是企业有能力负担的，并且是能够适应竞争需要的。

3. 目标顾客认知阶段

消费者对一种产品从认识到产生购买欲望有一个心理认知过程，这一过程由多个阶段组成。在不同的阶段，不同促销工具的效果是不同的。首先，在知晓和了解阶段，广告和公共关系的作用最显著；之后，人员推销和广告将影响顾客的信任程度；销售的最后阶段需要靠推销访问来实现。鉴于费用高昂，人员推销方式应在顾客购买过程的较晚阶段使用。

4. 产品的性质

不同性质的产品，购买者和购买目的就不相同，因此，对不同性质的产品必须采用不同的促销组合策略。一般说来，在对消费品促销时，因市场范围广而更多地采用拉式策略，尤其以销售促进和广告形式促销为多；在对工业品或生产资料促销时，因购买者购买批量较大，市场相对集中，则以人员推销为主要形式。

5. 产品的市场生命周期

促销目标在产品市场生命周期的不同阶段是不同的，这决定了在市场生命周期各阶段要相应选配不同的促销组合，采用不同的促销策略，具体见表 10-1。

表 10-1 产品市场生命周期各阶段的促销组合

产品市场生命周期	促销目标重点	促销组合
投入期	建立产品知晓度	各种介绍性广告、人员推销
成长期	提高产品知名度，树立品牌形象，增进顾客对本企业产品的购买兴趣	改变广告形式，注重宣传企业产品特色，辅助公关手段
成熟期	增加产品的美誉度，增进购买兴趣与偏爱	广告作用在于强调本产品与其他产品的细微差别，配合运用营业推广
衰退期	维持信任、偏爱	销售促进为主、提示性广告
整个周期阶段	消除顾客的不满意感	利用公共关系

6. 市场条件

市场条件不同，促销组合与促销策略也有所不同。从市场地理范围大小看，若促销对象是小规模的本地市场，应以人员推销为主；而对广泛的全国甚至世界市场进行促销，则多采用广告形式。从市场类型看，消费者市场因消费者多而分散，多数靠广告等非人员推销形式；而对用户较少、批量购买、成交额较大的生产者市场，则主要采用人员推销形式。

第二节　人 员 推 销

一、人员推销的概念及特点

（一）人员推销的概念

人员推销，是指企业派出推销人员直接向顾客做宣传并推销产品的活动。在人员推销活动中，推销人员、推销对象和推销品是三个基本要素。其中，前两者是推销活动的主体，后者是推销活动的客体，通过推销人员与推销对象之间的接触、洽谈，将推销品推介给推销对象，从而达成交易，实现既销售商品又满足顾客需求的目的。

（二）人员推销的特点

人员推销之所以长盛不衰，关键是其具有其他沟通方式不可替代的优点。与非人员推销相比，人员推销的优点主要表现在：

（1）双向的信息沟通。在人员推销过程中，由于推销人员直接与目标顾客接触，一方面可以向顾客宣传介绍企业产品的质量、特色、价格、服务等相关信息，另一方面可以从顾客那里获得所需信息（包括顾客对此类产品的意见、要求），这些信息可以为企业改进产品提供依据。

（2）双重的推销目的。人员推销的首要目的是向目标市场推销企业的产品，引发顾客欲望，促成顾客购买。同时，推销人员还肩负一项任务，即在推销过程中进行市场调研，观察顾客反应，倾听顾客意见，了解顾客评价，掌握竞争产品信息，把握行业市场走向。推销人员应将这些信息提交给企业，为企业调整营销策略提供依据。

（3）灵活的推销过程。由于推销人员直接与顾客接触，可以根据不同顾客、不同情境做出有针对性的推销安排，同时，也能及时回应不同顾客的要求、答复顾客的不同疑问，而不是像广告那样千篇一律。

（4）长期的合作资源。人员推销是在推销人员直接与顾客接触的过程中进行的，随着双方合作关系的加深，在密切业务联系的同时，双方会逐步建立良好的个人友谊，这种个人关系是推销人员也是企业重要的社会资源，对于企业建立忠诚顾客群体有重要作用。

不过，人员推销并非处处适用，它的最大问题在于访问客户的数量受到时间和费用的限制，因此，人员推销主要用于买主数量有限、分布区域集中或购买批量大的情况。而在买者众多、分布范围广的消费者市场上，显然不可能大量采用人员推销。

二、人员推销的形式、对象与策略

（一）人员推销的基本形式

1. 上门推销

上门推销是最常见的人员推销形式，由推销人员携带产品的样品、说明书和订单等走访顾客，推销产品。这是一种积极主动的推销形式，既可以针对顾客的需要提供有效的服务，又可以方便顾客，受到顾客的广泛认可。

2. 柜台推销

柜台推销又称门市推销，是指企业在适当地点设置固定门市，由营业员接待顾客，推销产品。门市的营业员是广义的推销人员。柜台推销与上门推销相反，是一种等客上门的推销方式。由于门市里的产品种类齐全，能满足顾客多方面的购买需求，可以保证商品安全无损，因此这种推销方式容易被顾客接受。

3. 会议推销

会议推销是指企业利用各种会议向与会人员宣传和介绍产品，开展推销活动。如在订货会、展销会、交易会等会议上推销产品均属于会议推销。这种推销形式的目标顾客集中，可以同时向多个推销对象推销产品，成交额较大，推销效果较好。

(二) 人员推销的对象

推销对象是人员推销活动中接受推销的主体，是推销人员说服的对象。推销对象有消费者、生产用户和中间商三类。

1. 消费者

消费者主要是生产最终产品特别是消费资料产品的企业面对的推销对象。面向此类对象推销，需要了解不同消费者的消费心理、消费习惯、个人特性、购买力水平等，对不同顾客采用不同的推销技巧。

2. 生产用户

生产用户主要是生产中间产品的企业面对的推销对象，其采购多为专家型理智购买。面向此类对象，需要了解不同用户的生产规模、产品地位、企业战略、资金状况、采购政策、具体采购人员的个人特性等，并使用相应的推销技巧。

3. 中间商

与生产用户一样，中间商的采购组织及相关人员也具有专家型理智购买的特点。推销人员需要了解中间商的类型、经营规模、业务特点、目标定位、信用状况、采购政策等，并使用相应的推销技巧。

(三) 人员推销的基本策略

根据产品特点和市场供求状况，企业的推销人员与顾客的接洽方式包括推销人员与顾客单独联络或会面，推销人员面对多个顾客推销产品，推销小组与采购小组接触，举办或参加推销工作会议，举办有关技术发展状况的推销研讨会；等等。在需要集体行动时，必须注意人员之间的配合与协调。人员推销的具体策略主要有以下几种。

1. 试探性策略

试探性策略是指在对顾客缺乏了解的情况下，推销人员运用刺激性手段促使顾客产生购买行为的策略。推销人员事先设计好能引起顾客兴趣、刺激顾客购买欲望的推销语言，通过交谈进行刺激，并观察顾客反应，再根据顾客反应采取相应的对策，选用恰当的语言对顾客进一步刺激，并观察顾客反应，了解顾客的真实需要，诱发购买动机，引导产生购买行为。

2. 针对性策略

针对性策略是指在基本了解顾客某些情况的前提下，推销人员有针对性地对顾客进行产品的宣传介绍，使顾客产生兴趣和好感，从而达到成交的目的。

3. 诱导性策略

诱导性策略是指推销人员运用能激起顾客某种需求的说服方法，诱使顾客产生购买行为。这种策略的核心是激发顾客的潜在需求，是一种创造性推销策略，它要求推销人员能诱发、唤起顾客的需求，并不失时机地宣传介绍产品，以满足顾客对产品的需求。

三、人员推销的步骤

（一）寻找顾客

第一，根据推销产品的特点，提出有可能成为潜在顾客的基本条件。第二，根据潜在顾客的基本条件，通过各种线索和渠道，来寻找符合这些基本条件的合格顾客。

（二）接洽准备

推销洽谈前的准备工作主要包括掌握有关信息、确定洽谈目标、拟定洽谈方案等。洽谈前的准备工作做得是否充分是决定洽谈成败的关键。

（三）接近顾客

接近顾客是指推销人员为进行推销洽谈与目标顾客进行的初步接触。在这个过程中，能否争取主动，使顾客有继续谈下去的热情和信心，推销人员还要掌握一定的方法和技巧。如注重礼仪、稳重自信等。

（四）推销面谈

推销面谈的指是推销人员运用各种技巧和方法说服顾客购买的过程，其目的在于向顾客传递有关商品信息及有关企业经营服务方面的信息，诱发顾客的购买动机，激发顾客的购买欲望，说服顾客采取购买行动。

（五）处理异议

异议是顾客对推销人员或其推销的产品、推销活动所做出的一种形式上表现为怀疑、否定或反面意见的反应。推销人员必须首先认真分析顾客异议的类型及根源，然后有针对性地加以处理。处理顾客异议常用的有直接否定法、迂回否定法、询问处理法等。

（六）达成交易

达成交易是消费者接受推销人员的建议，做出购买决定和行动的过程。在买卖双方的洽谈过程中，推销人员要善于捕捉顾客表露的信息，抓住时机，促成交易。达成交易的主要方法有优点汇集法、假定法、优惠法和保证法。

（七）跟踪服务

达成交易并不意味着整个推销活动的结束，推销人员还必须为顾客提供各种售后服务，如安装、维修、退换货等，以消除消费者的后顾之忧，树立信誉。

四、人员推销管理

人员推销管理的目标是努力保持推销队伍的高素质和高效率，以便实现企业为人员推销工作确立的目标。推销队伍的管理包括推销人员的甄选、培训、激励、评价等众多环节。

（一）推销人员的素质

人员推销是一个综合的复杂的过程。它既是信息沟通过程，也是商品交换过程，还是技术服务过程。推销人员的素质决定了人员推销活动的成败。相关调查显示，推销人员一般应具备如下素质与能力。

（1）基本素质：自信进取、吃苦耐劳、抗挫折、诚信、有亲和力、有成就欲和环境适应性等。

（2）基本能力：专业知识的掌握运用能力、思维领悟能力、市场分析判断能力、语言表达能力、沟通能力、社交应酬能力、产品认知能力、谈判能力、客户开发能力、客户维护能力、任务执行能力、应变能力、学习总结能力、团队协作能力、自我管理控制能力等。

（二）推销人员的甄选与培训

由于推销人员的素质高低直接关系到企业促销活动的成败，因此，推销人员的甄选与培训十分重要。

1. 推销人员的甄选

推销人员的来源有两个：一是来自企业内部，即把企业内德才兼备、热爱并适合推销工作的人选拔到推销部门工作；二是从企业外部招聘，即从大学毕业生、其他企业或单位中有志于从事推销工作的群体中物色合格人选。无论从企业内部还是外部选拔人员，都应经过严格的考核，择优录用。甄选的方式是多种多样的，多数企业采用的方法是面试，国外有些企业习惯使用心理测验方法寻找最具潜质的推销人员。

2. 推销人员的培训

企业新进的推销人员必须经过培训才能分配到实际的工作岗位。推销人员培训的基本内容包括：企业的历史和现状、发展目标、人员、机构；产品的生产过程、组织的各项特征、销售状况；顾客状况、竞争状况；企业的销售政策和制度；推销技术、推销人员的任务与职责；等等。

培训推销人员的方法很多，讲授培训、模拟培训、实践培训都是经常采用的培训方法，企业可以根据自身情况合理安排培训方式和培训时间。

（三）推销人员的激励与评价

1. 推销人员的激励

激励是指采用一种行为或方式去影响他人，做我们认为值得的事情或帮助我们实现预期目标的意图。推销员自身的积极性对其工作成效有极大的影响，适当的激励可使他们更努力地工作。企业有必要规定奖励的方式和标准，使推销人员认识到，通过更加努力的工作，他们将获得额外的奖励，包括加薪、升职、给予某种头衔、受到表扬、添置更好的办公设施、享受带薪假、公费外出旅行等。

2. 推销人员的评价

评价即考核，是对推销人员管理的重要环节，是企业对销售人员工作业绩考核与评估的反馈过程。评价内容包括以下几个方面：绩效评定、绩效比较、素质评估。

第三节 广 告 促 销

一、广告的含义、功能及类型

（一）广告的含义

广告作为一种传递信息的活动，是企业在促销中普遍重视且应用最广的促销方式。市场营销学中探讨的广告，是一种经济广告，是广告主以促进销售为目的，付出一定的费用，通过特定的媒体传播商品或服务等有关经济信息的大众传播活动。

（二）广告的功能

（1）告知。广告能使受众知晓市场上的新品牌或新产品，告知有关新产品或新品牌的特征，以及将给消费者带来的利益或产品的新用途，能使产品在受众中建立正面的品牌形象。

（2）劝说。有些消费者熟知某些品牌，但并未付诸购买行动。因此，广告的另一个重要功能就是劝说消费者试用广告中推荐的产品或服务，以吸引新顾客购买，或者说服消费者放弃原来使用的品牌，转而购买本品牌。广告是说服的艺术，本质上是一种劝诱术。广告运用各种表现形式和技巧，潜移默化地影响信息接收者，使他们在不知不觉中被说服，改变心理和购买行为。“随风潜入夜，润物细无声”是广告传播效果的最高境界。

（3）提示。“眼不见，心不想”，营销者如果不经常提醒目标顾客，该产品就会被顾客慢慢遗忘。广告能够使品牌在消费者的记忆中历久常新，保持较高的回忆度，一旦产生与广告产品相关的需求，对该品牌的记忆就会浮现在消费者脑海中，并影响其购买选择。成功的广告还能强化消费者对熟悉品牌的信念和态度。

（4）增值。制造商有 3 种增加产品价值的途径：创新、提高质量和改变消费者的感知，这三者是相互关联、相互依赖的。营销者借助广告能够影响消费者的感知，为品牌资本增加价值。

（5）支援公司的其他活动。如果把营销组合看作一支篮球队，那么广告就是其中的一名队员，除了自己投球得分以外，还能够配合营销沟通组合中其他要素的活动。

（三）广告的类型

广告有多种形式和内容，可以按不同的标准进行分类。按广告的目标分类，有告知广告、劝说广告、提示广告；按广告的媒介分类，有平面广告和空间广告；按广告覆盖的区域分类，有国际性广告、全国性广告、地区性广告；按广告的媒体不同，可分为报纸广告、杂志广告、广播广告、电视广告、互联网广告；等等。

二、广告媒体及其选择

广告媒体也称广告媒介，是广告主与广告受众之间的连接物质，是广告宣传必不可少的物质条件。广告媒体常常占用了大量预算，因此，媒体的选择至关重要。

（一）印刷媒介

印刷媒介是指以印刷品作为物质基础，以平面视觉符号（文字和图像符号）作为信息载体的传播媒介。它是最早的大众传播媒介，也是目前企业应用最广泛的媒介。

(1) 报纸。报纸作为广告媒体的优点是：便于选择发布广告的时间、地点、方式等；便于剪辑、查阅、保存；宣传的容量大，说明性很强，可连续发布广告；经济实惠，发行周期短，宣传频率高；常以政府代言人形象出现，权威性强、影响力大；制作成本低。报纸的缺点是：受众受文化水平的限制，在农村的覆盖面小；生动性、及时性不如广播电视；重复阅读率低；外观较粗糙。

(2) 杂志。杂志作为广告媒体的优点是：专业性强、分类细、内容较专一、针对性强；印刷精美、色彩艳丽、图像丰富，装订成册，定期发行；便于保存，内容有一定深度，利用价值较高，重复阅读率较高；内容分类清楚，感染力强。杂志的缺点是：对读者的文化水平要求高，读者要有一定的专业知识；出版周期长、时效性较差、成本较高。

(3) 书籍。书籍作为广告媒体的优点是：较正规，便于长期保存使用，对公众具有权威性，感染力较强，是保留人类文化遗产和丰富文化生活的强有力的工具。书籍的缺点是：印刷周期长，传播速度慢，读者覆盖面小。

(4) 其他印刷媒介。如招贴、海报，传单，合页、折页，小册子、手册，插页、附页等。优点：由企业营销人员控制，目标明确，传播的针对性强、速度快、反馈直接迅速、形式灵活多样、价格低廉。缺点：由企业自行控制，消费者容易对此怀有戒心，会影响传播效果。

(二) 电子媒介

随着技术的进步，电子广告媒介特别是电视发展迅速，在众多媒介中占据重要地位。

(1) 广播。广播作为广告媒体的优点是：传播及时，不受时空限制，被称为“同步新闻”；机动性强，收听广播不受时间、地点、场合的限制；普及率高、价格便宜；声音使人有真实感，如身临其境，有很强的鼓动性和感染力。广播的缺点是：稍纵即逝，不易检索、保存；形象性不如电视，深刻性不如报纸；选择性差，受众的收听时间不稳定，收听率难以准确估算。

(2) 电视。电视作为广告媒体的优点是：具有视、听综合效果，生动形象，逼真可信，感染力强；及时性强，大大超过报纸，略低于广播；普及率高。电视的缺点是：信息不易保存，不便记录、检索；内容缺乏深度；不便选择。

(3) 网络。电视、报纸、广播和杂志被称为四大传播媒体，目前，网络的发展非常快，被称为“第五大媒体”，有人甚至预言，未来网络将取代四大媒体，成为最重要的广告媒体。

网络作为广告媒体的优点是：集合了几大媒体的优点，并具有双向沟通、即时反馈的功能，这也是其魅力所在。它传播广、速度快、成本低、交互性强、针对性强、视觉冲击力大、有效性强、持续时间长。网络媒体的缺点是：普及率低；网络管理不规范，致使网络信息的可信度不如四大媒体；网站数量太多，查阅、点击率较低；网络广告强制性强，易引起读者反感。

延伸阅读

人工智能与广告的结合

作为技术的前沿阵地，人工智能与广告的结合已经较为成熟。当下，AI对广告行业的赋能更多体现在投放过程中，从对用户数据的深度挖掘到情感语义分析、情绪实时感知等自然语言的解读应用，再到程序化广告、智能预算分配等营销效率的优化提升，技术应用前后数据反馈的巨大差距彰显了“AI+营销”的巨大价值。

艾瑞咨询的数据显示，中国信息流广告市场规模2018年达到1173.5亿元的水平。早期巨头们的“跑马圈地”是建立在流量的逻辑之上，但在流量红利接近枯竭时，广告投放效果本身开始制约广告主的持续投放意愿，进而影响广告填充率水平的高低。如何在规模化的基础上实现颗粒度更高的精准化，成为摆在各大平台面前的难题。除了利用基本的大数据能力确保精准分发，一些广告主开始尝试新的玩法。例如东风风神的一个营销案例就采用了人脸识别技术，通过人工智能明确判定用户的性别和年龄特征，并据此推送适配的信息，这一活动带来了近九成的互动率提升。

资料来源：开启2019年“营销新世界”的四大趋势，(2019-01-24).

（三）户外媒介

户外媒介也是近年来发展速度很快的媒介，随着新技术、新材料的不断出现，户外媒介的形式也越来越丰富，包括广告牌、路牌、霓虹灯、灯箱、交通工具、招贴、街头装饰、气球等。

户外媒介的优点是：印刷媒介和电子媒介要求消费者必须主动寻找、查阅，而面对户外媒介时，受众是被动的，信息会自动闯进其视野；户外媒介固定设置在目标顾客经常出入的场所，广告会频繁出现在顾客眼前，使其产生深刻印象；广告醒目，容易引人注意；重复出现率高，能够对目标顾客反复宣传；费用相对较低；位置的选择比较灵活；等等。户外媒介的缺点是：分布的固定性导致其传播范围有限；时效性较差；传播的内容有限，适合做形象和品牌宣传；形式相对比较简单；消费者的选择性差；等等。

（四）其他广告媒介

（1）邮寄媒介。包括邮寄商品目录、订单、销售信、说明书等。其主要优点有：对象明确，有较大的选择性；提供的信息全面，有较强的说服力；具有私人通信性质，容易联络感情。其缺点表现在：宣传覆盖面较小；不易引起注意，信息容易丢失，或被当作废品处理；内容简单粗糙，广告形象较差。

（2）人体媒介。包括时装模特、广告宣传员等。

（3）包装媒介。包括包装纸、包装盒、包装袋等。

（4）礼品媒介。包括年历、小工艺品等。

（5）其他媒介。包括烟火、飞艇、激光等。

广告媒体并非一成不变，随着科技的进步，广告媒体的种类将越来越多。

三、广告的决策

广告的决策是在总体营销战略的指导下，对企业的广告活动进行的一系列规划与控制。首先须确定目标顾客的购买动机，然后据此做出所需的5项主要决策，即5M决策：广告目标（mission）、广告预算（money）、传达的信息（message）、媒体（media）和评估效果的方法（measurement）。

（一）广告目标决策

广告目标是指在一个特定的时期内，针对某些特定的目标受众所要完成的特定的传播任务。广告目标应服从于有关目标市场、市场定位和营销组合的各项决策。广告目标是对计划实施的广告所要达到的目标的具体陈述，所以其中应包括目标受众、应达到的具体目标以及达到目标的具体时间。例如，某品牌2017年的广告目标是：将目标消费者的总体品牌认知水平从25%提高到40%。

（二）广告预算决策

企业广告决策的第二个步骤，就是制定广告预算。广告预算是企业为从事广告活动而投入的资源。由于广告预算的收益只能在市场占有率或者利润率的提高上最终反映出来，因此，一般意义上的广告预算，是企业从事广告活动而支出的费用。

企业在制定广告预算时要考虑以下几方面的因素：

（1）产品在其市场生命周期中所处的阶段。例如处于导入期的新产品，一般需要通过大量重复的广告来建立认知度，争取潜在顾客试用，因此，广告投入水平相对较高。

（2）产品市场占有率的高低。对于已获得较高市场占有率的产品，广告的目标是维持现有的占有率，因此，广告费用在销售额中所占的百分比通常可以低一些。

（3）产品替代性的强弱。对于替代性强的产品，通常需要大量的广告宣传，以便使之区别于其他产品；而对于替代性不强的产品，由于产品本身具有独特的性质，企业为树立品牌形象而进行广告宣传的需要并不迫切，广告预算可相对较低。

（4）某一行业对广告促销方式的依赖程度也影响广告的预算。在一些行业（如化妆品、药品、饮料等行业）中，企业大都以广告为主要促销手段，因此同类产品的广告多且密；在另一些行业（如化工、机械行业）中，做广告的企业则较少。

企业制定广告预算的方法有4种，即财力承受法、销售百分比法、竞争对等法和目标任务法。四种方法各有优缺点，企业需要根据自己的广告传播目标、财力状况、竞争需要等因素，综合考虑各种方法的特点，选择合适的广告预算方法。

（三）广告信息决策

制定广告信息决策也就是决定通过广告向目标顾客传递什么信息以及以何种形式表达这些信息。决策的内容包括：提出广告信息的设想，对广告信息进行评价和选择，确定信息的表达方式和形式等。制定这一决策的具体步骤如下。

1. 信息的挖掘

广告的内容直接影响广告的促销效果。营销人员必须首先发现各种可供传递的信息，然后找出最应该传递的信息，即广告主题或广告诉求。

挖掘广告信息的方法和渠道有许多，其中向销售人员、生产人员、消费者、经销商、竞争企业搜集信息的方法都是有效的。营销人员还可以通过营销调研的方法获得有价值的广告信息。

2. 信息的选择

信息的选择是指从各种备选的广告信息中，找到最能引发大多数顾客需求的信息作为广告主题。广告信息一旦被选作广告的主题，就要在较长时间内反复发布。由于改变信息的内容和表达方式需要相当高的成本，因此，必须对广告所要表达的信息进行审慎的选择。通常，同一广告不宜表达太多的信息，好的广告往往集中表现一个主题。选择广告主题有以下 3 个标准：(1) 满意性。指广告的主要信息能表现出产品诸多特征中最令消费者满意或感兴趣的特征。(2) 独特性。指广告的主要信息表现了某些与众不同的产品特征。(3) 可信性。指广告信息令人感到可信或可以证实。

3. 信息的表达

信息的效果不仅取决于内容，而且取决于表达形式。确定广告信息的表达形式时，通常会涉及美术、文学、心理学、摄影等专业领域，需要较高的专业水平。此外，不同媒体的广告在表达形式上也会有很大的差别。

(四) 广告媒体决策

确定了广告信息以后，下一步是选择适当的传播媒体，力争以最低的广告费用支出达到最佳的沟通效果。选择广告媒体一般要考虑以下几个方面。

1. 根据消费者的特点选择传播媒介

(1) 根据消费者的文化层次选择。针对受教育程度高的目标受众，可以选择高端电视频道或专业性强的杂志。

(2) 根据消费者的职业特点选择。例如针对汽车驾驶员做广告，广播是最好的选择。

(3) 根据消费者的分布范围选择。如果企业的广告要面向广大地域发布，应该选择覆盖面大的媒体，如国家级的报纸、广播、电视等。

(4) 根据消费者接受媒体的习惯选择。例如针对儿童进行广告宣传，电视的效果较好，因为其生动形象、表现力最强。

2. 根据信息的特点选择传播媒介

(1) 根据信息的专业化程度选择。大众消费品一般会选择电子媒介，而工业品一般都选择专业杂志。

(2) 根据信息价值的时间性选择。对时效性没有要求的广告可以选择杂志、户外媒介；对时效性要求较高的促销、新产品发布等广告应选择电视、广播、报纸等媒介。

(3) 根据信息的容量选择。形象宣传、促销广告一般选择电视、报纸等媒介；对产品特征的详细介绍和宣传则必须借助报纸或邮寄媒介。

(4) 根据信息的复杂性选择。若产品或服务信息比较复杂，需要思考后才能理解，则不宜在广播、电视上发布。

(5) 根据信息的动感效应选择。比如，电视适宜传播各种生活用品、交通工具的信息，在展示商品外观、突出商标形象和动作过程等方面有明显优势。

3. 根据媒体的广告费用选择传播媒介

不同媒体的广告费用差异很大。中央电视台的广告黄金时段，一秒钟广告就要数万元，一般电视台的广告费则低得多。在地方主要报纸上做一次整版广告的费用往往可以用来做一年的公交车体广告。因此，企业在选择媒体时要充分考虑费用的投入。

（五）广告效果评价

企业制定广告决策的最后一个步骤是评价广告效果。广告计划是否合理，在很大程度上取决于对广告效果的衡量。广告效果评价是完整的广告活动过程中不可缺少的重要内容，是企业本期广告活动结束和下期广告活动开始的标志。

广告效果是广告信息通过媒体传播之后所产生的影响。评估内容一般包括以下两个方面：

（1）广告传播效果评估——广告对于消费者知晓、认知和偏好的影响。这方面的评估在广告推出前后都应进行。广告推出前，企业可邀请专家和具有代表性的目标顾客对已制作的广告进行评估，了解广告的整体影响和不足之处；广告推出后，企业可对顾客进行抽样调查，了解顾客对广告的具体反应。

（2）广告销售效果评估——广告推出后对企业产品销售的影响。一般来说，广告的销售效果比传播效果更难评估，因为除了广告因素以外，销售还受到价格、竞争者等许多因素的影响。影响因素越少，效果越容易控制，广告对销售的影响也就越容易评估。采用邮寄广告时，销售效果最易评估，而在建立企业形象时，销售效果最难评估。

第四节 销售促进

一、销售促进的概念及特点

（一）销售促进的概念

销售促进又称营业推广，是指在一个较大的目标市场中，企业为刺激需求或激发较强的市场反应而采取的能够迅速产生刺激购买作用的促销手段。这些手段既包括针对消费者的促销工具，也包括针对中间商和销售人员的促销工具。

（二）销售促进的特点

销售促进与人员推销、广告、公共关系等都是企业促销组合的工具，与人员推销、公共关系这两种非人员促销方法不同，销售促进具有以下特点：

（1）销售促进是企业运用各种短期刺激因素鼓励消费者购买的方式的总称，只要运作得当，获得促销效果比广告和公共关系要快得多，通常能促使消费者或中间商立即采取购买行动，因此，这种促销方法适合有短期或阶段性促销目标的促销活动。

（2）作为一种主要通过让利于顾客以刺激短期购买的促销手段，销售促进不适合长期单独使用，而适合作为一种阶段性促销手段配合其他促销手段使用。

二、销售促进策略的步骤

（一）确定销售促进目标

销售促进目标是由基本的营销沟通目标推演出来的，而后者又是由产品的更基本的营销目标推演出来的。从这个角度讲，销售促进的目标将依目标市场的不同而有所差异。就消费者而言，目标包括鼓励消费者更多地使用产品和大量购买，争取未使用者试用，吸引竞争者品牌的使用者等。就零售商而言，目标包括吸引零售商经营新的产品项目和维持较高水平的存货，鼓励其购买落令商品，储存相关产品，抵消各种竞争性促销的影响，建立品牌忠诚度，获得新的零售商的合作与支持等。就推销人员而言，目标包括鼓励其推销一种新产品或新款式、新型号的产品，寻找更多的潜在顾客，推销落令商品等。

（二）选择销售促进工具

有许多销售促进工具可以用来实现不同的目标，而且各种新工具不断地被开发出来。选择销售促进工具，必须充分考虑市场类型、销售促进目标、竞争情况以及每一种销售促进工具的成本效益等各种因素。

销售促进的方式多种多样且不断创新，下面介绍一些常用的方式。

1. 针对中间商的销售促进方式

针对中间商的销售促进包括直接针对批发商、零售商和代理商的促销活动，其最终目标是促使批发商积极地分销制造商的产品，促使零售商保有足够的产品库存。只有这样，才可能吸引消费者。常用的工具有：

（1）订单折扣。订单折扣也称价格折扣，即在一定条件下，对中间商给予低于价格表定价的直接折扣。这种方式的使用频率最高，其目的是促使中间商的订货量和最终的销售量增加。

（2）贸易折让。贸易折让是用于激励批发商或零售商储存、推销或展示制造商产品的一种优惠措施。购买折让的目的是鼓励零售商购买更多的产品；促销折让的目的是在宣传或展示品牌/产品方面得到支持；货架折让的目的是获取零售商为新产品或新品牌提供的货位。

（3）免费商品。制造商为鼓励中间商购买某种特色产品或进货达到一定数量，会额外赠送几箱商品，有时也提供促销奖励，如现金、礼品等。

（4）商业展示或会议。制造商邀请渠道成员参加会议，在会上进行产品展示和说明。

（5）培训。制造商为渠道成员提供人员培训。

（6）橱窗陈列。制造商或批发商把产品陈设赠送给渠道成员，并将它们安装好。

（7）奖金。制造商给渠道成员的推销人员发放奖金，促使他们力推自己的品牌，提供更好的服务。

（8）销售竞赛。制造商为鼓励中间商积极分销产品，向其承诺如果达到某一绩效水平就给予奖励。

（9）演示样品。制造商给渠道成员免费提供产品用于展示。

（10）礼品。渠道成员会因经销商品或承担了职能而得到礼品。

2. 针对消费者的销售促进方式

制造商用于影响消费者的销售促进工具主要有：

（1）优惠券。制造商或渠道成员规定持有优惠券的顾客可以获得价格折扣。

（2）还款或折让。消费者可向制造商提供购物凭证，以得到额外的折扣或返款。

（3）样品。在推出新产品时，可能会免费向消费者提供商品或服务。

（4）竞赛或奖券。消费者通过回答问题来争夺奖品，或填写表格参加抽奖。

（5）展示或展览。很多企业可共同为消费者举办展览。

（6）奖品包或多重包装。在包装上标明折扣比例，消费者购足一定数量的商品就可获得折扣。

（7）橱窗陈列。店内陈列可起到提示作用，激发顾客的冲动购买。

（8）礼品。消费者可能因购买某种商品或新开账户而得到礼品；可能因经常购买商品累积达到一定的购买量而得到礼品或者以累计分数兑换礼品；也可能因介绍自己的朋友购买产品而得到礼品。

（9）展示。将产品或服务在卖场现场展示，以刺激购买。

（三）拟定销售促进方案

为达到销售促进活动的预期目的，必须拟定详细的活动方案，并组织实施与控制。

1. 销售促进方案的制定

制定销售促进方案时应该考虑以下方面：活动的规模和激励程度、参加活动的条件、活动的具体实施途径、活动的期限和时机、活动的总预算方案。

2. 销售促进方案的实施与评价

在确定销售促进方案后，企业的销售部门或营销部门应负责组织实施，并会同市场部门、财务部门进行促销效果的评价与控制。主要的评价指标有销售业绩的变动情况、消费者的反应等。

营销视角

超市的销售促进策略

超市的销售促进策略就集中在低价上，入口处常摆放特价商品，给消费者营造很便宜的印象，让人们以为超市所有的东西都很低价。其实，超市有一整套复杂的价格策略，都是利用人们想占小便宜的心理弱点，比如：把价格调高再做买一送一；特价区会混入原价商品；消费者凭着固定思维会认为买得多更实惠，通常爱选大包装，但有时候可能大包装比小包装还要贵；切开的水果看起来很便宜，也方便了消费者，事实上却是因为质量问题难以整体销售，不得已才化整为零分装；晚上超市的低价甩卖，尤其是熟食、肉类、瓜果等，基本都是第二天要倒掉的不新鲜的产品。

看到超市这么多心理套路，有没有一种“城市套路深，我要回农村”的感觉？其实消费者只要擦亮眼睛，反套路而行之，比如购物时多向下向上看、向里向左看，就能买到更物美价廉的商品。此外，还要养成理性消费习惯，这样才不会占小便宜吃大亏。

第五节　公共关系

一、公共关系的含义

公共关系简称公关，是指组织为改善与社会公众的关系，增进公众的认识、理解及支持，树立良好形象，实现其与公众的共同利益与目标的管理活动。

公共关系的主体可以是组织，也可以是个人。公共关系客体也很广泛，既包括组织内部公众，如股东、员工等；也包括外部公众，如顾客、新闻媒体、金融机构、政府、业务伙伴、竞争者等。

企业的公共关系形象包括产品形象、服务形象、员工形象和环保形象等。良好的公共关系形象无疑是企业的无形资产，可有效促进企业与顾客及合作伙伴的沟通，增强企业的核心竞争力。

二、公共关系的职能

公共关系作为一门经营管理艺术，其职能主要表现在信息监测、舆论宣传、沟通协调、危机处理4个方面。公关人员的重要任务之一就是发掘或创造对企业或其产品有利的新闻。新闻的创造要善于构想出好的故事，以争取媒体采用。公关人员必须尽可能多地结识新闻编辑人员和记者，以获得较多较好的有关本企业的新闻报道。

延伸阅读

习近平论媒体传播

2019年1月25日，习近平等中央领导同志在《人民日报》新媒体中心听取了《人民日报》微博、微信公众号、客户端建设情况汇报，观看了新媒体产品展示。

习近平发表了重要讲话，指出，党报党刊要加强传播手段建设和创新，发展网站、微博、微信、电子阅报栏、手机报、网络电视等各类新媒体，积极发展各种互动式、服务式、体验式新闻信息服务，实现新闻传播的全方位覆盖、全天候延伸、多领域拓展，推动党的声音直接进入各类用户终端，努力占领新的舆论场。

习近平强调，全媒体不断发展，出现了全程媒体、全息媒体、全员媒体、全效媒体，信息无处不在、无所不及、无人不用，导致舆论生态、媒体格局、传播方式发生深刻变化，新闻舆论工作面临新的挑战。推动媒体融合发展，要坚持一体化发展方向，通过流程优化、平台再造，实现各种媒介资源、生产要素有效整合，实现信息内容、技术应用、平台终端、管理手段共融互通，催化融合质变，放大一体效能，打造一批具有强大影响力、竞争力的新型主流媒体。

资料来源：习近平：推动媒体融合向纵深发展巩固全党全国人民共同思想基础．（2019-01-25）．

三、公共关系活动管理的基本流程

（一）设定公共关系目标

公共关系决策的第一项任务是设定明确的公共关系目标，企业应该通过公关调研，了解企业公关形象存在的问题，确定公关活动的目标。

（二）确定公共关系活动方案

根据公关目标，公关人员应确定企业或产品是否有任何重大的新闻可供报道，即选择公共关系的信息与工具。

（三）执行公共关系方案

开展公共关系活动必须非常细心和谨慎，并要设法让新闻故事刊登在媒体上以扩大公关效果。重大新闻很容易被刊登出来，但是大多数的故事并非都那么有分量，也就不一定被忙碌的编辑所采用。所以，公关专职人员与媒体人士之间的日常沟通，并建立良好的关系是十分重要的。

（四）评估公共关系活动的成果

公共关系活动很难精确测量。概括地说，公关评价的指标包括以下几个方面：一是信息传播频率。衡量公共关系效果最简易的方法是计算企业出现在媒体上的信息传播次数。发送信息的数量是公关效果评价的基础性信息，这通常可以从公关活动实施记录中精确地得到，如提供有关纸质媒体的报道版面和读者构成、广电媒体的传播时段，以及受众群体的分析报告等。二是受众反响。重点是通过调研，分析由公共关系活动引起的公众对企业或产品的知名度、理解和态度方面的前后变化水平。三是假定在其他促销策略（广告、销售促进等）基本不变的情况下，尽可能估算公关对公众行为产生的影响，包括对销售额和利润产生的促进作用。

公共关系手段是依靠树立企业和产品良好形象来实现促销目的的，所以，其效果是间接的、长期的。为此，企业的公共关系工作应该是系统而长期的。

第六节 整合营销传播

一、整合营销传播的概念

整合营销传播也称整合营销沟通，是指企业以消费者为核心，综合协调地使用各种形式的传播方式，以统一的目标和统一的传播形象传播一致的产品信息，实现企业与消费者的双向沟通，更有效地达到传播和营销的目的。

长期以来，在传统市场营销学的影响下，生产企业习惯使用 4P 框架来考虑营销决策。1990 年劳特朋（Robert Lauterborn）教授提出了 4C 观念，即以消费者而非企业为核心的营销观念。该观念强调：企业在设计营销组合策略时应从消费者（consumer）的需要和欲望出发，考虑消费者满足欲望所愿意付出的成本（cost），考虑消费者购买的便利性（convenience），考虑通过多种方式与消费者进行双向沟通（communication）。在这一思想中，已经开始强调沟通的多方式整合，以及沟通的双向性。

在沟通问题上，企业一贯坚持由内至外的沟通模式，即顾客是企业传播和说服的对象，企业发布信息，顾客注意信息。而今，从有效营销沟通的角度出发，要求企业从由内至外的沟通模式转向由外至内的沟通模式，即从营销者向顾客传递信息转向通过沟通让营销者明晰顾客的需要和愿望，并据此做出营销反应。因此，沟通必须是双向的。为了保证达到最理想的效果，企业应统一协调使用各种沟通工具。

延伸阅读

人工智能时代的整合营销传播

“整合营销传播”的概念最先由美国西北大学的唐·舒尔茨教授提出。他强调广告主统筹协调所有与消费者的接触点，以确保各种传播手段能向目标消费者发出同一个声音。迄今为止，这样的经典营销理论不仅没有褪色，反而愈加彰显其价值。在当下的新媒体环境中，广告主不得不面对不同的场景、不同的渠道、不同的投放形式乃至不同的终端。例如微博就涵盖热搜、超级话题、开屏和故事视频等，腾讯则拥有信息流、小游戏广告等，百度旗下囊括了开屏、品牌专区和信息流广告等较为强势的广告产品线。更多的选项反而成为广告主的难题，在人工智能技术介入广告营销业之前，企业在新媒体上的投放往往十分分散。单纯依靠经验进行的盲目投放犹如盲人摸象，它让部分目标客群无法被覆盖，其余一些顾客又频繁处于重复曝光的状态。人工智能技术在营销中的应用可以在相当程度上弥补经验的不足。事实上，在人工智能技术环境下，对单一消费者决策链路的全覆盖轻而易举。从任何角度审视，营销组合拳的力道都要比传统时代的散点式曝光更为强劲有力。

二、整合营销传播的基本特征

舒尔茨认为“传统营销传播的终结”是一种历史必然，“整合时代”已经到来。他指出：“营销沟通将是营销机构在20世纪90年代和21世纪唯一可持续的竞争优势。”

整合营销传播强调，在与消费者沟通时，为了达到明确、一致、高效的沟通效果，要将营销沟通要素（如广告、公共关系、销售促进、人员推销、赞助营销、售点沟通等）相互配合，整合成一体，与品牌的市场定位相一致，与产品、定价和分销渠道相协调。整合营销沟通的特征主要有：

（1）整合营销沟通的最终目的是影响受众的行为反应。

（2）整合营销沟通必须从顾客出发，通过调查研究搜集信息，制定营销沟通的目标，选择沟通的信息和最佳的媒体接触方式，并制定整合的传播计划，最终通过有效执行达到预期的目标和效果。

（3）整合营销沟通要求以多种恰当的接触方式作为沟通渠道，而不是先入为主地固守某些类型的传播媒体。选择媒体时不拘泥于形式，所有能够有效接触目标受众的方式都可以使用。

（4）步调一致以获取协同优势。营销者要想建立强有力的品牌形象，并促使消费者采取行动，多种营销沟通要素的协调一致至关重要，要“用同一个声音说话”，要求广告、公关宣传、人员推销、销售促进、赞助活动等都必须协调一致。否则，就会事倍功半，甚至会让消费者得到相互矛盾的品牌信息。

（5）建立顾客关系。成功的营销沟通能够在品牌与消费者之间建立一种持久的联系，实现顾客重复购买甚至建立顾客忠诚。

三、整合营销传播的组合

（1）广告。大众媒体的广告能够同时影响数以万计的受众，告知产品的信息、劝说改变态度、激励购买行为。

（2）销售促进。企业采取各种销售促进工具吸引顾客的短期购买。

（3）公共关系。企业运用公共关系加强宣传有利于树立企业形象，提高企业的知名度和美誉度。

（4）人员推销。销售人员直接面对消费者进行销售，在产业市场上尤其依赖人员推销。

（5）赞助营销。通过赞助各种公益活动，有利于在消费者心目中树立企业的形象。

（6）售点沟通。在终端销售现场，销售人员利用各种工具吸引消费者的注意，刺激消费者购买产品。

（7）直复营销。营销者运用多种媒体直接与消费者沟通，对其施加影响，以实现销售行为的各种活动，包括直接销售、直接邮寄、电话销售、电视直销等。随着电子通信技术的发展，直复营销的手段也越来越多。

营销视角

蒙牛：焕轻“爸妈”系列微电影

让人潸然泪下的亲情微电影《最好吃的饭》内容感人，有效地呈现了品牌信息。视频中女儿提着焕轻回家探望母亲，实际上是为与视频中女儿情形类似的都市年轻人做出示范，而结尾处的品牌口号“焕轻让年轻继续，向母爱致敬”再一次强化了受众的印象。微电影中避免了过度植入，使剧情内容与品牌市场需求实现了紧密契合，助力蒙牛抢占中国老年高端奶制品市场。

（一）案例背景

焕轻系列牛奶是蒙牛乳业推出的中国首款面向中老年人群的高端功能乳品，从互联网角度看，这是一款非常典型的“使用者不是购买者”的产品，中国传统的中老年人群更加崇尚节俭的生活方式，习惯于将更多的关注和积蓄留给孩子，因此其销售拉动需要依赖身为子女的人群，“爸妈”系列微电影和真人秀节目正是围绕这个点来深入展开的。

（二）营销目标

本项目的广告代理及制作公司爱奇艺针对互联网的媒体属性以及受众人群，将传播对象定为父母的子女，为蒙牛焕轻规划了从内容制作到传播执行的整合营销方案，主要分为系列微电影和旅行真人秀节目两大模块。如何吸引子女这一人群，唤起他们对父母的关注并最终转化成行动，成为爱奇艺作为媒体平台需要解决的问题。

（三）目标受众

互联网主要沟通对象：25~45岁，月收入在4000元以上，关爱老年人身心健康、与父母长期分隔两地的消费者。

（四）执行时间

整个微电影从创意到上线周期大概为两个月，于2014年7月29日正式上线。

（五）创意表达

针对父亲节、母亲节、中秋节等最具亲情色彩的典型节日，爱奇艺分别打造相应创意的微电影短片，从几乎不带产品推荐的公益形式出发，以真挚感人的情感故事切入，讲述父母之爱的伟大故事，触发每个含蓄的中国孩子内心中对于父母同样的深爱之情。

（六）传播策略

以系列微电影结合真人秀节目的营销方式强势出现，发起“价值不退休”等系列活动的号召和征集；深度主导定制节目，将热点资源导入自身的“不退休”品牌体系；借助网络平台，与目标人群进行深入沟通与互动，形成对传统媒体的强势互补。

（七）执行过程

前期基于创意剧本反复打磨，中后期高效拍摄与剪辑，通过蒙牛焕轻与爱奇艺的优质沟通，共同保证影片最终的品质，从而实现了营销价值最大化。

（八）效果总结

爱奇艺团队精心策划，通过微电影、访谈录、真人秀节目等多元化方式，全面贯穿公益、情感关键字，打造高品质的视频作品。

各项目上线之后均赢得巨大关注，特别是微电影《最好吃的饭》上线几天全网火爆，屡创播放纪录：上线10天全网播放量高达1.77亿次，微博转发量达22.4万条，评论达1.9万条，并收获6万个赞……包括《人民日报》在内的各公众号纷纷转发，行业内其他视频网站几乎全部转载，被网友誉为

"4分钟让百万人潸然泪下"的短片。

2014年11月，爆红微电影《最好吃的饭》在狂揽长城奖、金瑞奖最佳网络广告案例及Topdigital全场大奖等三大重量级奖项之后，又获得梅花网营销创新奖之最佳视频营销创新奖。2014年12月，《最好吃的饭》在中国金鸡百花电影节学院奖短片大赛中再夺优秀短片奖，成为获得华语电影最专业奖项认可的商业定制微电影。

资料来源：改编自蒙牛：焕轻"爸妈"系列微电影营销案例.

重要概念

促销	促销组合	推式策略	拉式策略
人员推销	广告	广告媒体	销售促进
公共关系	整合营销传播		

思考题

（1）怎样理解促销组合？促销组合的方式有哪些？影响促销组合策略制定的因素有哪些？

（2）怎样理解公共关系的含义和职能？

（3）什么是整合营销传播？其主要特征是什么？其主要构成要素有哪些？

（4）分销渠道设计的步骤主要有哪些？

（5）如何理解渠道冲突？分析渠道冲突产生的原因，并提出解决措施。

（6）当前电子商务的发展势头迅猛，你如何评价其未来的发展趋势？网上商店是否会取代实体商店？

实践训练

（1）选择一家消费品制造商，访问其网站，搜集其广告、促销材料，观看其电视广告，调查其产品组合，访问一些消费者，最后写出一份报告，探讨其营销沟通策略。

（2）选择一家大型零售商，完成与上一题相同的活动，写出一份报告，探讨其营销沟通策略。

（3）运用本章所学的广告知识，为自己撰写一份用于毕业后求职的"广告"。

推荐阅读

（1）唐·舒尔茨，海蒂·舒尔茨．整合营销传播：创造企业价值的五大关键步骤［M］．王茁，顾洁，译．北京：清华大学出版社，2013.

（2）弗雷泽·P. 西泰尔．公共关系实务［M］．12版．北京：清华大学出版社，2017.

（3）金旗奖编委会．2016最具公众影响力公共关系案例集［M］．北京：新世界出版社，2017.
(4) 李斌. 广告精准投放：移动互联网时代的广告投放策略 [M]. 北京：中国经济出版社，2017.
(5) 斯科特·阿姆斯特朗. 广告说服力：基于实证研究的195条广告原理 [M]. 吴国华，等译. 北京：商务印书馆，2016.
(6) 朱海松. 移动互联网时代国际4A广告公司基本操作流程 [M]. 北京：人民邮电出版社，2015.
(7) 卢泰宏，朱翊敏，贺和平. 促销基础——顾客导向的实效促销 [M]. 5版. 北京：清华大学出版社，2016.

案例分析

苹果移动支付咸鱼翻身难促销优惠结束后仍陷入沉寂

2017年7月25日，苹果在中国市场为期一周左右的Apple Pay补贴活动落下帷幕，凭借高额补贴，苹果确实在短时间内提高了自身移动支付用户的活跃度，但调查发现，活动过后Apple Pay又陷入了沉寂。尽管进入中国市场已有一年半，苹果支付却没能赶上推广移动支付的黄金期。如今，中国用户已经习惯通过微信和支付宝扫描二维码形式进行支付，苹果靠短期补贴扩大用户规模的做法最终只能事倍功半。

首度补贴

苹果（中国）在2017年7月13日宣布：7月18~24日，在具有银联云闪付标识的指定商铺，只要用Apple Pay支付，即可获得低至5折的优惠以及高达50倍的信用卡积分奖励。这是Apple Pay登陆中国以来第一次大规模的促销活动。

从苹果官网可以看到，这次加入Apple Pay促销阵营的企业一共有44家，其中线下实体商店有28家，有星巴克、家乐福、7-11便利店、汉堡王、哈根达斯、必胜客、罗森便利店等连锁巨头。线上商店共有16家，其中不仅有京东、携程、网易考拉等电商公司，还有猫眼电影、娱票儿、微博等热门平台，连很火的摩拜单车和小蓝单车也加入进来。但值得注意的是，实体店商家多限定在北上广深，很多促销仅指定门店参与。

除了低至5折的消费优惠，活动期间在指定商家通过11家银行的信用卡绑定Apple Pay进行支付，可享受高达50倍的银行积分，包括中国农业银行、北京银行、交通银行、上海银行、中信银行、中国建设银行、中国光大银行、广发银行、中国民生银行、兴业银行、平安银行。通过上述11家银行信用卡在非活动商家使用Apple Pay支付也可有5倍积分。

效果明显

苹果大力促销的第一周过去后，根据官方公布的数据估算，Apple Pay线下补贴总额预计达到3000万元。活动第一周，支持Apple Pay的几家店铺中使用Apple Pay的消费者人数大大增加。位于北京东五环的一家7-11便利店的销售数据显示，一周时间内，使用苹果手机的顾客在看到优惠提示后大部分会选择Apple Pay来进行支付。

在屈臣氏，活动前两天使用Apple Pay的人不多，后几天多了起来，占比达到移动支付的六七成；在哈根达斯，使用Apple Pay可以享受5折、50元封顶的优惠，2000个优惠名额在活动第六天就用完了，活动期间大约有1/3的用户使用Apple Pay；一家星巴克的数据显示，在1小时内，共有31名顾客付账，其中有6名顾客选择了Apple Pay。据有关数据统计，2017年7月18日、19日两天，某7-11便利店的支付宝、微信、Apple Pay的使用比例大约是52%、21%、27%，Apple Pay超出微信支付6个百分点。

难接地气

当优惠名额用完后，很多商家反映使用Apple Pay的人少了很多。一位必胜客店员说，“满160元减80元”的名额差不多在活动第一天晚上就用完了，当天使用Apple Pay的用户占到移动支付的六七成，但优惠名额用完后又变得像以前那样少。其实，如果不是为了享受优惠，大部分人不会使用Apple Pay。因为在这次促销活动之前，很少有人用Apple Pay，有的人没有将手机与信用卡绑定，有的人根本不会用。

Apple Pay进入中国市场已经过去一年半，但给人的感觉只是阵仗很大，市场份额却难以提升。艾瑞咨询发布的《2017年第一季度第三方移动支付交易市场规模报告》显示，支付宝市场份额达到54%，微信支付占40%，Apple Pay在剩下的6%中占一席之地，也就是说，Apple Pay在国内移动支付市场与其他两家巨头差得很远。

产业观察家洪仕斌表示，这一方面是因为Apple Pay本身功能的局限性。以NFC近场支付为技术原理的Apple Pay相当依赖终端环境，也就是需要改造硬件终端（非接触式支付的POS机）。数据显示，在人均POS机数量上，中国大概是185台/万人，而支持NFC的POS机约为75台/万人。所以对商户来说，贴个二维码使用微信和支付宝支付几乎没有成本，但支持Apple Pay需要升级POS设备。

据了解，Apple Pay是基于NFC技术实现的，取代实际的物理信用卡（国内Apple Pay暂时只支持信用卡，储蓄卡还需要等待）本身，同时以Touch ID指纹识别取代支付时的密码输入过程。不过这种技术对POS终端有一定要求，必须是贴有“银联云闪付Quick Pass”标志的POS机才支持使用Apple Pay。

另一方面，Apple Pay进入中国市场太晚，移动支付的市场份额大多已经被微信和支付宝占据，消费者的使用习惯已经养成，很难改变。在用户基数上，Apple Pay只能供苹果用户使用，在其他品牌手机持有者中并不能普及。

目前支付宝和微信通过巨额补贴已经形成了用户沉淀和用户习惯，苹果支付还需要花时间培养用户。

资料来源：孙麒翔，石飞月．首次规模促销结束苹果移动支付能否咸鱼翻身［N］．北京商报，2017-07-26.

思考：

（1）苹果移动支付采用了哪一种促销策略？你的判断依据是什么？

（2）促销不是万能的。你认为导致苹果移动支付在中国市场推广不力的深层原因是什么？

（3）你认为 Apple Pay 应该采取怎样的整合营销沟通策略来提高顾客的重复使用率，甚至建立顾客忠诚？

第十一章　营 销 管 理

学习目标

（1）了解市场营销计划的基本内容。
（2）了解市场营销部门的组织形式及特点。
（3）了解市场营销控制的主要方法。

引例

苏宁最早以家电连锁闻名，触网后的苏宁开始打造线上线下混合体，并将业务扩展到地产及银行，并更名为苏宁云商。为了与业务变革相配套，苏宁全面启动了架构的转型，在整个集团方面，重点构建总部管理层、总部经营层、地区执行层，成立了连锁开发管理总部、服务物流管理总部、市场营销管理总部、财务信息管理总部、行政人员管理总部、连锁平台经营总部、电子商务经营总部、商品经营总部，负责各项业务的管理，组建了六大区，各项业务在当地进行本地化的经营。此次架构调整，线上线下两大开放平台、三大经营事业群、二十八个事业部、六十个大区组成了苏宁的联合舰队。可见，营销环境的变化会引发营销组织的变革。

营销的计划、执行、组织和控制构成了营销管理的主体部分。营销计划是企业在分析市场状况基础上预先制定的行动方案和规划，它是企业管理经营的重要依据。营销组织是计划制定和执行的载体，营销计划的实施离不开有效的营销组织。营销控制则通过监测、检查营销计划的执行实施情况，适时适当地进行调整和改进，以保证计划的有效实现，如图 11-1 所示。

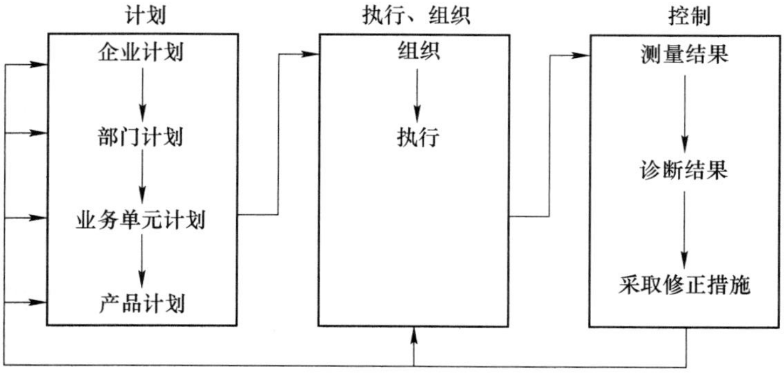

图 11-1　营销计划、执行、组织、控制

第一节 市场营销计划与执行

一、市场营销的计划

市场营销计划是指在研究当前营销状况（包括市场状况、产品状况、竞争状况、分销状况和宏观环境状况等），分析企业所面临的主要机会与威胁、优势与劣势以及所存在问题的基础上，对财务目标和营销目标、营销战略、营销行动方案以及预计利润表的确定和控制。市场营销计划无论是对营销部门还是对其他职能部门而言，都具有重要作用，它往往是其他行动计划的起点，包括产品计划、品牌计划、市场计划等。

市场营销计划主要由以下 8 个部分组成。

（一）计划概要与目录

在市场营销计划的开头部分应对本计划的主要目标做一个简要的说明，以便管理层能迅速了解计划的重点。之后应列出计划目录，说明计划的实施步骤与实施细节。

（二）营销现状分析

在计划中要列出企业在市场、产品、竞争等营销因素方面的背景材料，以便进行营销现状分析。相关的背景材料包括：

（1）市场情况。包括市场规模、近年来的增长情况、不同细分市场的情况、顾客需求现状、购买行为特征、需求变动趋势等。

（2）产品情况。包括企业产品特别是主要产品近年来的销售情况、产品结构的调整情况、价格水平、盈利情况、顾客对产品的意见及反馈情况。

（3）竞争情况。包括本企业在行业市场中的竞争地位、产品的优势和劣势、市场份额变化情况、企业的主要竞争对手、竞争对手的经营规模与市场地位、竞争对手的营销战略与策略等。

（4）分销情况。包括企业主要的分销渠道、主要的经销商及对其能力的评价、渠道管理现状、渠道管理成本及其他问题。

（5）宏观营销环境。包括人口、经济、政治、法律、社会文化、技术等宏观环境因素及其变化情况，以及这些因素对企业营销活动的影响。

（三）机会与威胁分析

营销经理必须认真分析市场营销计划期内企业所面对的营销机会和威胁、企业的优势和劣势，以便有效把握对企业营销活动可能产生影响的各种外部因素，并认清自身所拥有的条件及不足，据此制定营销策略。

（四）确定营销目标

市场营销计划中必须陈述在计划期内企业要实现的具体营销目标，以及实现目标的主要战略方案。

（五）制定营销战略与策略

市场营销战略应明确企业的目标市场、产品定位，并在此基础上制定市场营销组合方案。

（六）制定具体执行方案

要针对营销目标、战略方案制定具体的落实方案，明确实施计划所要做的工作是什么、谁来做、什么时间做、怎样做以及成本如何控制等，即把市场营销计划变成可以实施的具体方案。

（七）编制预算

在市场营销计划中，企业应根据其执行方案编制营销预算，说明市场营销计划实施中所需经费的金额及理由，用以支持各项具体的营销活动，同时还要预计营销活动的损益情况。

（八）控制

控制是指对市场营销计划的执行情况进行经常性的监督管理，其做法是：将市场营销计划目标、营销预算按时间周期（月、季）分解，然后将各部门阶段性的营销活动实绩与计划目标及预算目标相比较，及时了解计划落实情况，发现存在的问题，分析原因，制定整改方案。

二、市场营销的执行

分析市场营销环境、制定市场营销战略和市场营销计划是解决营销活动“应该做什么”“为什么要这样做”的问题；而市场营销执行则是要解决“由谁去做”“什么时候做”“怎样做”的问题。市场营销执行是指将营销计划转化为行动方案的过程，以期完成使命，实现计划目标。

（一）市场营销执行过程的步骤

（1）制定行动方案。为了实施市场营销战略，必须制定详细的行动方案，明确市场营销战略实施的关键决策和任务，并将执行决策和任务的责任落实到个人或小组；另外，还应包含具体的时间表，定出行动的确切时间。

（2）建立组织结构。企业的正式组织在市场营销执行过程中起着决定性作用。组织结构必须同企业战略相一致，同企业本身的特点和环境相适应，通过明确的分工和有效的协调，实现内部各项决策和行动。

（3）设计决策和报酬制度。决策和报酬制度直接关系到战略实施的成败。

（4）开发人力资源。市场营销战略最终是由企业内部的工作人员来执行的，人力资源的开发涉及人员的考核、选拔、安置、培训和激励等问题。

（5）建设企业文化。企业文化是一个企业内部全体人员共同持有和遵循的价值标准、基本信念和行为准则，包括企业环境、价值观念、模范人物、仪式、文化网五个要素。良好的企业文化能够把全体员工团结在一起，为企业战略的执行奠定坚实的基础。

营销视角

微信红包促企业文化建设

2019 年腾讯“定制红包封面”的推出说明企业微信在对用户群的定位上有了自己的方向感，那就是“人情味”。微信允许用户在红包里面添加自己制作的表情等，来强化红包的情感分量和互动趣味，使得红包不只是“发钱”或是赤裸裸的金钱“交易”。

企业微信红包，不管是发送自定义专属红包封面给员工，还是员工用带有企业专属封面的红包给亲属和客户，都能传播企业文化，提升成员对企业的认同感、归属感。从“人情味”这种大家看不见却都能感受的企业文化出发，去触动大企业高管的文化传播诉求，也就是说，企业微信将自己的用户群定位在“大企业的高管层级”，让有传播企业文化、提升用工认同度诉求的大企业高管看到企业微信与众不同的价值。

资料来源：企业微信推出“定制红包封面”，打响腾讯2019全面TOB“第一枪”.（2019-01-24）.

（6）确定管理风格。企业管理风格与企业文化直接关联，不同的战略要求不同的管理风格，这主要取决于企业的战略任务、组织结构、人员和环境。

为了有效地实施市场营销战略，企业的行动方案、组织结构、决策和报酬制度、人力资源、企业文化和管理风格这六大要素必须协调一致、相互配合。

（二）市场营销执行中的问题

市场营销执行是一个艰巨而复杂的过程。企业在实施市场营销战略和市场营销计划过程中出现问题的原因主要有以下几个方面：（1）计划脱离实际。企业的市场营销战略和市场营销计划通常是由上层的专业计划人员制定的，而执行则要依靠市场营销管理人员。（2）长期目标和短期目标相矛盾。市场营销战略通常着眼于企业的长期目标，涉及今后3~5年的经营活动。但对具体执行这些战略的营销人员通常是根据他们的短期工作绩效，如销售量、市场份额或利润率等指标来进行评估和奖励的。因此，营销人员常选择短期行为。（3）因循守旧的惰性。新的战略如果不符合企业的传统和习惯就会遭到抵制。（4）缺乏明确具体的执行方案。有些计划之所以失败，是因为计划人员没有制定明确具体、能够使企业内部各有关部门协调一致的执行方案。

第二节　市场营销组织

市场营销组织是制定和执行市场营销计划的特定职能部门，虽然在不同类型的企业中，市场营销组织的设置、人员配备及称谓有所差别，但其担负的职能是相同的。

一、市场营销组织的演变

现代企业市场营销组织是随着市场营销观念的变化与企业营销职能的发展逐步演变而来的。在市场经济发达的国家，市场营销组织的发展形态大致有以下5种。

（一）简单的销售部门

按照一般企业的业务活动需要，企业的组织机构多是以生产、推销、财务、会计等职能部门为基础发展演变而来的。推销作为一个独立的职能部门，一般由一名销售经理负责管理。销售部门的主要职责是推销产品，不参与企业其他活动。简单的销售部门的基本结构如图11-2所示。

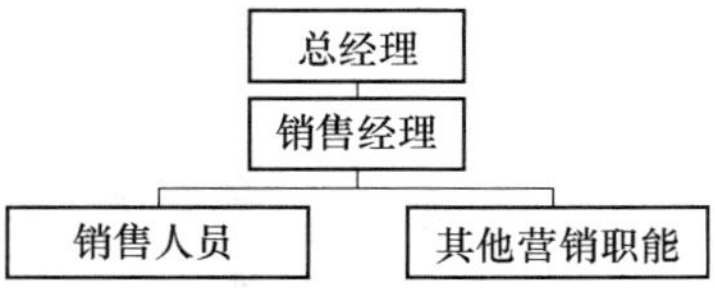

图 11-2 简单的销售部门

（二）兼具其他营销职能的销售部门

随着企业业务活动的增多及产品销售压力的加大，企业需要经常开展专门的市场调研、广告促销、客户服务工作。为此，销售部门的职责逐渐从产品推销向上述职能扩展，随着业务量的扩大，企业开始设立营销主管职位，全权负责这些工作。兼具其他营销职能的销售部门的基本结构如图 11-3 所示。

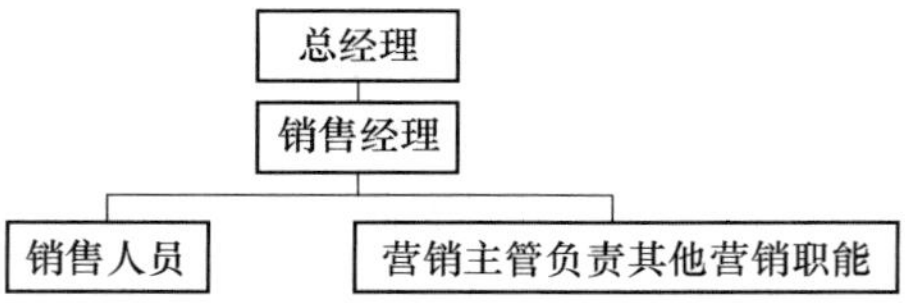

图 11-3 兼具其他营销职能的销售部门

（三）独立的市场营销部门

随着顾客导向的营销观念的推广，为获得理想的市场绩效，企业对市场调研、新产品研发、广告、客户服务等营销职能越来越重视，并在销售职能的基础上逐步形成了相对独立的市场营销职能，增设了营销经理，使营销部门和销售部门成为相对独立又密切配合的 2 个职能部门。独立的市场营销部门的基本结构如图 11-4 所示。

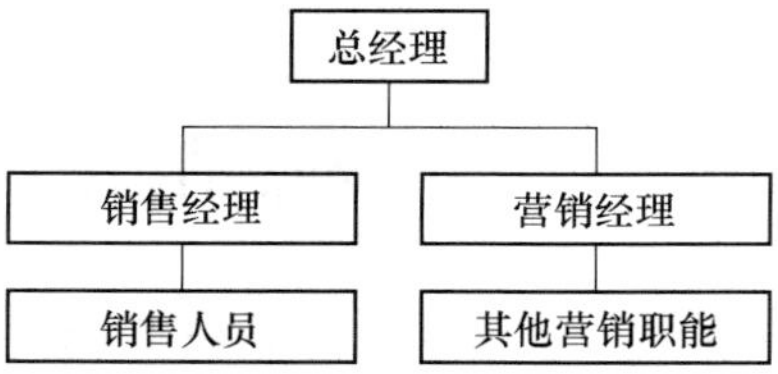

图 11-4 独立的市场营销部门

（四）现代市场营销部门

作为相对独立的两个职能部门，营销部门和销售部门在企业管理实践中经常出现协同不力的局面。营销经理的职责是把握市场机会并制定营销战略与规划，销售经理的任务是在当前的市场条件下执行既定计划。相对而言，营销者着眼于长远，销售者着眼于当前。为化解可能出现的部门冲突，现代企业逐步优化营销组织，设置一名营销经理（通常为企业副总经理）全权负责与企业市场营销活动相关的所有职能活动。现实中也有部分企业将与市场营销有关的职能活动分置于两个或更多部门（如市场部、销售部、客户服务部），但都由营销经理进行管理与协调。现代市场营销部门的基本结构如图 11-5 所示。

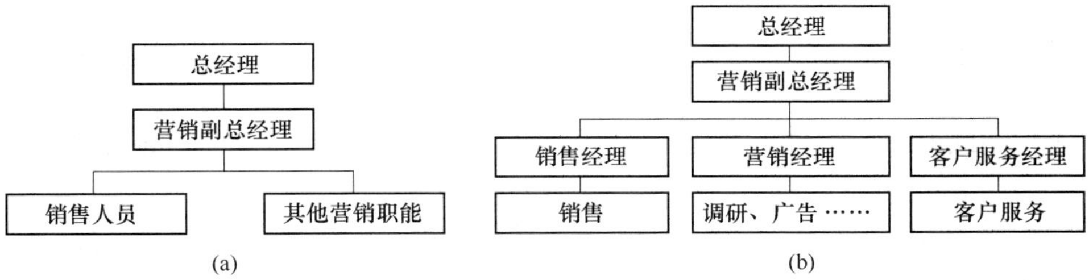

图 11-5　现代市场营销部门

（五）虚拟型市场营销部门

现实中有些企业开始使用虚拟型营销组织，即不设置专职营销部门，而是根据市场营销的具体职能（如新产品开发、市场开发、市场推广、客户服务等），任命专职负责人，组建临时性跨部门职能小组，实施项目过程管理。

二、市场营销部门的组织形式

现代市场营销部门有多种组织形式，企业需根据自身的营销目标、业务特点、营销环境等因素做出选择。

（一）职能型组织

职能型组织最常见的形式是在营销副总经理的领导下，由各种营销功能专家组成营销部门的组织形式。营销副总经理负责协调各营销职能科室、人员之间的关系，如图 11-6 所示。

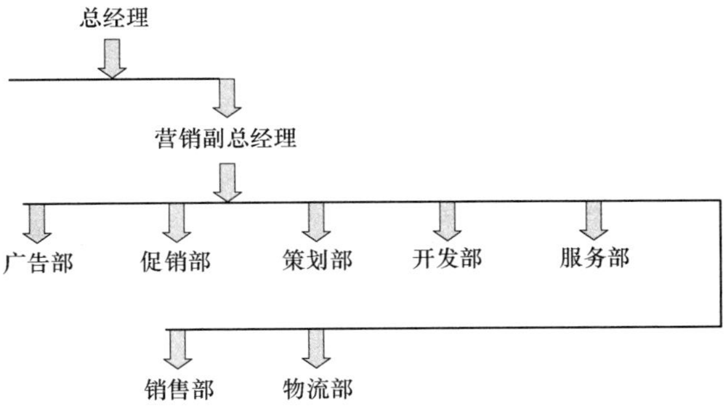

图 11-6　职能型组织模式

职能型组织的主要优点是行政管理简单、方便。缺点是产品增多、市场扩大，逐渐失去有效性：没有人对一种产品或一个市场全盘负责，可能缺少按产品或市场制订的完整计划，使有些产品或市场被忽略；各职能科室为了获得更多预算、比其他部门有更高的地位而相互竞争，营销副总可能经常处于调解紧张关系的“旋涡”中。

（二）地区型组织

当业务涉及全国乃至更大范围时，可按区域组织、管理销售人员。如在营销部门设有中国市场经理，下有华东、华南、华北、西北、西南、东北等大区市场经理，每个大区市场经理下面按省、自治区、直辖市设置区域市场经理，再往下还可设若干地区的市场经理和销售代表。

从地区市场经理依次到全国市场经理，所辖下属人员的数目，即“管理幅度”逐级增加。

若销售任务艰巨、复杂，销售人员工资成本太高，工作成效又对利润影响较大，管理幅度可适当缩小。如图 11-7 所示。

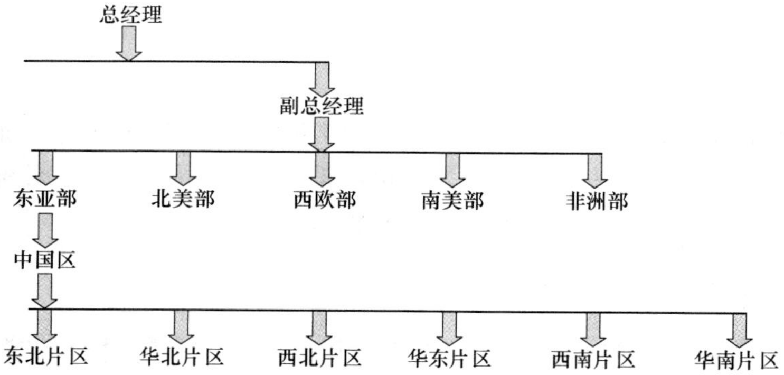

图 11-7 地区型组织模式

（三）产品（品牌）管理型组织

企业经营的产品差别很大，数量又多，超过职能型组织所能控制的范围，就适于建立产品（品牌）管理型组织。通常总产品（品牌）在总经理领导下，按每类产品（品牌）分设经理，再按具体品牌设一名经理，分层管理。如图 11-8 所示。

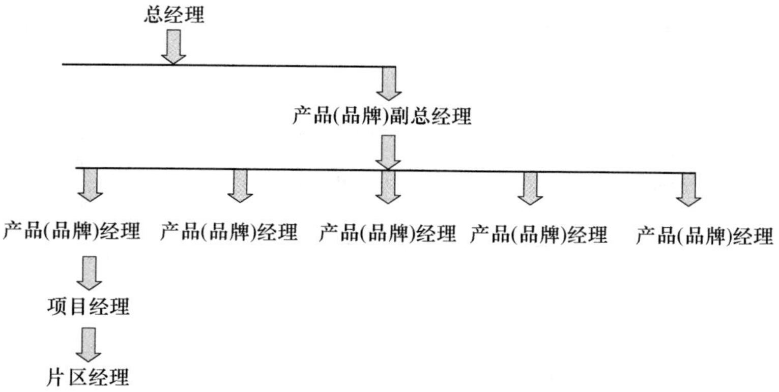

图 11-8 产品管理型组织模式

产品（品牌）经理的作用，是制订产品（品牌）计划，监督计划实施，检查执行结果并采取必要的调整措施，以及为自己负责的产品（品牌）制订长期的竞争战略和政策。产品（品牌）管理型组织始于 1927 年，首先为宝洁公司所采用，以后为许多厂商，尤其是食品、肥皂、化妆品和化工企业所效仿。

产品（品牌）管理型组织优点如下：

（1）便于统一协调产品（品牌）经理负责的特定产品、品牌的营销组合战略。

（2）及时反映产品、品牌在市场出现的问题。

（3）产品（品牌）经理各自负责自己的产品、品牌，可以保证每一产品（品牌）纵然眼下不太出名，也不会被忽视。

（4）有助于培养人才——产品（品牌）管理涉及企业经营、营销的方方面面，是锻炼年轻管理人员的最佳场所。

产品（品牌）管理型组织缺点如下：

（1）造成矛盾冲突。由于产品（品牌）经理权力有限，不得不与广告、推销、制造部门合作，这些部门有可能视他们为“低层的协调者”而不予重视。

（2）产品（品牌）经理容易成为自己负责的特定产品（品牌）的专家，但不一定熟悉其他如广告、促销等业务，影响其综合协调能力。

（3）建立和使用产品管理系统，成本往往比预期高。产品管理人员增加，导致人工成本上升；企业继续增加促销、调研、信息系统和其他方面的专家，必然承担大量间接管理费用。

（四）市场管理型组织

如果能按顾客特有购买习惯和偏好细分市场，可建立市场管理型组织，同产品（品牌）管理型组织相似，由一个总市场经理管辖若干细分市场经理，各个市场经理负责自己所辖市场的年度销售利润计划和长期销售利润计划。如图 11-9 所示。

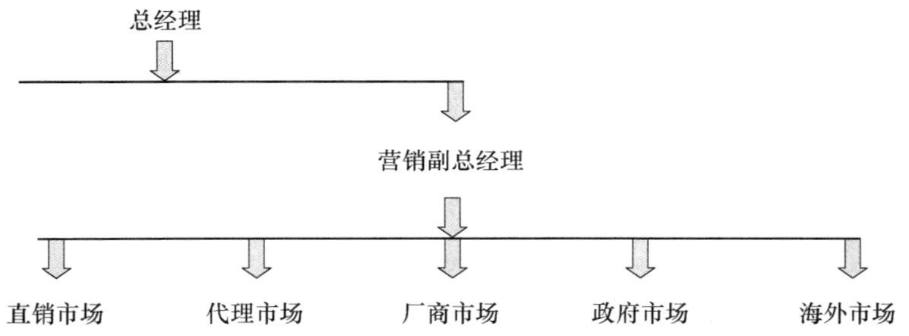

图 11-9　市场管理型组织模式

市场管理型组织的主要优点是可围绕特定消费者或用户，开展一体化营销活动，而不是将重点放在彼此隔离的产品或地区。

（五）矩阵管理型组织

对于生产多种产品、面向多个市场的企业来说，要兼顾不同市场对不同产品的营销管理要求，恰当的组织形式是包括产品/市场两个要素的矩阵管理型市场营销组织，如图 11-10 所示，市场经理负责开发市场，产品经理负责销售。例如，杜邦公司纺织纤维部设有主管人造纤维、醋酸纤维、尼龙、涤纶等产品的产品经理，同时设有主管男装、女装、家居用品、工业市场等细分市场的市场经理。产品经理负责制定主管品种的销售计划与盈利计划，并征求市场经理对产品价格的预测意见；同时，市场经理向产品经理了解产品的供应状况、预测价格并制定市场推广计划。市场经理对市场销售的预期应与产品经理保持一致，以便推进计划的实施。

市场经理

产品经理

产品	市场			
	男装	女装	家居用品	工业市场
人造纤维				
醋酸纤维				
尼龙				
涤纶				

图 11-10　产品/市场管理型市场营销组织

这种营销组织形式的缺点是：管理成本高，市场经理与产品经理之间的沟通不力，容易导致产品推广受阻，多头管理也容易导致责权不清。

在企业管理实践中，对于从事多元化经营、实施事业部组织形式的企业来说，还需要处理公司总部与事业部重复设置营销组织及职能的问题。根据企业的实际情况，可选择 3 种处理方法。一是公司总部不设一级营销部门，只在事业部设置自己的营销部门。二是公司总部保留适当的市场营销部门，将其职能明确界定为协助公司决策层把握营销机会；向事业部提供营销咨询服务；为营销力量不足的事业部提供营销服务；在公司各部门间就分歧进行沟通，传播营销观念。三是设置职能强大的营销部门，为各事业部提供专业化营销服务，如广告、调研、销售、管理等服务。

无论采用何种组织形式，对于竞争性企业而言，专职的市场营销部门具有以下无法替代的职能：传播顾客导向的营销观念；通过科学的市场研究把握市场机遇；帮助建立以满足顾客价值为核心的企业使命。

第三节　市场营销控制

在企业市场营销计划的实施过程中，一方面，由于营销人员的能力不够或对工作不甚了解，可能造成营销计划执行中的行为偏差；另一方面，由于原有的营销计划本身可能不够完善或者外部环境发生了较大改变，导致计划与内外部环境条件不相适应，因此，一个完整的营销管理过程必须包含营销控制这一环节。营销控制是指市场营销管理者用来跟踪企业营销活动各个环节的一整套工作程序，其目的是确保营销活动按期望目标运行。

一、市场营销控制的步骤

（一）确定控制对象

确定控制对象，即确定对哪些营销活动进行控制。在决定控制对象时，应当权衡利弊，使控制成本小于控制活动所带来的效益。最常见的营销控制对象包括销售收入、销售成本和销售利润 3 个方面。

在确定控制对象的同时还应确定控制的量，即控制频率。一般来说，对于影响重大的、容易脱离控制、容易出现问题的对象应加大控制频率。

（二）确定衡量标准

一般情况下，企业的营销目标就可以作为营销控制的衡量标准，如销售额指标、销售增长率、利润率、市场占有率等。

当进行营销过程控制时，问题就比较复杂，需要建立一套相关的标准，例如，将一个长期目标转化为各个时期的阶段目标，将战略目标分解为各个战术目标等。

由于各企业的具体情况不同、营销目标不同，营销控制的衡量标准也各不相同。

（三）确定控制标准

控制标准是对衡量标准定量化，即以某种衡量尺度表示控制对象的预期活动范围或可接受的活动范围。为了激发员工的工作热情，可实行 2 个标准：一是基本标准，是必须完成的；二是奖励标准，达到这个标准必须付出较大的努力，因此能获得相应的奖励。

应该指出的是，任何标准都不是一成不变的。随着营销环境及企业内部条件的变化，各类标准也应不断修订，以适应新的情况。

（四）确定检查方法

检查方法有很多种，如直接观察法、统计法、访问法、问卷调查法等，可根据实际需要选择。任何检查都是在一定的频率和范围前提下进行的。频率是指检查的时间间隔有多长，这主要取决于控制对象是否经常变动。范围取决于是将全面情况同计划进行对照比较，还是进行局部的、单项的检查，这要根据需要进行抉择。

（五）分析偏差原因

偏差原因不外乎两种：一种是实施过程中的问题，这种偏差较容易分析；另一种是计划本身的问题。两种原因通常是交织在一起的，加大了问题的复杂性，致使分析偏差原因成为营销控制的一个难点。

要想确定产生偏差的原因，就必须深入了解情况，占有尽可能多的相关资料，从中找出问题的症结。

（六）采取改正措施

有的企业在制订计划的同时还提出了应急措施，在实施过程中，一旦发生偏差可以及时补救。很多企业事先没有预先准备应急措施，这就必须根据实际情况，迅速采取补救措施加以改进，以保证计划目标能顺利实现。

二、市场营销控制的主要方法

（一）年度计划控制

年度计划控制是指企业在本年度内采取控制步骤，检查实际绩效与计划之间是否有偏差，并采取改进措施，以确保营销计划的实现与完成。

年度计划控制的目的是保证企业实现年度计划中确定的销售、利润及其他目标。具体的控制内容包括销售额、市场占有率、费用率等。

年度计划控制的主要方法是目标管理法，包括以下基本步骤：管理层要依据年度计划制定月度或季度计划目标；监督营销计划的实施情况；针对营销计划中出现的偏差找出原因；采取必要的调整和补救措施；弥补计划与实绩间的差距。当实施过程中环境发生重大变化时，往往需要重新设计营销计划目标。

在具体的控制过程中，将按照不同的管理层次或管理区域对企业的营销计划目标进行分解，如区域经理、产品经理乃至销售人员都有具体的计划目标，并且必须完成各自的指标。营销管理部门负责日常检查监督，高层管理部门则据此进行分析调整。

年度计划控制过程中经常涉及的工作包括以下内容。

1. 销售额分析

销售额分析用于监督实际销售额与计划销售额之间差距。具体的分析方法有：

（1）销售差距分析法。这种方法主要用来分析造成实际销售额与计划目标之间差距的各因素的影响程度。比如，一家企业在年度计划中规定，第一季度以单价 15 元销售某产品 4000 件，实现销售额 6 万元。季末实际销售 3000 件，单价 12 元，销售额 36000 元，仅完成计划的 60%。因此，需要分析出现销售额差距的原因。

单价下降造成的销售额差距为：$(15-2)\times 3000=9000$ 元

销售量下降造成的销售额差距为 $=15\times(4000-3000)=15000$ 元

降价的影响程度为：$9000/24000=37.5\%$

销售量下降的影响程度为：$15000/24000=62.5\%$

由此可见，近 2/3 的销售额差距是由销售目标没有完成造成的，企业应进一步分析销售量下降的原因并找出对策。

（2）产品或地区销售情况分析。依据年度计划对不同产品或不同地区的月度或季度销售额的完成情况进行监督，及时发现未完成目标的产品或地区，了解其对企业销售计划的影响，分析产生销售差距的原因，及时整改。

2. 市场占有率分析

企业销售额仅反映其产品的市场规模，无法体现其在竞争中的相对地位。因此，市场占有率就成为重要的分析指标。一般而言，企业市场占有率提高意味着市场营销绩效的提升和竞争地位的上升。

3. 营销费用率分析

年度计划控制要求企业在拟定的营销费用水平上实现销售目标，为此，在营销计划实施过程中应动态监控营销费用水平，一旦发现营销费用超支幅度过大，就应及时采取措施进行调整。具体的监控指标包括销售人员费用占销售额的比率、广告费用占销售额的比率、促销费用占销售额的比率、营销调研费用占销售额的比率，等等。

4. 顾客满意度跟踪

上面都是采用定量分析的控制手段，而定性分析也同样重要。顾客满意度跟踪指标既包含定性分析，也包含定量分析。顾客满意度跟踪可通过建立以下制度达到：

（1）投诉和建议制度。通过设意见簿、建议卡等，鼓励顾客反馈意见，增加顾客反馈意见的途径，了解顾客对本企业产品及服务的反应，并认真予以答复。

（2）典型户调查。公司可与某些顾客建立长期固定的联系制度，定期通过电话或邮寄意见征求表征求他们的意见和建议。这种方法因访问对象具有连续性，所以获得的资料更完整、更全面。

（3）随机调查。公司还可定期通过随机抽样方式了解顾客对企业产品及服务的满意程度，做出定量分析。

顾客满意度分析是近年来受到欧美企业特别重视的一项指标，尤其对于许多顾客要反复购买的产品和服务。对企业来说，赢得一个新顾客的成本不断上升，保住老顾客就显得格外重要，而保住老顾客的关键就是提高顾客满意度。

（二）盈利能力控制

盈利能力控制是企业衡量各种产品、地区、顾客群、分销渠道和订单规模等方面的获利能力，以帮助管理者决定哪些产品或者营销活动应该扩大、收缩或取消。对企业盈利能力加以控制主要是为了发现哪些产品或地区是盈利的，哪些是亏损的，从而更好地调整自己的营销战略部署与策略安排。在具体的分析过程中，企业应对不同的产品、销售地区、顾客群体、分销渠道进行具体分析，从而明确应该针对哪些市场或顾客群加大营销力度，使其对企业做出更大的贡献。

（三）效率控制

效率控制是对企业在销售人员、广告、促销和分销等方面的工作绩效进行评估并找出提高其管理工作效率的途径的活动过程。主要是对销售队伍效率、广告效率、销售促进效率和分销效率4个方面的控制。

1. 销售队伍效率

销售经理应对自己管理的销售队伍进行效率监控，主要的控制指标包括销售人员每天的访问次数、平均每次访问所需的时间、每次访问的平均收入、每次访问的平均成本、每次访问的招待费用、每百次销售访问的订单数、销售队伍成本占总成本的百分比，等等。通过对这些指标的跟踪分析，可以找出一系列需要改进的地方，从而提高销售队伍的效率。

2. 广告效率

相关的分析指标包括不同媒体触及千名目标顾客的广告成本，对各种媒体产生注意、兴趣、联想的人在受众中的比例，顾客对广告内容及效果的意见等。管理者可通过对上述指标的动态把握来分析如何进一步明确广告目标，提高广告制作水平，更有针对性地选择广告媒体，以便更好地提高广告效率，提高营销绩效。

3. 销售促进效率

管理层应对激发顾客短期购买欲望的各种方法进行具体的分析和评价，特别是要认真分析每次销售促进活动的具体实施方案（涉及时机选择、商品选择、促销成本、促销对企业销售额的影响等方面），以便更好地利用销售促进手段。

4. 分销效率

管理层应对分销环节的效率及盈利性进行监督控制，主要分析分销渠道选择、分销网点设置、不同渠道成员的贡献、存货控制、运输效率、物流成本等方面，从中发现有待改进之处。

延伸阅读

科学看待数字营销的效率

精硕科技发布的《2019中国数字营销趋势》指出，广告主对数字营销的认知更加理性和成熟，企业营销的粗放型增长期已经结束，精耕细作时代来临，“效果、效率”成为关键词。对于数字营销投入，广告主所要的增长主要是指两方面：(1) 花同样的钱，能否获得更大的流量增长；(2) 营销投入是否有效果。

广告主意识到，仅把预算用于收割流量是不够的，流量带来的后期的转化更为关键。消费者看了广告之后是否有更进一步的行动——点击广告，或者成为品牌粉丝，或者最终进入电商渠道，采取购买行动，这些都属于广告主非常重视的效果、效率问题。

然而，只片面关注消费者最后是否转化，只投资转化率高的渠道，完全放弃转化率低的渠道，也算不上是科学的决策。从消费者 AIDMA 行为法则来看，转化前期，消费者会有一个决策的过程。如果没有前期的流量投入，让品牌触达消费者，就没有后期转化。因此，企业需要平衡长期 ROI 和短期 ROI 的关系。

资料来源：精硕科技 . 2019 中国数字营销趋势：79%的广告主将增加数字营销预算，(2018-12-20) .

（四）战略控制

战略控制，也称市场营销审计，是定期对企业营销环境、经营战略、目标、计划、组织和整体营销效果进行全面、系统审查和评价的过程，是最高等级的控制。

战略控制的目的是确保企业战略、目标、政策和策略与市场营销环境、企业内部资源的变化相一致。现代企业面对的营销环境变化极为频繁，企业原有的战略和目标经常很快就因环境的变化而过时了，因此，每个企业都有必要建立这样一种营销审计制度，定期对影响企业经营的方向性问题做出评价和判断，及时发现问题和机会，提供给企业最高决策部门做参考。

营销审计不是只审查出了问题的地方，而是进行全面的审计，但侧重方向性、战略性、全局性的问题。审计内容包括 6 个主要方面：

（1）营销环境审计。主要分析宏观和微观环境中与企业目标相关的因素，如竞争对手、经济形势、消费者行为、中间商。

（2）营销战略审计。考察企业营销战略、目标与当前及预期环境变化相适应的程度。

（3）营销组织审计。考察营销组织结构、工作效率及实施企业战略、计划的能力。

（4）营销系统审计。分别考察营销信息、计划、控制、新产品开发等系统的工作情况及效率。

（5）营销效率审计。考察各营销单位的盈利情况及成本与销售额之比。

（6）营销组合要素审计。包括对产品、定价、促销、分销策略及实施效果的审查。

营销审计最好由企业外部的独立机构承担，一方面，专业咨询公司有与大量同类型企业合作的丰富经验；另一方面，这样更能保证营销审计的客观性和独立性。

营销审计是一项颇为庞大的“工程”，要花费一定的时间、人力和资金，但带来的好处也是巨大的：保证企业至少不犯大的错误；避免在错误的道路上走得太远；为一些陷入困境的企业带来希望；使那些卓有成效的企业更上一层楼。总之，可以帮助企业抓住机会，防止大的失误。

重要概念

市场营销计划	市场营销组织	职能型组织	地区型组织
产品（品牌）管理型组织	市场管理型组织	矩阵管理型组织	
市场营销控制	市场营销审计		

思考题

（1）市场营销计划的主要内容有哪些？

（2）市场营销部门的组织形式有哪些？每一类型的特点是什么？

（3）市场营销控制的主要内容有哪些？

实践训练

挑选不同行业、不同规模的两个公司，查阅相关资料，了解公司的营销组织类型，并根据公司营销绩效对营销组织设置进行评价。

推荐阅读

（1）玛丽安·伯克·伍德．营销计划手册［M］．5版．占丽，时启亮，李仲贵，译．上海：格致出版社，2016.

（2）孟韬，毕克贵．营销策划：方法、技巧与文案［M］．北京：机械工业出版社，2016.

案例分析

宝洁的营销组织创新

最近宝洁正式向外界宣布，将按照不同的产品类别建立六大业务部门，同时这六大业务部门也将拥有本部门独立的CEO，分别向宝洁CEO戴维·泰勒（David Taylor）报告工作。这六大部门的业务占据了宝洁80%的营业额和90%的税后利润，涉及包括美国、加拿大、中国等在内的绝大部分市场，未覆盖到的市场则由一个单独的部门负责。宝洁将缩减公司共同资源，约60%的业务资源将转移到这六大业务部门和市场，但会保留一套企业核心资源，以维持集团的可持续发展。企业研发团队也会保留，将为整个集团提供平台技术支持，为各部门服务，并探索新的业务机会。宝洁首席财务官乔恩·莫勒（Jon Moeller）被任命为副总裁、首席运营官，负责规模化市场服务和市场运营等。

戴维·泰勒在一份声明中说："这是我们自过去20年来最重要的组织变革，我们将拥有一个更加投入、敏捷和负责任的组织，通过既有优势和生产力水平以及快速的市场反应来赢得消费者。"

营销组织创新将进一步提升宝洁的营销效率和能力，让各部门享有更大的决策自由度，根据营销环境的变化和市场竞争的需要灵活机动地制定营销计划、营销战略等相关决策并付诸实施。这项营销组织变革，也将有力地推进宝洁在电子商务和销售领域的创新。就像大部分老牌零售企业一样，宝洁也不可避免地面临新兴品牌的威胁。动向之一便是互联网剃须刀品牌Harry's凭借其便宜便捷的优势，抢占了原本由宝洁旗下“吉列”统治的剃须刀市场，逼得后者不得不用价格战的方式回应竞争。这些新品牌体量小、更灵活，且善于运用网络渠道。与这些新品牌相比，原来拥有复杂组织结构的宝洁在电商渠道进展缓慢，市场反应迟钝。

当然，宝洁也做出了一系列应对市场变革的营销对策。2018年底，宝洁的男士个人护理品牌欧仕派（Old Spice）就推出了首款专为亚马逊设计的胡须护理系列，汰渍也推出了专为电商渠道设计的新品Tide Eco-Box。相比以往的产品，Tide Eco-Box更轻巧，快递时不需要二次包装，更方便物流配送。

推动宝洁营销组织创新的重要人物是激进投资者纳尔逊·佩尔茨（Nelson Peltz）。他在最初发起竞选董事会席位时，曾发表过一份长达94页的白皮书，对宝洁缺乏敏捷性的领域（如电子商务和数字营销）提出批评。他当时就提出，要将宝洁的全球业务部门从10个减少到3个，以提升集团对市场的反应速度。纳尔逊·佩尔茨在2018年3月获得了宝洁董事会的席位。此次宝洁的调整，被认为与其施加压力有关。

资料来源：宝洁进行组织架构调整2019年7月起将根据产品类别建立六大业务部门.（2018-11-12）. 885财经.

思考：

（1）宝洁实施营销组织创新的主要原因有哪些？

（2）你如何评价宝洁营销组织创新的效果？

第十二章　数字时代的营销创新

学习目标

（1）洞察数字时代消费者的购买行为。

（2）了解数字时代营销战略的变化。

（3）掌握数字时代有效沟通的特点及方法。

引例

科特勒将营销分为营销 1.0、营销 2.0、营销 3.0 和营销 4.0。

营销 1.0 是工业化时代以产品为中心的营销，这些产品通常都比较初级，其生产目的是满足大众市场需求，最典型的是 20 世纪初的福特；营销 2.0 是以消费者为导向的营销，其核心技术是信息科技，企业向消费者传递情感与形象，如宝洁、联合利华等快速消费品企业开发出几千种不同档次的日化产品来满足不同的需求；营销 3.0 则是合作性、文化性和精神性的营销，也是价值驱动的营销。营销 3.0 致力于满足消费者需要，营销 3.0 时代的企业必须具备更远大、服务于整个世界的使命、远景和价值观，努力解决当今社会存在的问题，将营销理念提升到一个关注人类期望、价值和精神的新高度。如今，西方国家以及东亚部分国家已经进入丰饶社会。在此背景下，马斯洛的需要层次中，生理、安全、归属、尊重相对容易得到满足，于是自我实现成为客户一个很大的诉求，营销 4.0 正是要解决这一问题。

随着移动互联网以及新的传播技术的出现，顾客能够更加容易地接触到所需产品和服务，也更加容易和与自己有相同需求的人进行交流，于是出现了社群性顾客。企业将营销的中心转移到如何与顾客积极互动、尊重顾客，让顾客更多地参与营销价值的创造。而在顾客与顾客、顾客与企业不断交流的过程中，由于移动互联网、物联网所带来的连接红利，大量的顾客行为都留有痕迹，产生了大量的行为数据，这可称为“消费者比特化”，这些行为数据的背后实际上代表着无数与顾客接触的连接点。如何洞察与满足这些连接点所代表的需求，帮助顾客实现自我价值，是营销 4.0 所需面对和解决的问题。营销 4.0 以价值观、连接、大数据、社区、新一代分析技术为基础，是一次思维的变革。营销 4.0 不是对营销 3.0 的否定，3.0 要让你的营销触及消费者与利益相关者的心灵，4.0 要让这种数字冲击的轨迹可利用、可追溯，甚至实现营销自动化。

资料来源：王赛．营销 4.0：从传统到数字，营销的“变”与“不变”．清华管理评论，2017（3）．

第一节　数字时代的消费者购买行为

互联网及移动支付等各种数字化技术的迅猛发展推动了消费者行为向模式多样化、场景多元化发展，营销决策者必须了解数字时代的消费者需求与购买行为特征，以更好地满足其多样化和个性化的消费需求。而利用大数据、云计算、物联网等技术洞悉消费者购买行为特征，探究数字技术如何改变消费者行为，也是当前市场营销理论研究和管理实践的一项重要课题。

一、数字消费者及其特点

数字化生活方式正在塑造一个崭新的消费时代，消费者的购买和决策行为越来越依赖数字设备，以生活消费全数字、线上线下全融合为特征的消费者正在快速崛起，这些消费者不仅包括伴随着数字设备成长的数字原住民，也包括数字移民。越来越多的消费者开始转变传统的消费行为，例如在进行购买决策时会首先考虑使用数字媒体来获得信息。这类人群被称作“数字消费者”。

数字消费者呈现出很多不同于传统消费者的特点。

（一）崛起的数字消费者：全数字、全智能

智能终端已高度渗透到消费者的生活中，与此同时，消费者的生活也日趋移动化和社交化。移动终端占据了消费者大部分碎片化时间，承担了娱乐、社交、资讯、阅读、工作、购物等多种功能。

（二）挑剔的数字消费者：换商经济

数字消费者在购物时面临越来越多样化的选择，变得更加挑剔，会比传统消费者更频繁地更换产品或服务提供商，由此产生的潜在支出被称为“换商经济”。此外，口碑对于数字消费者的购买选择有着重要影响，网络、社交媒体的影响力也已超过传统媒体，这在一、二线城市尤为明显。

（三）多屏的数字消费者：注意力之争

数字消费者已形成多平台多设备的消费习惯，手机、个人电脑、平板电脑、智能电视等多屏互动成为数字消费者日常生活的常态。

从全球看，中国消费者的数字化水平遥遥领先。官方数据显示，在中国，超过 4.1 亿人定期使用电子支付方式，其中近 90% 的人是通过移动设备实现电子支付的。普华永道发布的《2015 年全零售：零售商与变革的时代》报告也显示，线上交易已经成为中国消费者主要的交易渠道，在接受调查的消费者中，85%会首先利用数字化渠道研究新商品，51%会通过数字化渠道购买，超过全球 34%的平均水平。在中国，移动支付的高度应用使线上线下零售的界限变得模糊。中国消费者更加偏爱网购，乐于在社交网络上互动分享，倾向于在手机等应用程序中保存个人金融信息。中国消费者更偏好实时个性化的服务，对店内的数字化也显示出更大的偏爱。

二、消费者网络购买的过程

由于数字时代的消费者购买行为是通过网络交易平台实现的，因而，消费者的网络购买行为就成为分析数字消费者的关键。消费者网络购买是指消费者为完成购物或与之有关的任务而在网上虚拟的购物环境中浏览、搜索相关产品信息，从而为购买决策提供必要信息，并实现决策的购买过程。简言之，消费者的网络购买过程可分为 5 个阶段，如图 12-1 所示。

图 12-1　消费者网络购买过程

（一）动机产生

动机是推动消费者进行网络购物活动的原动力，即激发消费者购物的内在驱动力，动机产生是消费者购买决策过程的起点。追求便利，减少购物过程中的时间、体力及心理成本，追求网络购物的低廉价格，期望通过网络购物展示自我个性及品位等是网络消费者的主要购买动机。

（二）信息搜集

数字技术降低了信息搜集、处理及传播的成本，增加了消费者的主导权，消费者与企业间的信息不对称状态被扭转。在网络环境下，消费者搜集信息的渠道主要有内部渠道和外部渠道。无论何种信息搜集模式，均表现出以下特点：信息搜集的主动性增强，参与度加大；信息搜集量大；信息搜集的成本低。同时，信息过载也导致信息质量降低，使消费者迷失在庞大的网络空间中。

（三）分析比较

网络市场中备选产品的增多给消费者带来购买的风险感，消费者的非专家性使其在购买产品之前无从下手。但网络提供的大量信息和比较工具使消费者可以轻松分析比较，且不受权威观点的影响。这些分析比较也许不够准确和充分，却能使购买者获得心理上的平衡，降低风险感知和购后后悔的可能，增加对产品的信任及心理上的满足感。

（四）购买决策

与传统的实体购买相比，消费者的网络购买决策显现出以下特点：外部因素特别是情境因素的影响力减弱；可以不受时空限制进行比较，消费者决策的理性程度提高。

（五）购后评价

消费者会通过产品的使用对自己的购买选择进行反思评价，这种购后评价会进一步影响消费者未来的购买意向，并可通过网络口碑影响他人的购买行为。数字技术使消费者与企业之间可以进行更深入的沟通，社交媒体给消费者提供了更加自由地分享个人观点的途径，消费者与品牌的关系更加紧密。

三、数字消费者购买行为的演变趋势

麦肯锡公司根据最新的消费者调研和访谈，发现了中国数字消费者购买行为演变的几个关键趋势。

（一）线上线下相融合的全渠道购物成为主流消费方式

数字时代，线上线下购物的界限越来越模糊，数字消费者对全渠道基本服务（如线上购买线下取货、线上查询线下店铺体验等）的需求越来越普遍。消费者从产生需求到搜索比较，然后产生购买、支付、交货、售后这样的一个购买路径，每一个节点都涉及不同的线上线下渠道，比如需求的产生，可能来自线下的货架，也可能是社交网络的入口，或者是一些比价和评级网站。因此企业可以通过提升全渠道体验的交互感和满意度来产生更高价值。由于大部分消费者认为线上商家能提供更低折扣，因此对于全渠道商家来说，实体店价格应尽量与在线价格保持相近，同时为顾客提供优质的店内体验，以刺激消费者更强烈的需求。以电子产品为例，调查中93%的受访者在购买消费类电子产品时会先在线上研究再到实体店体验。如果消费者在线研究之后又到实体店体验，那么他购买该品牌的概率高达80%。

（二）消费者期待随时随地随性进行场景触发式购物

数字消费者不仅看重全渠道购物的灵活性，而且希望能随时随地随性购物，这被称为场景触发式购物。比如，当看到电视嘉宾穿的时装，或在微信聊天时得知新的美容产品时，一些消费者的购物欲望瞬间就被点燃。场景式购物的一个关键特征是顾客能即时买到心仪的商品。购物的冲动来去如风，企业必须在消费者改变主意前打动他们，才能增加销量。

（三）嵌入B2C电商、以社交媒体为中心的消费者互动

中国消费者一直是社交媒体的爱好者。调查显示，经常使用社交媒体的受访者比例从2015年的82%上升到2016年的85%。除了联络朋友、玩游戏和阅读新闻，社交媒体还迅速成为重要的购物渠道，消费者可以轻松地在社交媒体上选购和下单。研究显示，社交媒体增加了用户10%的购物时间。品牌B2C社交电商天然具备社交元素（如值得信赖的推荐、方便与家人朋友分享等），也实现了支付环节的便捷性和安全性，如果基本能力（如产品组合、物流、服务）得到改善，有望成为新增长点。

（四）数据驱动的深度个性化

数字消费者除了要求购物体验符合自己的行为模式，还希望产品能满足个人需求和彰显品位。标准产品和常规服务无法满足数字消费者日益个性化和多样化的消费需求，许多企业开始提供定制化产品。例如，耐克推出了Nike ID专属定制服务，顾客可对指定款的鞋和配饰定制自己喜欢的颜色、材质和图案；实施大规模定制化的红领集团，每天处理超过3000份定制服装订单。

第二节 数字时代的营销战略

一、数字化营销战略的特征

数字时代，移动互联网使人与人、人与产品、人与信息可以实现高度连接，这种连接产生了可以追踪的数据轨迹，营销的每个环节都可以用数据来说话，并在连接中实现顾客参与和企业营销绩效目标。一个企业的营销战略是否具有数字化特征，可以通过以下几点来判定。

（一）数字连接

连接是互联网和数字时代的本质，只有通过互联网把所有的事物连接在一起，才能进行业务模式与业务运营的创新。在互联网进化过程中，人与产品、信息，线上与线下连接得越来越紧密，速度越来越快，广度、深度与丰满度越来越强。

（二）数据说话

在数字营销时代，顾客购买行为表现为一连串的数据，企业应该对这些数据高度敏感，利用先进的数据分析技术做好数据采集、应用与动态关注，以便更好地把握顾客的心理与行为特征，提供更有针对性的产品和服务，提高营销绩效。如普拉达的零售店将所售服装贴上新型条码标签，这样每件衣服被顾客拿起、放下或者试穿的信息都会被准确记录，并传递到后台管理系统中，这些数据可以为服装企业下一步的产品开发、设计及进货提供准确的方向。消费行为的高频变化要求企业对顾客数据持续关注，以便根据变化的数据及时调整营销策略。

（三）顾客参与

在竞争激烈的市场上，顾客是企业最重要的资源，顾客在营销关系中的主体地位得到进一步强化。吸引顾客参与营销全过程，与企业共同完成价值创造与传递，是许多企业努力践行的营销理念。在数字营销时代，先进的数字沟通技术的应用可更好地满足顾客的参与诉求，帮助在顾客与品牌间建立更为紧密的情感关系，有助于提高顾客的品牌忠诚。

（四）协同营销

虽然市场营销是现代企业的核心职能之一，但要更好地满足顾客需求，需要企业各部门以顾客为中心，共同为创造顾客价值而努力，但传统营销模式的局限难以保证协同营销目标的实现。在数字营销时代，数据获取的便捷性、数据整合的实效性、数据共享的可得性变成现实，以顾客价值满足、顾客关系维系营销理念为指导，协同营销较以往更容易实现。

二、数字时代的营销战略

市场细分、目标市场选择与市场定位构成市场营销战略的经典框架，这一框架在数字时代仍发挥作用。但由于数字时代营销环境因素的诸多变化，数字时代的营销战略与传统营销战略相比表现出一些新的特征。

（一）数字时代的市场细分

市场细分的目的是在大市场中找到企业能够且值得为之服务的顾客群，这一工作是通过营销者科学选择市场细分依据，并基于所选变量进行数据收集和数据分析后得到若干细分市场，为后续目标市场的选择做好准备。在这个过程中，有两个环节影响市场细分的科学性：一是细分变量的选择使用；二是对所选变量的数据采集与数据分析。由于传统模式下很难全面获取顾客数据，因而在细分变量的选择上大多采用客观的人口统计变量，较少使用诸如生活方式、价值观等难以把握的心理或行为变量，同时，针对某一变量的数据支撑也比较薄弱。这类问题在数字时代很容易解决，企业通过各种平台、场景与顾客互动，可以积累更全面的顾客数据，大大方便了营销者的细分变量选择，基于海量数据的细分结果也更科学。

数字技术的发展保障了营销者可以使用更具体的细分变量，挖掘出个体间的消费差异，更好地满足顾客的差异化需求，精准营销得到最大限度地实践。2013 年淘宝网推出的“千人千面”就是依据庞大的顾客数据库，构建出相关模型，然后向顾客推送与其个性化诉求相匹配的产品。这种基于数字技术的超细分一方面更好地满足了顾客需求，另一方面也可能形成原来未曾发现的新的细分市场，如一些小社群。

（二）数字时代的目标市场选择

移动互联网时代最大的特点是消费者节点分散，这种分散意味着大众市场的式微。顾客追求的不是大众趋同而是小众自我，大众审美和趣味被亚文化和小社群取代。与数字时代的市场细分相匹配，选择小众客户群作为目标市场正在兴起。如香港 Giftwell 网站，就是创始人看到很多消费者在赠送礼物时，因礼物过于大众化而备受困扰，于是，把香港独特精致的小众产品信息汇总，搭建交易平台。该网站上线后发展迅猛，品类已经从食品、餐饮扩展到水疗服务、定制旅行等。

（三）数字时代的市场定位

市场定位的本质是通过企业的营销努力建立起品牌的差异化形象，以便进入目标顾客的心理阶梯，从而影响顾客的购买决策。创造并传递差异化价值是成功定位的关键。数字时代的营销技术可以方便地识别个性化、多元化的顾客需求，令差异化得到更好的尊重，这就意味着市场定位更为重要。企业应在选定目标市场的基础上，针对目标需求，通过在产品、服务、形象等维度上的差异化构造竞争优势，并通过有效的营销沟通将这种优势传递给目标顾客。

第三节　数字时代的营销沟通

一、数字时代的营销沟通挑战

在数字时代到来之前，消费者只能掌握有限的信息，企业可以通过在电视、广播、报纸、杂志以及早期网络上吸引消费者眼球和注意力的方式，左右消费者的情绪、选择和消费行为，即企业完全掌握着企业和消费者之间的互动关系。因此，在传统营销范式下，营销沟通主要是把企业的信息推送给消费者，使他们接收到这些信息，同时要关注其他品牌传递给消费者的信息，以及其他任何能够转移目标顾客注意力、阻止消费者在第一时间对企业品牌产生好感的干扰因素。因此，在数字时代到来之前，在与消费者的营销沟通中，营销人员的一项重要职责是摆脱或超越营销环境中的干扰因素，这一职责通常通过投入大量的广告资金来实现，大品牌往往就是这样脱颖而出的。

在数字时代，市场环境中存在更多的干扰：首先，消费者几乎随时可以获得无限的商品信息；其次，传播技术的革新带来了沟通的便利，也造成了信息大爆炸和媒介的极度碎片化；最后，不断涌现竞争力更强的产品和服务、更多的竞争渠道，消费者在消费时需更充分地斟酌。在这种环境中，单纯推送信息无疑效率低下。而且，关于品牌互动、品牌态度、顾客服务体验的交流等，无论是对品牌有益还是有害的文字、照片、视频等，都可以在数字媒体上获得，拥有无限信息渠道的消费者可以掌握关于品牌的一切信息。

在数字时代的营销沟通中，企业不能简单地在所有渠道中推送信息。在一些渠道中，企业需要从渠道的另一端拉动信息的传播；在另一些渠道中，则需要寻找一群相同背景的人为企业传播信息。企业还需要诱导消费者主动发现信息，或者让消费者自己决定如何在渠道中挖掘信息。数字媒体渠道也为企业提供了前所未有的与顾客建立密切关系的机会。例如，耐克主动邀请顾客参与可穿戴健身智能手环和移动应用的研发过程，早期参与者为耐克树立了“关注健康”的品牌形象，这正是顾客切身体会并进行口碑传播的形象。在数字时代，品牌形象不再由营销人员创造，而是由营销人员播种、媒体渠道施肥、消费者自己培育起来的。

数字时代的营销沟通要求产品和服务做到绝对诚实、充分负责和完全透明，企业将为所犯错误付出更大的代价，同时，当企业处理这些错误时，还将面临更加严格的监督。成功的品牌故事也会比以往传播得更快更广。营销人员在借助媒体渠道塑造和传播品牌信息的同时，还要保证消费者能随时随地获取这些信息。

二、数字时代营销沟通的特点

（一）重视连接

连接是数字时代的本质，在互联网进化过程中，人与产品、信息，线上与线下连接得越来越紧密。营销沟通的本质也在于连接，即在合适的场景以合适的方式建立品牌与消费者之间的连接。

（二）重视场景

随着移动互联网的普及，消费者的时间日益呈现节点化、场景化。因此，企业需要洞察用户在不同场景下的情感需求，重视场景化营销，在移动、分散、碎片化的环境中，借助符合用户生活形态的场景化设计重塑品牌和用户的连接方式。

（三）重视社交

在数字时代，社交网络已经成为消费者获取信息的重要途径，也渗透到消费者生活的每个细节中，人人都可以成为自媒体。微博、微信等新一代社交媒体的兴起，给企业提供了一个更加复合的数字环境。企业可以利用社交媒体进行营销沟通，与消费者建立长期关系，并创造新的交易机会。如果消费者能够利用自身的社交网络帮助企业进行正面的口碑传播，将给企业带来低成本、爆炸性的流量，从而实现社交媒体营销的价值。

（四）重视内容

在数字时代，单纯依靠媒介曝光而忽略内容质量的方式难以为继，企业的营销沟通要能生产和利用内外部有价值的内容，吸引特定受众主动关注，通过高质量的沟通内容引发用户不间断的互动。内容营销已经成为企业与消费者之间沟通的利器：借助品牌人格化成功抓住用户，洞察社会情感让用户产生共鸣，结合用户的好奇心和体验成长阶段进行内容营销。

（五）重视用户参与

数字化时代让消费者不再被动接受，而是主动参与到从产品设计、生产直到销售的全过程，并根据自己的消费行为随时随地购买和体验新产品，实时发表评论、提供反馈，并给自己喜欢的产品/服务在社交媒体上点赞。因此，企业在营销沟通中要为消费者提供多种互动方式，激发消费者参与的热情，让他们积极参与到沟通内容的创造与传播中。

（六）重视精准

在数字时代，用户的消费行为和特征都可以通过数字来量化，通过大数据分析，企业可以在冗繁的信息中精准捕捉目标用户的个性化需求，在此基础上，在正确的时机、正确的触点将营销沟通信息进行精确推送。

三、数字时代的营销沟通方式

数字时代出现了很多新的营销沟通方式，每种方式都各有特点和适用性。从某种程度上说，没有最好的营销沟通方式，只有最适合的营销沟通方式。数字时代主要使用的营销沟通方式包括但不仅限于以下几种。

（一）搜索引擎营销

在数字时代，越来越多的消费者在购买商品或服务前通过搜索引擎查询相关信息。无论消费者在哪里登录，搜索引擎都将通过搜索者的位置、设备、兴趣以及社交网络信息等来提供更好的搜索筛选结果。当然，排在结果页第一位或者至少出现在第一页比以往任何时候都更加重要，因为搜索者在选择及点击链接上所花费的时间日益减少。对于企业而言，通过分析消费者输入的搜索关键词，不仅能够知道谁是它们产品的潜在购买者，也能知道他们正处于购买周期的哪个阶段，还能了解他们的想法。

搜索引擎营销是根据用户使用搜索引擎的方式，利用用户检索信息的机会尽可能地将营销信息传递给目标用户。简言之，搜索引擎营销就是基于搜索引擎平台的网络营销，利用人们对搜索引擎的使用习惯，在人们检索信息时将营销信息传递给目标客户，从而达到展示品牌和促进销售的目的。

搜索引擎营销具有受众广泛准确、方便快捷、投资回报率高、可控性强等特点。那么，如何成功地进行搜索引擎营销呢？

（1）选择正确的关键词。关键词是细分市场的关键所在，了解消费者所要查找的内容是所有搜索引擎营销的开端。如果不知道搜索者正在寻找什么，就不可能提供可以满足他们需求的内容。

（2）使内容包含在搜索结果中。使用付费搜索时，企业必须创建包含目标关键词的广告；而对于搜索引擎优化，企业必须确保其内容可以通过搜索引擎找到。缺乏这些步骤，企业的内容将永远不可能被用户发现。

（3）优化内容。无论是付费搜索还是搜索引擎优化，内容文本都是能够被搜索引擎查找到的关键因素。在付费搜索广告和登录页面中必须包含搜索者键入的关键词，同时搜索引擎优化登录页面和社交媒体内容的标题及正文也要使用这些关键词及相关词汇，否则，搜索者不会点击阅读该内容。

（4）展示内容质量。不管是付费搜索还是搜索引擎优化，搜索结果都取决于各搜索引擎对内容质量的评价。高质量的付费搜索广告和搜索引擎优化内容会使企业在与竞争对手的竞争中脱颖而出。将付费搜索和搜索引擎优化结合，将有助于企业取得成功。

（二）社交媒体营销

社交媒体又称社会化媒体，指互联网上基于用户关系的内容生产与交换平台。社交媒体是分享意见、见解、经验和观点的工具和平台，主要包括社交网站、微博、微信、博客、论坛、播客等。社交媒体将传统媒体一对多的传播改变为多对多的对话。在社交媒体领域有两个关键词：用户创造内容和消费者产生的媒体。

社交媒体营销，又称社会化媒体营销、社会化营销、社交媒体整合营销等，是指利用社交媒体，如博客、社交工具、社会化书签、共享论坛等，来提升企业、品牌、产品、个人或组织等的知名度、认可度，以达到直接或间接营销的目的。

社交媒体的重要性源于顾客喜欢与自己信任的人一起搜集、讨论和分享信息。社交媒体提供了一种新的营销方式，一种依赖于与消费者对话、讲述故事以及建立长期关系的方法，这是消费者公民影响力的充分体现，因为他们的一次点击就可以造就或摧毁一个品牌。一些成熟的初创公司已经将社交媒体作为应对财力雄厚的竞争对手的反击战略，例如爱彼迎借助满意顾客带来的对话、商誉以及口碑推荐能够与希尔顿等酒店抗衡。

延伸阅读

社交媒体营销与网络营销及传统营销的区别

网络营销泛指以互联网为平台，使用数字化技术和网络媒体来实现营销目标的一切活动。网络营销不仅包含社交媒体上的营销活动，而且包含非社交媒体平台上的营销推广（如电子邮件营销与搜索引擎营销等）。可见，网络营销涉及的范围大于社交媒体营销，而社交媒体营销比网络营销更注重与用户的互动。

社交媒体营销与传统营销之间存在很大区别：从企业角度看，社交媒体营销给企业传播带来了创新；对消费者而言，社交媒体营销改变了其消费模式如下：

社交媒体营销与传统营销的比较

	社交媒体营销	传统营销
企业传播（企业视角）	低成本，互动沟通，广泛且不可控，用户生成内容	高成本，单向传播，范围有限且由企业引导，企业生成内容
消费模式（消费者视角）	从社交媒体获取信息；购买决策受多方交互影响，更为复杂；消费者乐于进行购后分享、为他人提供信息、实现自我	多数通过口碑、传统媒体广告获取信息；购买决策大多受自身心理、同伴的影响；消费者购后分享范围狭窄，且较少进行购后分享

1. 社群营销

社群就是一个群体基于某个点（兴趣、爱好、身份、需求）而衍生的社交关系链。社群营销就是基于相同或相似的兴趣爱好，通过某种载体集聚人气，用产品或服务满足群体需求。对于品牌而言，在进行口碑传播、搜集用户需求、提高用户忠诚度等方面，社群有着无可比拟的优势。小米社区是一个典型的产品兴趣社群，吸引具有相同兴趣爱好的用户参与到产品讨论与创造中，营造亲手制造产品的参与感。“为发烧而生”能勾起用户的情怀，小米社区让每个“米粉”有了家的归属感。加上创始人雷军在微博上经常同粉丝互动，制造话题，提升了用户的活跃度和对品牌的忠诚度，也能够不断吸引新用户加入其中。

要运营好社群必须注意三点：有情怀、有态度的内容往往更能引发用户共鸣；通过核心圈子沉淀高价值内容；从共享中互利，尽力让每个社群成员都成为内容贡献者，提升参与感。因为产生了有态度的内容，社群中爆发大规模的互动圈层效应，最终点燃社群成员的共享激情，从而使社群实现良性循环、健康发展。另外，社群商业化也是社群持续发展的重要因素，提供衍生产品，众筹、众包项目也是提升活跃度的方式。“内容+社群+产品”是社群营销的“三位一体”模式，即用内容服务用户，用社群链接用户，用产品满足用户。

营销视角

小红书的魅力

进入2019年，小红书借着“一带一路”的东风，让人们能以更接近原产地的价格，足不出户享受全世界的好产品。其用户数已突破1.5亿，成为年轻人喜爱的生活方式平台。

在这里，不止有传统的、常见的旅行博主，还能看到小众圈内的人士，有非常酷炫的、不大为外人所知的领域博主：跑酷运动员、自由潜运动员、击剑运动员等。有很多人在其他地方无法展现自我，但在小红书上就可以展现，甚至可以聚合自己的粉丝。例如，分享乐高爱好、书法爱好，在其他地方分享很难获得读者或者互动；但在小红书上，不仅有人夸你、赞你，可能还有人来和你聊一聊。

美好、真实、多元，小红书成为当代年轻人生活方式和消费决策的入口，这里汇聚了最有消费能力的年轻人。他们来自世界各地，对生活充满热情，有一定的经济实力，是对美好生活有着最热切追求的一个群体。他们不但代表着强大的购买力，更代表了对于潮流生活方式的创造力。小红书，不仅是品牌了解消费者需求的最好渠道，更是帮助品牌方、内容合作方和博主获取粉丝、打造品牌影响力的绝佳阵地。

2. 粉丝营销

粉丝营销是指企业利用优秀的产品或企业知名度吸引庞大的消费者群体作为粉丝，利用粉丝相互传导的方式达到营销目标。粉丝和用户不是一个概念，一个企业可能拥有很多用户，却不代表着他们都是企业或产品的粉丝。粉丝是某个人或事物的疯狂喜好者，这个人或事物可以是明星、动漫、运动或产品等，“果粉”（苹果的粉丝）、“米粉”（小米的粉丝）、“钢丝”（郭德纲的粉丝）、“蜜蜂”（杨幂的粉丝）等都是不同的粉丝群体。

3. 场景营销

场景不同于销售渠道，是由人、地点、时间等多重维度界定的传播环境及相关因素的综合，是营销发生的背景。场景营销就是利用随时可能出现在消费者身边的媒体及其他服务，根据消费者所处的时间、地点、场合和该场合中人物的不同，即时提供信息、产品或服务来满足不同消费者即时的具体需求。

基于独特的定位和主张，品牌在营销推广中通过传播特定的消费场景，建立起场景与品牌之间的一对一关联，这种可以激活消费的场景称为场景按钮。当消费者在特定的场景下能够轻易地联想到特定品牌，这就是激活了品牌的场景按钮。因此，企业应该将品牌与明确的场景进行关联，能够给消费者清晰的消费指令；场景越明确，指令就越清晰有效。比如，香飘飘奶茶的“小饿小困”系列广告，就为消费者设置了几个场景按钮：下午上班没精神，疲累困乏，消费者能轻易联想到“小饿小困，喝香飘飘”；非饭点时间，有点小饿，消费者又会联想到“小饿小困，喝香飘飘”。

4. 微博营销

微博即微型博客，是一个基于用户关系的信息分享、传播以及获取的平台。微博具有门槛低（每条不超过 140 字）、随时随地、传播迅速（通过粉丝路径、转发路径传播）、互动性强（关注、转发、评论、回复、私信等功能）、传播面广（有价值的微博很容易通过转发被病毒式传播）、实效性和现场感强等特点。

微博营销是指企业利用官方微博发布信息、与消费者沟通互动，进而达到市场调研、产品宣传、客户服务、品牌推广、公共关系管理等目的的营销行为。微博营销的特征主要表现在两个方面：一是营销范围广。微博采用的是分裂式传播机制，只要一个微博用户转发企业的微博，那么其所有好友便都能了解企业的营销信息，因此有效扩大了企业的营销范围。二是营销成本低。与口碑营销和病毒式营销类似，在实施微博营销的过程中，企业只需要在官方微博上发布产品信息并保持与客户的沟通交流即可，微博在经过粉丝转发后自然会达到宣传产品的效果，企业可以极大地节约营销成本。

企业在运用微博营销进行营销沟通时，要注重价值传递，注重微博个性化，注重发布内容的连续性，注重增强互动性，注重系统性布局，注重准确定位。

5. 微信营销

微信是一款即时通信软件，截至 2018 年 6 月，微信及 WeChat 合并月活跃用户达 10. 58 亿。据中国信息通信研究院统计，微信在 2017 年带动直接信息消费 2097 亿元，自 2014 年以来年均消费增长超过 30%。QuestMobile 在 2016 年 12 月的数据也表明，微信 App 人均月度使用时间达到 1967 分钟（约 33 小时），是 QuestMobile 年度用户规模百强榜第二名 2 倍以上。

微信营销是营销者利用微信这一即时通信方式传播产品服务信息，与消费者进行交流互动，进而达成营销目标的社交媒体营销方式。微信不存在距离限制，消费者注册微信后，可与周围已注册的“朋友”形成一种联系，订阅自己所需的信息；营销者通过提供消费者需要的信息，推广自己的产品，从而实现点对点的营销。企业运用微信营销可以实现：灵活多样的交流沟通（如漂流瓶、位置签名、二维码、公众平台等）；点对点的精准营销；精准定位用户的地理位置；推送丰富的内容，包括文字、图片、视频、语音等；品牌营销。微信营销的核心价值是强关系、圈层社交和精准营销。

营销视角

微博营销与微信营销的区别

	微博	微信
人群定位	粉丝不如微信定位准确	通过搜索周围的人，可以找到身边的朋友
互动形式	包括转发、评论、点赞等	发布消息类型丰富，支持图文混排甚至视频、音频等，形式灵活多样
精准营销	一对多，实际覆盖率低	既有一对一，又有一对多，覆盖率几乎达到 100%
平台属性	社会化信息网络，是强媒体弱关系平台，“信息关系”是这个网络的纽带，媒体属性强，影响范围广	社会化关系网络，是强关系弱媒体平台，“用户关系”是整个网络的纽带，通常是真实的人际关系，属于移动的 SNS
产品形态	快速表达、浏览、传播	主要是对话、交流、沟通
时间同步性	默认为时间排序，可通过智能排序、热门微博、搜索等功能实现传播	实时提醒功能，使它的传播为同时的
传播属性	面向所有粉丝广泛覆盖，传播是开放性的	精准的一对一推送，形成闭环交流
人群属性	基于兴趣的关注，黏性普遍偏低	精准的人群覆盖，关注者为高黏性用户
营销侧重点	强调更长的传播链条，更多的转发，更多的粉丝覆盖	强调与用户的互动深度
用户关系	用户间是基于兴趣、爱好、行业属性、观点、时间等进行快餐式交流，互相聚集形成弱关系相对比较虚拟	用户间是亲朋好友、同事等生活或工作中比较紧密的真实关系
推广策略	侧重于在微博范围内的覆盖	强调线上线下的全线联动
粉丝来源	主要来自微博	更多来自微信以外的推广手段
内容营销	强调短小、凝练、精悍、趣味，具有口碑传播价值	强调短小、凝练、精悍、趣味，具有口碑传播价值
导向	信息覆盖	用户积累

企业在与消费者的营销沟通中往往将微博营销和微信营销结合起来运用。在官方微博上制造话题，广泛吸引粉丝关注，然后将粉丝引流至微信公众号上；在微信公众号上通过高质量信息推送，固化订阅者与微信公众号的联系；进一步诱使订阅者将微信内容分享至微博、论坛、社区、新闻等不同渠道，从而放大企业营销沟通的影响力。

重要概念

搜索引擎营销	社交媒体	社交媒体营销	社群营销
粉丝营销	场景营销	微博营销	微信营销

思考题

（1）简述数字时代消费者网络购买行为的过程。
（2）数字时代的营销战略有哪些特点？
（3）数字时代的营销沟通有哪些特点？
（4）简述社交媒体营销与网络营销与传统营销的区别。

实践训练

（1）选取身边的一家拥有线上线下营销渠道的企业（或个体业户）进行访谈和观察，对其线上线下的消费者购买行为进行对比分析。

（2）选择身边的一家拥有线上线下营销沟通渠道的企业（或个体业户）进行访谈，分析其营销沟通策略，并提出优化建议。

推荐阅读

（1）曹虎，王赛，乔林，等．数字时代的营销战略［M］．北京：机械工业出版社，2017.

（2）戴维·米尔曼·斯科特．新规则：用社会化媒体做营销和公关［M］．5版．赵俐，译．北京：机械工业出版社，2016.

（3）智慧的品牌：数字营销传播金奖案例（2016）［M］．北京：电子工业出版社，2017.

（4）保罗·斯普林格，梅尔·卡森．数字化先锋：广告、营销、搜索和社交媒体领导者的成功案例［M］．徐梦蔚，译．北京：机械工业出版社，2014.

（5）卓云开．企业公众号总是掉粉，还要不要做下去？［J］．销售与市场（管理版），2017（4）．

案例分析

乐纯的数字营销创新

从沃顿商学院毕业的丹尼·刘（Denny Liu）创立了健康食品品牌“乐纯”，因健康的原料和打动人心的产品，一经推出就在城市年轻消费者中蹿红和流行，每天卖出的酸奶超过10万盒。乐纯拥有出色的品牌运营能力和持续不断的新品研发能力，生产各种类型的健康食物，包括滤乳清酸奶、谷物坚果零食、健康饮料等。这个食品品牌正呈现出全新的中国食品印象——世界一流的食物、不断创新的品牌运营模式和超高速的成长。

消费升级所带来的大品牌失势

统一、康师傅在以前的很长一段时间里是非常成功的，因为在当时的消费环境下，大品牌代表了安全有保障。但是如今，吃本身已经不是第一需求了，公开透明、独特的身份感、参与感等情感诉求是大品牌无法赋予消费者的，乐纯就是在这样的新消费环境下迅速发展起来的。

将世界级品质食物带给更多中国人

2015 年 1 月，一家名为“乐纯”的全透明乳品店在北京三里屯开业，排队购买的人很容易通过全透明的玻璃，看到一盒盒鲜牛乳是如何变成手中这盒价值 16 元的高品质滤乳清酸奶的。乐纯三里屯透明工厂店的设计，是乐纯从最开始到现在一直坚持的“公开、透明、参与”的缩影。

从透明工厂店开始，乐纯公开了配料表和产品配方，甚至邀请用户参与乐纯口味的研发，通过这种方式，乐纯在将乳品的品质做到极致的同时，也赢得了中国城市年轻消费者对这一新兴食品品牌的认可。

自 2016 年，它开始受到世界顶奢酒店和星级餐厅的外国行政主厨的关注，陆续进入包括华尔道夫酒店、半岛酒店、柏悦酒店等在内对食品品质要求极高的酒店。在产品得到认可后，乐纯从供货顶级酒店和米其林餐厅开始，逐步将渠道下沉，先是进入 Ole、华联等高端超市，然后进入 7-11、罗森、全家便利店等主流大众渠道。此外，乐纯还拥有上百万线上用户。

用户驱动：消费升级下乐纯的数据化创新

在乐纯成立的两年里，丹尼和乐纯团队通过用户驱动型的数据化运营，大幅提升快消品公司产品研发、品牌建设、推广传播、销售供应链、用户体验等 5 个核心模块的运营效率。目前，销量靠前的乐纯榴裢三三三倍酸奶，就是以用户为核心，配合柔性供应链做出的适应市场的优质产品。

与传统食品、消费品公司不同的是，乐纯的整套运营体系完全互联网化。乐纯官方微信会公布所有口味酸奶的配方、生产流程等细节，传播酸奶知识，更新产品研发进度。其中一篇名为《三里屯多了一家价格很奇葩的酸奶公司》的文章，在短时间内便吸引了 3000 多个粉丝自愿传播，不到 24 小时点击量就超过 10 万；乐纯也会组织核心用户参观生产环节，巡视所用原材料和设备，让消费者自己把关每个环节。2016 年圣诞节，平安果酸奶在 8 小时内再次刷新 3 万盒的销售纪录。

从最初的按需供应，做线上电商订购，到后期线下零售体验店的补充，通过“用户参与产品定价与改良”“配方制作全透明公开”及“互动故事营销”的系列组合，使定价 95 元的 6 盒酸奶月均复购率达到 25%。

乐纯的用户参与模型

乐纯将消费者进行 1%、9%和 90%的分群。创新是由 1%的人带来的，这部分人被称为内容创造者，他们源源不断地为品牌带来新的内容和价值贡献。在创新的基础上，9%的品牌消费者参与到互动和传播扩散中，自发形成社群，成为品牌传播和渗透的重要节点。而占消费者基数最大的90%，即所谓的“潜水者”，则是品牌传播真正要延伸和触及的广大目标消费人群。他们可能不会在创新和公众领域的分享传播中做出巨大的贡献，但是只要他们在日常的口碑传播中将品牌介绍给身边的人，就能触发链式反应，将品牌传播给更多的目标消费人群。

用户驱动型的品牌传播运营

与传统消费品的品牌传播路径不同的是，乐纯在以消费者为中心的基础上，开启了用户驱动式的品牌传播运营，将消费者置于主动的位置。

在乐纯，1%的内容创造者会直接参与到品牌建设的方方面面，从产品维度的口味、定价，到设计维度的包装、视觉系统，都会由1%的内容创造者贡献或决定。而在乐纯的每一次传播启动期，1%的内容创造者和9%的社群传播者将成为重要传播者，推动乐纯品牌在各个目标消费者集中的渠道的传播。

以乐纯健康零食的创造和研发为例，乐纯邀请了知名零食“大V”，使其成为1%的内容创造者，同时也成为乐纯的信任背书。与此同时，乐纯内容运营与研发部门采购了全球各个品牌的健康零食，邀请愿意试吃的1%的内容创造者进行试吃，撰写了一篇名为《你行你上啊！这群瘦子扫遍213种吃不胖的零食，只为研发》的文章，发布于乐纯的微信公众号上。在这篇文章中，乐纯设计了针对1%、9%和90%的人群的唤醒机制：邀请1%的人参与乐纯新产品的设计和研发，设置传播奖励激励9%的人进行转发，通过测评零食的方式为喜欢吃零食的90%的普通消费者提供选购零食的有价值的建议。

通过微信公众号及知乎的传播，乐纯收到了6572份加入乐纯零食研发小组的申请。相较传统企业动辄十几个月的自上而下的产品研发周期，乐纯直接精准触及目标消费者，通过用户驱动的方式，加快了产品研发的流程，同时直接获取了零食产品的天使用户群。

乐纯在品牌传播策略中坚持以消费者为中心，并在“品牌接触消费者——消费者反哺品牌”的双向沟通机制的基础上向前迈了一步，将以消费者为中心进一步变为用户驱动。这也许就是乐纯在社交电商时代脱颖而出的原因。

资料来源：孔天柔．乐纯：1%创造，9%传播，90%买单［J］．销售与市场（渠道版），2017（3）．

思考：

（1）乐纯采用了哪些数字营销策略进行营销沟通？

（2）尝试提炼乐纯的数字营销沟通模式。

（3）乐纯的营销沟通模式可以复制到哪些行业中？请说明理由。

参 考 文 献

[1] 科特勒，阿姆斯特朗．市场营销原理［M］．全球版：15版．北京：清华大学出版社，2019.
[2] 郭国庆．市场营销学通论［M］．8版．北京：中国人民大学出版社，2020.
[3] 江林．消费者心理与行为［M］．5版．北京：中国人民大学出版社，2015.
[4] 卢泰宏，朱翊敏，贺和平．促销基础——顾客导向的实效促销［M］．5版．北京：清华大学出版社，2016.
[5] 伯特·罗森布洛姆．营销渠道：管理的视野［M］．8版．宋华，等译．北京：中国人民大学出版社，2020.
[6] 加里·阿姆斯特朗，菲利普·科特勒，王永贵．市场营销学［M］．12版．全球版之中国版．王永贵，郑孝莹，等译．北京：中国人民大学出版社，2017.
[7] 梁文玲．市场营销学［M］．第3版．北京：中国人民大学出版社，2019.
[8] 王晓东，包凤兰．市场营销理论与实务［M］．北京：北京交通大学出版社，2016.
[9] 李斌．广告精准投放：移动互联网时代的广告投放策略［M］．北京：中国经济出版社，2017.
[10] 蒂姆·史密斯．定价策略［M］．周庭锐，等译．北京：中国人民大学出版社，2015.
[11] 越军方，吕一林．市场营销学［M］．5版．北京：中国人民大学出版社，2019.
[12] 科特勒，卡塔加雅，塞蒂亚万．营销革命4.0：从传统到数字［M］．北京：机械工业出版社，2018.
[13] 曹虎，王赛，乔林，等．数字时代的营销战略［M］．北京：机械工业出版社，2017.